貝聿銘到張永和

下冊

沈定濤著

文學叢刊
文史哲出版社印行

貝聿銘到張永和 下冊 目次

如何歡度季節更迭……三一七
岸 青……三一八
活下去……三八五
看水悠悠……三八七
海風與海霧……三九〇
野溪雨水……三九二
周末，看海去……三九四
再說天窗……三九六
月 光……三九七
骨瓷在低語……四〇〇
棕櫚樹和燈塔……四〇九
住在棕櫚樹下……四一二
半月灣……四一四
尤加利樹……四二三
蛇來了……四二四

鳥　蛋……四三五
十五株黑板樹……四三六
風太緊……四四二
法庭上，鯨魚勝訴……四四九
秋　香……四五〇
哈佛大學……四五二
十一月加州海岸……四五七
七月四日，美國國慶日……四五八
老梁和小黃……四六〇
軌道上滑過的汽笛聲……四七七
慶　幸……四七八
住在加州火車鐵軌旁……四八〇
野生動物悄然露臉……四八三
黃昏過後的稀客……四八五
比利時一家百年老牌咖啡店……四八七
粽葉飄香五月五，在爪哇島……四九一
郵局與蝴蝶……四九三
落　葉……四九九
南　瓜……五〇〇
秋　徑……五〇一

南瓜節大遊行……五〇三
秋林與夏鳥……五〇四
窗外呼嘯而過的風聲雨聲……五〇七
灰狗巴士停靠在加拿大的一個小鎮上……五〇九
聖誕季節的枝葉……五一一
紐約客……五一三

貝聿銘到張永和　4

如何歡度季節更迭

九月底，結伴出遊時間被安排在近黃昏，下午五點半至華燈初上八點半。划著獨木舟在 **San Leandro** 海灣平靜水域上。

由於趣味無窮，朋友們口頭相約：

「十月二十八號那個周末，咱們再來報名參加這個划獨木舟、賞鳥活動吧！」

十月二十二日，周日，從早晨八點半到下午一點，大夥兒沿著紅木森林區的步道開始健行，趁機伸伸懶腰，伸舒四肢，來一趟森林浴。

深秋，何不去丘陵地散步？

十月下旬，從早上九點直到午時一點。套上長靴，健走了六英里距離崎嶇山路。途經景色宜人的金黃色山丘、樹林。

河水，款款地流經峽谷。

我選擇郊野，來歡度季節更替。

岸青

四野溪畔，在那兒有陽光、水、土壤、以及希望的種子。
輕注流溪，流動著生命氣息。
繭居生活多時。
破繭而出，轉移目光，跨出家門，迎向天光、郊道。
親近屋後僻靜 **Stevens Creek** 小溪，靈魂濾淨器，也是我隨著土地而產生情誼與默契的知己。那兒的天光與水光，不僅照耀了心靈和躲在陰暗角落的膽怯，也釋放了自我囚禁，轉為自由身。
岸邊，我的「心理意識像小溪，內心獨白和自由聯想，如水流不停。」。
青青溪畔，迎接並學習不同季節，被修枝與被剪枝，開始敬神、敬天、敬人。
走向岸青，深呼吸，萃取心靈養份，微幅調整步伐，再出發。
小溪成為生活裡不可或缺的動力和原料。
溪徑上，領悟到即使身陷考驗、磨難來臨時，莫忘明天的希望。
緊握著信心與心靈意志。
不再只顧成就自己，不再只關注自己的匱乏，反而應該刻苦己心，立志助人，畢竟活著的價值在於同情。

萬人萬物，都是寄居在地球上的客旅。
溪旁，羊腸鳥道被賦予一層神秘感，我彷彿置身在一塊私人領地。綠色小徑，猶如一道屏障，為我阻擋許多生活落塵。
綠色小徑，在灰敗繭居的生活中，為我憑添幾許蒼綠。
徑道兩邊的自然景觀，總在不知不覺中改變，如同小徑上男女過客，日夜變化。
張愛玲的影響下，身後事，始終想把骨灰撒入舊金山海灣，太平洋。
如今靈機一動，**Stevens Creek** 溪水何嘗不失為另項選擇。盼望美好記憶，駐留在溪流小徑上。

一

小溪位於加州，一個擁有美好天氣、美麗陽光與海灘的地方。
有天，驅車開往 **Fresno** 城市途中，一路上除了聽著朋友分享，將橘子、蘋果、胡蘿蔔打汁可照護飛蚊症、以及將整根威斯康辛州花旗蔘燉雞湯，可提神之同時，我不忘眼望車窗外農業區的富饒，加州農地上盛產核桃、杏仁、牧草、葡萄、開心果、橘類、桃子、杏子和棉花。
優勝美地國家公園，黑熊的故鄉。
幾年住下來，經驗告知，雨季在加州北部，大都落在年底十二月至來春四月。
那年，雨季來臨前，深秋十月，周末。打算從南灣的山景城搭乘火車，途中再轉搭舊金山灣區捷運去拜訪安居在東灣 **Orinda** 小城昔日老同學C夫婦，男主人畫家，女主人陶藝家。舊雨新知。結交新朋友，不忘老朋友，其道理就如同研讀聖經，光讀新約，不讀舊約，則無意義，因爲無法捕捉整本聖經的真理；僅顧著目前與未來，不願回顧，就稱不上瞭解人生。

藝術家豪情勇敢地在創作過程中，頂住了孤獨所帶來淒涼況味，結出美的果實。夫婦倆把地上生活經驗裏的騷動、焦慮，都轉化爲美學。

記得訪友那天，臨行前，晨光下，我隨興地提筆手抄一段詩歌，出自於一一三〇年宋代理學集大成者，朱熹先生的「水口行舟二首」，有關江上景緻，贈與 **Orinda** 居民友人：

前段寫，雨後情景：

「昨夜扁舟雨一簑，滿江風浪夜如何？」

後段寫，山水無聲、鳥鳴的情境：

「鬱鬱層巒夾岸青，青山綠水去無聲。

烟波一棹知何許，鶗鴂兩山相對鳴。」

收起筆紙，起身離座。

古詩裏「岸青」兩字縈繞心海，蕩漾在那個把車庫改裝加蓋而成的閣樓上。那天臨行前，拉開小樓紗窗，烹煮一壺綠茶，啃著鮮紅蘋果。

下了樓，來到藍天下，深深庭院。

環顧偌大後院，房東把不同設計、不同顏色的椅座，交錯陳列在一張長形木桌兩側，視覺上呈現出一種邀約氛圍。

樹蔭下，一張灰色鐵椅上，我靜坐觀景。

抬頭，藍天白雲間，見到太陽與月亮這兩座光體同時出現在天際。

房東適時現身，領我走到院落不同角落，先後指向幾株小樹並介紹：「這是橘子樹。」「那是蘋果樹。」又言：「瞧！這棵櫻桃樹好不容易結了果實，但是櫻桃馬上就被飛進院子裡的野鳥啄食得淨光。」

頓時，從對方的描述中，微笑著，心底湧上一股莫名幸福暖流。

憶想起即將拜訪的藝術家C就曾經對我說過：

「幸福隨著環境而改變。幸福感會因人心善變而被摧毀掉。」那麼異於「幸福」的「喜樂」，兩者之間如何區分？

C抒發：「喜樂，是不受侷限的祝福，它無關環境周遭，反而與個人與造物主之間永恆關連息息相關。」再者：「喜樂的心，源自於願意跟隨大自然腳步、與大自然同行的那顆心，進而看穿生命成長中那些不順遂，都只是暫時現象。」再來，「喜樂，良藥也。」

C讓我感受到，人際互動不但可激盪出溫馨友誼、活出希望，而且也激發出對生活的熱忱。

心思回神後，將一盒 **See's Candy** 堅果巧克力、一紙詩抄，匆忙地塞進背包裡，然後出門，踏上訪友行旅。

加緊腳步趕路，延著小溪飛奔至山景城火車站，準備搭乘 **Caltrain** 北上列車。先搭火車，然後搭乘輕軌捷運 **BART**。

Orinda 小城捷運車站前，C開車將我接回他們那座位於山丘上、緊挨著山谷邊的深宅大院。

當汽車駛進前院的車道，C開口：「我們家後院，沒圍牆，沒有任何鄰居。走到底，就是下陷陡峭的山谷。」有時候，「野鹿會出現在眼前。我想你會喜歡！」

參觀室內居家設計與裝潢一圈後，回到客廳。

打開背包，拿出巧克力伴手禮，接著取出那張手抄古詩。

「詩中有畫，」我說：「但是今天不是你想到的王維詩作。」

接著解釋：「今早，我抄寫了朱熹的詩，給你作為下次作畫靈感。」

再感言：「我個人尤其喜歡詩中，岸青，這兩個字，有種說不出幽美、出塵意象和想像。」

C嫂在廚房裡張羅著幾道美味可口家常菜。餐桌上，再配上一瓶紅酒。

午餐後，雲南滇洱熱茶、幾碟鮮果助興下，三人坐在起居室的木椅上暢談。

起身，夫婦倆引我來到院中蘋果園。

暖暖秋陽下，果樹下，主人家與我引頸仰望，忙摘樹上蘋果。

搆不到樹果，太高了，這時候，被閒置在籬笆邊多日的長竹桿就派上用場了。

眼見鮮摘果子很快地塞滿了好幾袋，忍不住脫口而出：

「這麼多蘋果，我拿幾個就好了。否則，我怎麼拿得上火車？」

C當機立斷：「吃完晚飯，我們自己開車送你回家。」

連忙婉拒：「不麻煩。晚上，你們送我去捷運車站。我現在已經知道怎麼坐捷運、換火車，回到山景城。挺方便，不用麻煩。」

C機智地回應：「送你回到家之後，回程，我們夫妻倆也好在公路上開著車，趁著難得獨處時光，談情說愛，不可以嗎？」

二

訪友後，第二天，回歸日常。

我照舊走向住家附近 **Stevens Creek** 小溪，一條通往舒緩與撫慰之路。

自忖：「另一類藝術家或詩人，則屬居家附近綠地的溪邊，大自然本身也。」

「小溪有自己的心跳、活動力、歷史和方位。溪岸，時而像似保留住維多利亞風格，端莊有禮，注意每個小細節，時而充滿了野性。」

「內心騷動時，就會接近宛若一首輕柔音樂的小溪，心神安定。」

這條溪水不是什麼君王、智者，那麼遙不可及，反而是謙卑牧羊人，指引著迷失、遊蕩、無助、無頭緒的羊隻，如我。

曾經徬徨不安：何去何從？

小溪解語：「痛苦和煎熬，不是人生的全部，無需無限地被放大，超靈才是重點。上帝總撿選卑微凡人來彰顯祂的非凡，譜出生命新曲。只要尚存一息，勿膽怯，接受每次成長機會。小溪我，要來裝備你足夠的空氣、陽光、月光與信心，讓你活出精神抖擻。」

自語：「秋日，小溪呼召。付諸行動去尋夢，就得要下個決定。決定，非關力氣大小，乃出自於精神號召。推倒自己築起的藩籬。身體力行，去對他人伸出援手，轉換自己成為一座教堂，讓身心疲憊者能親近、能釋放與療傷，同享陽光、水。」

活水般，一股靈氣流入身心，整個人被重新塑造，被充滿，隨時隨地等待被使用。溪徑上，輕勻吸氣、吐氣之間，走出謎團，認清方向，再度提筆寫作，正向思考、樂觀進取，並且樂與他人、與世界、與天地的心跳相聯結，彼此交流，互道：

「明天會比今天更好！」

「日日新！」

「天涯若比鄰！」

走出家門，天空之下，邁步往前走，用心去眼觀世界，寫出上蒼百般慈愛，改變世界。

小溪步道上，讓我立志想去過一種更好的生活。

三

流連於小溪綠色窄徑的時光愈久，愈可感受到野外的變遷與盈缺、天空下細微變化與風貌的改變，有聲地，無聲地，就像密西西比河，水流律動和河畔在四季中的千變萬化。

野地生態自然法則，跨越了時空裡政治符號、文化認同、地域化分的結構與統合，就像夢想，打破了國界與意識形態。誠如朋友所言，身為地球村一份子，忠誠對象不是國族主義、政治疆界，而是沒有邊界的風、水、土地與天空。

屋後一條溪流生態景觀，日復日，年復年，讓人詠歎自然界渾然天成藝術美學。溪徑，靈魂的港灣。

大自然和人類靈魂交織在一起，就是宇宙。

這條綠色走廊是繁華中難得的怡園。

親近溪邊，嗅聞綠野氣味，感官幡然轉醒。沿溪小徑儼如一道光，亮光擊潰黑暗，也默示著我的缺點與不完美；同時，不忘給我指引方向，猶如黑夜裡閃亮飛機跑道，引導飛機安全降落；又宛如汽車奔馳在漫漫暗夜公路上，忽然前方有汽車旅館 **Hotel 6** 巨大明亮招牌在望；又像久別家園歸鄉戰士，終於踏上歸途，凌晨時分，遙望老家明燈，旋即，愛犬奪門而出，狂喜地奔向夜歸人懷抱。

遵循自然法則。溪水邊四季不同風光，逐年逐月逐日，都是心靈深處一盞明燈，啟示我，活著，要心懷寬恕，慷慨施予，快樂地接受從神、從人而來的滋養，選擇與自然同行。

四

曾經以為，只要打造一個溫暖雅致小窩就可以身心安頓，終日儘情地去充實無窮知識，享受源源不絕的快樂，管它窗外風瀟雨驟！

未料，某日，竟覺悟：「鎮日浸淫在舒適安樂窩小天地，竟會落得猶如危險流砂，雙腳踏上，整個人漸漸被吸入黑洞般深淵，幾乎滅頂。」看清楚：「唯有經常跨出門庭，遊走在郊野綠色隧道上，呼吸走動，才能望見未來。唯有不斷啟程，航向未來，才能夠真正去愛、去寬恕自己與別人，才有希望。」逐漸體會到：「吸取過多的大道理，或厚重的知識，卻無任何行動，無法發展出相互對應的言行，則會是死水一灘，少了生命旋律。」

掙扎過後，一種不得不的情境下，期勉自己：

「無需悶在家裡，長期身陷自艾自怨景況。踏出家門，踏向屋後小溪吧！」

彎曲綠徑後來成為生活中一條私家小路，一條秘密路徑，一塊私人領地，隨時隨地可進可出。常常遊行於綠蔭扶疏之地，我放空，我思考。回到家後，用心地去執行、去感受、去活出上帝的愛。願將上蒼的愛不留給自己，把它分享給世界，並期許：「年歲漸增，何不讓自己心胸寬大，多一點悲憫、寬恕與謙卑？」

另一方面，彎延溪畔的野生步道兩側，荒煙漫草，儼如澳洲西部尚未開拓內地的裸露岩石，提供我一扇門去探索山景城以往生態歷史。

晴雨，天際間氣象奇妙轉換。人們親近林蔭曲徑，走進一幅幅畫作。

綠地四散角落裡，宛如畫布上所呈現：

「西方寫生作品裡實體描繪，寫實逼真，有顏色光彩與透視。」

有時，「天陰了！溪邊風光，有如講究散點透視之東方傳統水墨畫，以虛實黑白，以墨暈創造出不同效果，突破了空間限制。」因此，眼前北加州小橋流水、花鳥、動物、人物，兼具了意境與想像空間。比方說，有時，

「如古代唐、宋、明、清畫面，」

或「如現代的山水、花鳥、人物畫圖，」

或「如齊白石的花鳥魚蟲。」

大自然，一幀幀不落俗套大千氣象畫面，其構圖、雄健筆法、濃淡乾溼、多面筆墨或焦墨，無不瀰漫著藝術韻味，品味再三。

更有時走在小徑上，眼前景色，恰似在欣賞清朝義大利宮廷畫家郎世寧的作品，巧妙地運用了西方直線透視法，或者採用西洋色彩、光暗與布局等等技巧畫起了中國水墨，東西交融。

溪畔步道，春去秋來，內在心靈被挖掘，去學習人生功課，其歷程猶如一個人從賞畫，漸漸進入習畫的階段，也就是從臨摹、辨識吸收、觀查寫生，終至構圖創作。

五

屋邊溪岸，不但是一條野生動植物棲息走廊，它亦是當地纏繞迴轉的供水通道與防洪系統。

説到這條我屋後、通達海灣的史蒂文斯小溪，**Stevens Creek**，水從何處來？曾經納悶過。

溪水，源於 **Santa Cruz** 群山之間，流經綿亙山脈東南側，然後北流，再和另外兩條支流會合，一起流進儲水池。水池兩端，因此納入三條溪水。當溪流繼續流向谷地，沿線的都市景觀可見，比方説流經 **Cupertino** 市、**Los Altos** 市，再來是山景城。當水波繼續朝北流去，最終流進舊金山海灣。

冬雨，會被貯存在大水池。有需要，水池閘門被打開，蓄水於是流向下游地，盈注地下水。

冬雨，滲透地層，一疊又一疊，直入地底那層含著水份、碎隙的滲透岩。綿細的滲流過程中，無形中淨化了水源，最終流至地下儲水池。

岸邊，兩旁為野生動植物活潑生態區，常見哺乳類動物和鳥類紛紛前來溪岸，為了四處覓食、或者口渴想飲水。偶遇灰松鼠、綠頭野鴨，喜愛隱匿在加州槲樹下。

六

溪流兩岸，左右兩端，我都有幸分別住過。多年以來，蹤跡經常出沒在這片郊野附近。

日常生活裏，尤其上下班繁忙時段，巧遇很多騎著腳踏車通勤的科技年青人，以及外出散步的居民。偶遇岸邊竄跑的美國小袋鼠、松鼠。

感覺身心俱疲，就會閒步至溪邊小徑上，盼望獲得心靈安息，儲備動力，能夠繼續工作下去。步行在蜿蜒野生溪畔，詠歎天地神態自若；而我大口吸飽綠色空氣，直至重新得力。綠徑歸來，興起奉獻自己、服務人群那份心志。

閒蕩於岸青，如雲如煙般輕盈起來，鼓起勇氣去迎接生命中另一天。是了，徘徊岸青，避免窩在沙發上安逸發呆。外出留下足跡後，繼續奔向標竿，讓明日的足跡比今天的，更深刻。

是了，這條河岸走廊不僅孕育出千百種動植物，滋潤我身體靈魂，同時扮演了本地複雜地域系統的供水，以及擔任北加州半島地區低地的防洪重要任務。

親近溪邊，一條萬福之溪，我慢活。

七

幸運地，多虧岸邊樹林及灌木地帶，穩住了小河兩岸地貌兼水土保持，且為彎延流域創造樹蔭，更為鳥獸蟲魚供應了一個半隱半現棲息窩和源源食物。眼前綿延溪道呈現了沿岸生態健康，以及流域的整體面貌。

其實，一彎溪道的飄逸水舞情境，只會出現在雨季，冬天。

乾旱季節，河床長時間乾涸，讓兩岸居民幾乎忘記有這麼一條水道的存在。固然我們需要陽光賴以維生，猶如海中珊瑚，然而苦陷多年乾旱危機，加州居民近年來焦急地問：「何時才盼得到降雨？」

冬雨，雨水基本上將我家旁邊的史蒂文斯小溪及其支流，變成了一網水波粼粼流域。水量滲進土質層，最後抵達地下蓄水層時，已是過濾後的淨水地下水窪。

回憶，往年冬季暴風雨時刻，目睹落雨不停地竄流於汽車道、人行道、街道，再奔流經過排水系統，最後才流進小溪。生動活潑水流，流經橡樹覆蓋的公園地、湖泊，同時也流經加州七葉樹的林地和胡桃樹林。欲享受小溪跳躍律動之美，最好登臨**The Fremont Avenue Bridge** 這座橋上，即可無礙地鳥瞰史蒂文斯（**Stevens Creek**）溪水舞動之姿，也可從橋上觀看溪中魚兒游動，尤其被視為珍寶的鱒魚。

一天，我從岸邊小徑踩踏而下，來到了水邊，臨水佇立。一個彎身，用手觸水，溪水清涼，臆測：「水涼，乃岸邊青翠草木與巨樹濃蔭所提供的蔭庇，這片蔭庇亦滋養了水生物種。」

環顧，粗壯支幹的橡樹濃蔭，確實也阻礙了林野土地上小樹苗的生長。

站立在幾座跨溪的高橋或矮橋上，腳下，那片依水而居的動植物生態區。溪畔棲地佈滿翠綠樹林，包括加州七葉樹、橡樹、北美白楊樹。

溪水沿線上，早在八十年前，縣政府即建有貯水池、水閘，都是為了收集貯藏冬季暴風雨帶來大量水資源。雨季來臨，天空降下過多雨量，古舊水道會泛濫；然而當漫長乾季來臨，貯水池內涓涓細流則被釋放出來，經河道，注入附近池塘。

溪岸，羊腸小道上，雖然有徒步者、騎單車者，絡繹於途，偶見騎馬者現身。

雖說都市化多多少少改變了自然環境，幸運地，這兒野地生態良好。

沿溪二十哩長步道小徑，劃過美麗公園，公園亦為自然棲息地。

小徑步道，也會穿過沿海林地。

八

沿著青青岸邊，可尋覓鳥兒身影。一路上稍有動靜，轉眼，定睛一看，不難追尋到一些野鳥，例如叢山雀、山雀鳥、橡實啄木鳥。牠們總會回到溪邊下蛋。這片自然棲地，呈現自然環境歷史與地區特有野生鳥類。如果說，其他地方是以潔淨的山泉水，或以翡翠樹蛙，或以稻田做為生物多樣性最高生態指標，那麼此地灣區則以眾野鳥的身影，做為生態指標。

九

有段時間，居民憂慮：「加州已經一連五年深受嚴重乾旱缺水之苦！」

終於，引頸盼到了冬雨重臨灣區，揮別枯水期。

全加州平地降雨量及高山飄雪，都意外地豐沛異常。

這種雨雪現象，對舊金山灣區而言彌足珍貴，包括 **Stevens Creek** 小溪，溪上水光瀲灩重現。

舊金山地區水資源主要仰賴於加州東部的內華達山脈上的融雪，冰水流進大河，再匯入優勝美地國家公園內一座水庫。至於其他水資源，則靠地區流域所蒐集到的雨量。目前居住在南灣山景城，居民飲水來源則有百分之八十五購自於舊金山。

望著窗外，或漫步在住家附近小溪邊、羊腸鳥道上，隨想，一路走來——

十一月底，星期二，市民已有心理準備即將迎來雨天，未料，天空僅局部烏雲。

雨天，十二月八日。飄雨了，懷想起遠方的家人友人。

雨季，一個人安靜地閱讀、審視自我情緒感觸，也可走向溪徑，雨中祈禱。

星期五，十二月九日，無雨。

雨滴，次日，從天而降，氣溫驟降至華氏十度，冬雨紛飛。

接下來幾天，晴晴雨雨。

「下星期二，」氣象人員預測：「驟雨天候會再持續下去三天。」

事非如此，十二月十三日，無雨。過了兩天，居民才再迎來落雨。受到多雨影響，一些街樹於清晨六點不支倒地，因此道路被迫中斷。經搶修，街道於午時重開。

又過了兩天，室外氣溫華氏五十多度，天空再度落雨。

隔日，雨歇，氣溫驟降。

相較於上星期，十二月十九日星期一，大地竟暖和起來，連續了好些天。

沒多久，另一股乾燥空氣壓境，灣區氣候逐漸降溫。

十二月二十三日，星期四，冬雨紛紛。

聖誕夜及聖誕節當天，氣候難得乾晴。

元旦假期兩天，庭院的棕櫚樹在冬季風雨中儘情搖曳。此際，山景城附近城市，像是 Palo Alto 就已承受了近八英寸雨量，遠超過正常值。至於更北邊的 Redwood City 和 San Mateo 雙城，天空降下豐沛雨量。

星期四，一月十二日，上午是陰暗且溼答答的天候，下午，雨歇。

遠處加州首府 Sacramento 市，根據過去幾十年來經驗觀察，近日，州政府工作人員扭開防洪閘門以洩洪。望去，滾滾兩哩寬闊的湍流奔騰。另一方面，加州大學戴維斯分校一位教授帶領一群攻讀流域科學系的青年學子，正在當地進行戶外田野觀察與研究。師生目睹具有百年歷史防洪閘門的板手，首次成功地被轉開，同時，見識了過去幾個禮拜以來，首府所累積豐沛的壯觀雨量，該景為近二十年以來所罕見。

過去一週以來，沒日沒夜緊密雨勢衝擊下，反而激發腦筋動得快當地居民，利用獨木舟當作交通工具，泛舟於積水的街道上，其樂融融。

市民終於可以擺脫多日以來，因為落石、泥石流而導致交通失序，或被困在家中動彈不得所帶來不便的日子，聯邦氣象官員正式宣稱，北加州乾旱現象解除：

「那是由於經歷了多場強勁暴風雨，加上內華達山區積雪厚度已達雙倍。不過，南加州仍未能倖免於長期乾旱所帶來的憂慮。」然而州長，態度上沒有聯邦氣象官員那麼樂觀，仍保持謹慎態度，尚未宣佈說，強制限水的日子結束了，僅表明：

「等到四月，我們再來回應旱象是否解除這項決定。」

陽光明媚，一月十三日。遠方高山地區滑雪勝地，太浩湖，自從本月初至今天已經堆積了如牆壁厚的皚皚積雪，使得山區水位高漲約一英尺。

一月十七日，仰天，陰暗；低頭，平地乾燥。

次日午後，下雨，雨聲漸強，城市逐漸被浸透。

又過了一天，全日雨停。

翌日，又下起雨來，這還不打緊，接下來的連續四天陰雨綿延。

天涯旅人如我，屋簷下聽雨，二月一日，夜晚。

隔天，星期四，時雨時停。

晨起，窗外有雨，二月六日，星期二。午後，暴風雨成形。晚餐時間，門外狂風也暴雨。

早晨八時許，二月七日，大雨滂沱，海水漲潮。午後，雨勢減弱，城市僅零星陣雨。由於道路淹水，這下子，居民夜晚開車，誠惶誠恐。

第二天，南灣，山景城先是微雨輕飄，不久之後，雨勢增強。

冬雨，時斷時續，這種天候逗留了三天。

北灣，聖馬刁（**San Mateo**）城市，**Seneca** 巷道內，下水道水管因雨災、土石流雙重影響之下而崩毀，縣政府緊急派員搶修。當地鄰居相告：「另一場暴雨將於下星期二抵達。」雖然入冬以來，雨水氾濫，高山地區大量積雪，而且多處水庫注滿了水量，然而就在星期三這一天，早先加州水利資源單位開會投票通過的「乾旱時期緊急法規」，尚未解除，仍然生效。換句話說，乾旱問題尚未完全解除脫困。因此，居民仍被禁止澆花與草皮等浪費行為，節約用水，以防今年秋冬再度面臨乾旱困境。

二月九日，星期四，一股強勁暴風雨以每小時二十哩速度抵達居住小城。土地，連日受到豪雨浸透，部分地區傳來氾濫災情。

隔日，依然雨天，力道轉為中度的陣雨。

周末，放晴。

二月十三日星期一，烏雲密佈，雲層將會滯留兩天。

星期四，風雨抵達並滯留了兩天。

我被早晨第一波來襲的暴風雨給吵醒，二月十六日星期四，可謂激雨張狂。午後，雨止。

尾隨而來的第二波暴風雨，星期六大清早，再襲灣區。

周末之後，第三波冬風、冬雨結伴而至，星期一。

星期五，二月十七日，早晨，門窗外，陣陣雨聲伴著風聲。

喝著下午茶，雨勢遞減，終收尾。

二月二十一日，星期二。冬季暴風雪襲捲了內華達山區，留下三英呎厚雪，繼而引發雪崩，掩埋太浩湖附近地區的主要公路；這場風雪對雷諾市（Reno）而言，引來連續兩天傾盆冬雨；湖區山脊，飽受冬季勁風肆虐。暴風雨和大雪紛降的警示燈開啟，亮燈，亮到第二天凌晨四點鐘。這天早晨，南灣城市聖荷西的南邊，市政府發佈了「強制疏散居民」緊急命令，因為 Coyote 小溪水位暴漲泛濫兩岸，水深達四英尺，而且橫水衝擊到民宅、公寓地區約三百戶家庭。幸好，「從這天開始直到星期天，天空會放晴。」於是南灣居民趁著風雨登場前，享受了幾天無雨日子，趁機出門活動筋骨、購物或辦事。

三月七日星期二，忽雨忽晴，高溫達華氏六十度以上，舒適宜人。

接下來七天，無雨。

慶幸著：「過去整個禮拜難得天天天藍！」豈奈，好景不常，三月二十日，星期一，午間與晚間，門外飄著細雨，輕柔春雨綿延到次日。

雷雨交加，星期三。未料另一場暴風雨亦悄然地醞釀，將會朝向星期四的灣區。

星期五午後一直到次日，陣風伴著冰雹，陣雨夾帶春雷。相較於上星期，本週風雨可說是逗留了好一陣子。

急雨從天墜地，三月二十二日，星期三。

星期五、週日，這兩天各自迎來小規模風雨。

晨光，六時至九時，窗外一幅降雨美景，三月三十日，星期四。

水勢洶湧，挾帶著河床及兩岸的沙土沉積物，橫衝直撞，向前滑動。

三月底，加州氣象台測試出，這一天山區降雪量超出平常六成多。

泛濫成災新聞報導，這些天，時有所聞。

夜晚，暴風雨帶來傾盆大雨，四月六日，急雨張狂了一整夜。

星期六，還是個雨天。

狂風暴雨為加州東部的內華達山脈高海拔地區帶來一至四英呎白雪。這陣子高山積雪量，實為加州四月少見現象。

另一場猛勁風雨即將來臨前夕，四月七日，市民聽到州長回憶，說：

「加州經歷了連續四年極度乾涸危機，《野火》頻傳，火勢蔓延。」

這一天州長的回憶，勾起居民如煙的往事——

《野火》、山火。

火焰穿過鬱鬱蔥蔥、風景如畫林地大片面積，火球迅速跳上了公路，繼續往前爬上山丘，蔓延到山頂社區。山火續燃蹂躪多日，那些日子裡，加州人常掛念著，低溼度和強風回歸，是否又會導致另一場野火再次爆發，一發不可收拾？加州森林野火帶來濃煙氣味與煙雲，幾度遮掩覆蓋了屋後鳥兒與松鼠快樂度日的溪邊，一處將我心靈活動和創作夢想融合在一塊兒的溪邊。

記憶中，當時北加州，「首先，七月二十、二十一日這兩天周末，爆發了幾場野火：上週六 **Contra Costa** 縣，**Diablo** 山上的草地發生野火；另一場名叫 **Mitchell** 火災，於午時爆發，起火點位於 **Diablo** 山的州立公園內露營區附近，離山頂不遠；次日，週日下午五點多，舊金山 **McLaren** 公園爆發灌木叢野火。」

又憶及，舊金山氣溫飆至華氏一百零六度，打破自一八七四年以來最熱天氣，九月一日。

話說，南灣 **Palo Alto** 城市，往年，尤其九月一日這天，均溫都會落在華氏七十七度，然而今年九月頭兩天，戶外高溫竟然衝高至華氏一百零七度，不僅如此，野火肆虐下，天空暗沉下來。此刻，灣區燠熱無比，整片天空更是籠罩在煙霧裡。基於加州和奧勒岡州燎原的山火，煙霧擴散至天際，整片陰霾正逗留在眼前山丘上。空中陰霾告示著雙管問題，其一，因炙熱天候而出現典型煙霧，會為天空憑添灰濛濛色調；其二，因爲風速助陣下，奧勒岡州和北加州的熊熊野火、橘紅色彩，映照在穹蒼……九月一日早晨，為了避開野火帶來空氣污染，於是打算待在家不外出。當我忙著為中餐、晚餐吃喝稍做準備，過程中，出乎預料之外，不覺得煩瑣或浪費生命，反而勃勃興緻、生趣盎然，歸功於看似簡單日常生活的手工舉動：

「削馬鈴薯和胡蘿蔔的外皮，滾切。
粘板上，剁著豬肉做肉圓。
分別用清水泡著粉絲、乾貨食材香菇、海鮮味的乾金鉤蝦。
刀切山東白菜成大塊狀，清洗。
將剝皮後的整顆蒜頭、炸豬皮，一起川燙熱滾水，撈起，切條狀備用。
廚房另一頭，電鍋內正煮著熱騰白飯。
當天菜色為古早味白菜滷。」
忙碌中，不經意地聽到宗教福音廣播電台值班女性播音員笑語：
「再過一百一十六天就是聖誕節了！」
一愣：「今天才九月一日，不是嗎？」
安靜地捲袖，動手料理餐飲過程中，不但可以提供反思與自我對話空間，而且飽涵著安身立命的實際，憂慮和膽怯反而都被暫拋一旁。返璞歸真，日子實在無需華麗裝飾如維多利亞時期的工藝結構，僅擁抱生活簡樸風，崇尚自然自在的簡潔生活。
記憶中，幾天後，加州消防官於九月五日，說，全加州出動超過一萬名消防員在二十三個大火地點參與滅火行動，森林野火摧毀了房屋，土地被燒。
難忘十月八日星期天晚間九點多，由於大風導致電線和電力系統出現狀況，葡萄酒鄉 **Sonoma** 遭大火肆虐。由於突發大火持續延燒，結果引發山火，煙塵飄過灣區多處，空氣品質不良有害健康，煙塵最終影響到整個舊金山灣區。居民聞著煙霧味道，抬頭見到天空被煙霧灰燼覆蓋著。沒隔幾天，基於強勁風速和長期低溼乾旱的條件下，野火於十月中旬爆發，更是一發不可收拾。幸好火勢漸漸被來自美國各地、澳大利亞等國家，約一萬多名消防員通力合作下，才將災害給控制住。當時參與山火救災戰鬥行列，包括了直昇機、飛機、以及推土機。當危機過去，一隻野鹿從被焚燒過後的野地裡冒出來，走到路邊，穿越公路，再潛入未受山火影響的葡萄園內。消防員和社區民眾忙著檢視，看看從火災中，救出了什麼？失去了什麼？

星期四，十一月十五日，舊金山灣區受到小城，坎普，無情山火影響，整個地帶被籠罩在煙塵中，灣區空氣品質呈紅色警戒。坎普野火煙霧，甚至覆蓋了加州首府沙加緬度這座城市。由於煙塵被風吹到了舊金山灣區，導致灣區籠罩在煙霧裡，能見度很低。北加州野火重災區，巴特縣（**Butte County**）的天堂（**Paradise**）鎮，位於內華達山麓，位於沙加緬度的北方約一百三十公里處。

十

回頭再來看看當今的生活。

州長紐森在電視上説，拜多場暴風雨之賜，天降甘霖，為各地水庫及時解渴。因此，南北加州終於等到這一天。即刻起，居民總算等到解除《乾旱時期限制用水》這道法令，從今開始解禁。唯獨本州四個農業縣市，仍不可有浪費水資源之舉。

這些日子以來，四月八、九日周末兩天，雨勢不斷。

晨起，庭院，稀疏雨點降下，四月十三日星期四。

接下來兩天，無雨。

安息日當天，除了零星小雨，基本上天色放晴，一路晴到次日清晨。

午後降雨，四月二十四日，星期一。

接著兩天，無雨，天陰。

五月一日，星期一，高溫爬升至華氏八十多度，怡人的氣候逗留至星期三。

這幾日，致命暴風雨襲捲美國南部和中西部，奪走了十三條人命。

中西部的堪薩斯州，籠罩在一片風雪裡。

周末，南灣幾座城市又被大雨封鎖住。

六月，大量沉澱物如細沙、泥土，都累積在河床上，小溪沿岸多了墨綠色水藻。

天空落雨不斷、雨水敲窗的日子裏，加州居民心中卻充滿雀躍，因為期望早日脫離酷旱威脅。清晨，順著溪道，穿越一〇一快速公路的路橋下一彎小隧道。細雨中，綠茵旁，見到兩位男仕撐著雨傘，各據一方，依欄杆，聚精會神地觀賞小溪裡滾滾黃濁水流，奔騰激越。

日夜，我偶爾也會走入小徑，靜觀四週、或凝視身旁溪流，水悠悠。

十一

回顧，早年，尚無旱災之憂，北加州年度雨季如期地於十月登場。

河溪水位不斷上漲。

有那麼一天，紛擾襲上心頭，憂鬱纏身，鎮日悶在小屋陰暗角落，懷疑周遭，幾乎窒息。

免為其難地，強迫自己，推開家門。四下無人，獨自愁，小溪岸邊徘徊。

小徑上有風，小溪有水，風水 賜給我幾波慰藉。那天，小溪暗示：

「需要撫慰?你反而要去普天下，安慰別人。」再次提醒：

「你真正需要的，反而是悲憫心、謙卑心與寬恕的心，如此才能明瞭人間冷暖的真諦。讓自己無私地去愛人，因為當你施予，相對地，自己也獲得心靈上滿足、心安。又當你能夠原諒別人，不正也是自己被寬恕了嗎？做一名和平使者。」

深思，方才，操煩不安，到底所為何來？

溪邊，我開始認真去呼吸，感受一下心跳。

小溪，為我播下慈愛的種籽。

小溪，綠蔭小徑為我撒下信心的種籽。

小溪，為我種下盼望的種籽。

小溪，打開一扇門，指引我去釋放諸多眷戀、羞愧、內咎和生活中的悲嘆，藉由溪水如浪花般沖刷洗濯後，不再盤踞思緒與心內。

微思，人生旅途中總會撞見莫名不堪境遇，不也正因如此，而造就今日的自己？

包容我、引導我，小溪如深海大洋。

人在溪邊，深感溪徑有如：

養育之地、保護區。

有如一位證人，小溪見證了我的生活看似簡單，實則多麼不容易。

猶如度量寬大的慈善老人，雖常常被我喋喋抱怨訴苦，打擾其日常清幽，但小溪不以為意，僅盼有天，我能走出困擾並且能體會到：

「沒需要把自己想得多麼偉大。漫漫旅程，人生百態，想想交響樂吧！人生旅途也是藝術之路，而非科學之路。不氣餒，勇於開啟充滿正能量的生活篇章。」

走出小徑，內心那股騷亂逐漸平靜了下來，精神舒展些許。

小溪岸邊，許下願望，拋棄行屍走肉的生活方式，轉而拿出整疊稿紙、筆筒，重回臨窗木桌邊，坐下。自勉：「只管存活下來。有需要的時候，何不歸返臂膀常開的溪邊？在那兒，把一切交給岸青，交給時間。」不順心？「就常去小溪吧！去傾訴，去心靈對話。」

難得遇見溪畔有隻野生火雞，適時出現在水岸邊，青草地上，蹓躂一下。猜想，牠也有來自逆境的壓力嗎？親近小溪，除了覓食，是否也渴望得到寧靜的心靈與撫慰，如我？我好奇。

十二

出門，越過溪邊小徑，走進小城，十二月二十八日。

麥香撲鼻，聞香止步。

一家仍用傳統磚頭炭窯，煮滾後，取出，再燒烤貝果麵包圈的小店。

店內顧客閒聊中，每個人都樂觀起來：「乾旱該結束了吧？」

因為根據州政府水資源局觀測，此刻，內華達山脈積雪已達平常標準的百分之七十二。

那麼：「加州仍會邁進第六年乾旱期嗎？」

「那還得看未來三個月氣象變化了！」

從明日開始，乾冷天氣將會延續到整個週末。

不過，「下星期一、二，有暴風雨。」

陽曆新年除夕，整日氣溫趨冷。午夜，溫度降至華氏四十一度。

新年快樂！這天，由於受到一股來自於東北部冷氣團影響，灣區因此會有幾天冷寒天氣。

整個灣區飽受雨水及暴風雨影響，浸潤多日。

17號公路上，多位汽車駕駛下車，合力將一棵倒塌龐然大樹給挪移走，因為它阻礙了四線道交通。樹倒了，還發生土石流；驚見車胎漏氣，那是因為汽車行進中不巧陷進馬路上有個凹洞，因此那些日子裡，「托車公司生意興隆。電纜倒下。相關單位發佈水災警告。水庫十多年來首次洩洪。大規模停電。發佈居民驅離令。河溪的水位高漲。」

新年第二天，稀奇地，一抹柔雪輕鋪山麓小丘，白雪並未登門造訪山下城市，僅駐留在山丘上。是有那麼一天，南灣地區居民居然見到雪景，不可思議：

「史丹福大學所在地 Palo Alto 小鎮上，年長居民記憶裏，大約五十多年前，一九六二年一月二十一日那天，他們驚訝，怎麼大街小巷竟然飄落雪花？天空瞬間猶如一位魔術師，灑下紛飛白雪於市議會、綠草地、屋頂、樹梢。當時，不少居民好奇地踏出家門，遊街、踏雪。對 Palo Alto 而言，難得有小城雪景，宛若牡蠣殼內珍珠，一份來自於上天的新年禮物。」

一月三日星期二，下雨天。

次日，早晚，山景城預估百分之七十降雨機率，同時，另一頭的紅木市（Redwood City）亦浸潤在雨中。

星期四、五這兩天，無雨但天陰。

一場暴風雨逐漸形成，滂沱雨勢將會於星期六重返南灣地區，到時候，

「會連續下個五天的雨。」

Palo Alto 市、紅木市、聖馬刁市（San Mateo），目前降雨量均已超過平均值。二月九日星期四，南灣地區，尤其連結 Palo Alto 和 Menlo Park 這兩座城市的橋下，滾滾 San Franciquito 溪水不斷地浮漲。

數日前，降雨及山脈融雪交加，使得位於加州、全美最高的 Oroville 水壩發生裂口情形。

這些日子，相較於西岸加州，東岸從紐約至波士頓這條走廊地帶，遭遇了入冬以來最大一場暴風雪，飄降一呎厚積雪。暴雪狂舞與冰滑路面，不但迫使東岸數百萬人民飽受風雪襲擊而無法外出，行車也困難，甚至連空中航班也停飛。

窗外，一連兩天，加州南灣地區無雨。

多日來，住家旁的小溪岸邊，晨昏，我三不五時拜訪流連。

二月十七日星期五，晨走，驚訝一〇一公路天橋下的隧道，竟因多日來雨水泛濫，隧道內，路面也全被雨水淹沒，無法通行，被迫繞道而行。

隔天，門外，不再像是日前橫掃北加州的強風暴雨，而是已經減弱為零星陣雨，另一方面，低壓雲系讓內陸山區降起雪來；室外，一些路段暫時封閉，山坡溼滑，路也滑，並發出山洪暴發警戒。同時，電線桿倒塌因而斷電，還有小規模土石流。小溪奔流著，部份流域發出了洪水警報。

年復年，旱情嚴重，加州極需大量高山積雪，藉由融雪來補充雨水缺乏的水庫儲水量。照理講，雨水若充沛，限水令自然可解除。南灣地區從十五日開始，隨即進入連日豪雨或傾盆大雨，未料，縣政府水利局理事會依舊未通過解除限水令。

那幾天，混濁土色的溪水快速奔流，步徑彎道上竟然也漲滿奔騰的急流。水波在陽光下，跳躍且亮眼。

忍不住有感而發：

「這模樣才配得上，稱為一彎小河、小溪！」否則，「無水，溪床乾巴巴，雜草叢生，害得路過行人經常忘記小溪的存在。」

當北加州灣區下雨情況可能會持續至下星期三，南加州亦飽受來自太平洋巨大暴風雨侵襲，盤桓不前，公路因而被蹂躪得柔腸寸斷，裂口水坑多處，兩人喪命。

星期一，國家氣象局發佈了北加州灣區會有一股狂風將臨的警告，同時預告大雨亦尾隨而至，這兩種氣象變化極可能催生河道泛濫。

翌日至星期四，雨停了。

暴雨將於星期五降臨。

二月二十一日星期二，驟雨時斷時續，然而，從明日開始，以及星期四、五這些天都不會再下雨了。但是到了星期六，山景城準備迎接新一波暴風雨。

話說二十八日星期二，從這天開始，當會有整個禮拜無雨，而且氣溫會回升至華氏六十多度。也在這天，人們發現水庫裂口問題嚴重，它連帶使得魚類遭殃，魚被困住。當下，工人忙於清理水庫累積的淤泥及沉澱底部雜物時，生物學家趁著加州政府暫時關閉洩洪道之際，急忙搶救那些被阻擋、進退不得的魚群。為此，政府機關更動用了重工業機械設備去清除被雨水衝刷至山丘下，而且最終匯集在水庫底部，有沉積物、剝落的水泥塊、樹幹，以及垃圾等雜物。

未料，三月四日，星期六，暴雨潛進灣區，中半島地區於下午五時開始降雨。

雨勢延續到第二天，三月五日，但漸漸轉為陣雨。當日，中半島地區更於清晨紛降豌豆般冰雹，小雪飄降於山丘上，但是都迅速地融化掉。當晚，安然入睡。一覺醒來，早晨，零星驟雨。

未來幾天，室外氣溫逐漸爬升至華氏七十多度。

晴朗天氣過了好幾天，三月十六日，星期四，晴天，居民預知：

「看起來，下禮拜一接連到星期三，咱們又要和雨天再相見。」

三月二十七日，星期一午間，詫異：「不是說，昨晚暴風雨來襲，且將滯留到今天早晨嗎？怎麼落得鎮日雨歇景像？」如此說來，

「我們終將跟雨天暫時道別。因為今後整個禮拜將會是無雨，但多雲。」

挨到四月中旬，十七、十八日兩天，大地氣溫回升至華氏七十四度，晴和大地，延續了三、四天。猜測：「這種屬於加州春天溫暖氣候型態將回歸正常？」因為，

「先前預測的一場風雨，如今，完全沒有露臉。」

溪流水道，淌水幽幽。

追溯，年初雨季開始，接連碰上連續大雨，使得河水暴漲，小溪岸邊步徑因而受損，情況日漸惡化。當雨季結束，家後那條步道小徑，就被市政府相關單位拉起布條，禁止進入，人們得繞道而行。六月初，山景城市政府工程隊基於溪邊土壤坍方，因此急忙地完成在坍方之處，重建了一條臨時步道，沿溪整條步道才又重新開放給居民使用。不過八月初，住家附近北邊的溪徑，驚見六十呎的土壁坍方，倒塌樹木從高處滑進河床。溪流再度流向原本坍方之處，導致步道旁的土壤持續流失中。

「雨季不是已經遠離了好幾個月了嗎？」

鬆軟土壤仍然繼續流逝，坍方惡化，該段溪畔步道因此才會出現六十呎寬的斷層現象。水利局重啟修建工程，主要重點則放在固定土壤，不讓泥土流失，同時也加強設置防護牆、草釘，冀望抵擋未來雨水沖刷。

十三

人在加州，心念加拿大。

夏天七月，承包商大興土木整修校園過程中，粗魯地砍掉校園內兩棵百年老榆樹。此舉，氣得社區居民將學校一狀告到法院去。聽來莞爾一笑：唉！加州。同時，老榆樹讓我想起加拿大。

居住在加州溪畔，近七載秋冬。

好幾次，溪邊散步，無端勾起我追憶多年前，家居北方的加拿大西部、愛伯特省那段居家日子。下意識地，將美加兩地住處做個有趣對比。

住在加拿大那段歲月，認識到，擁有整個北美西部的山脈是落磯山脈。山脈東邊即是愛伯特省大草原，西邊為深谷。那時候我住在楓葉國度，看見許多原始荒野地貌。遠看，高聳入雲的群山峻嶺，偶見山腰，一座中世紀後期、哥德式尖頂拱式的建築。高聳入雲的群山於日落時分，彩霞餘暉映照峰頂，又山嶺映照在山湖的水面上。地勢較低的草地、山谷都淹沒在大山的陰影下。

北國高山上的草地，低處彎延山谷，孤寂感油然而生。

山雪融化後，雪水流下，進入海洋。

天地壯闊，光影變化，創造出視覺上張力十足戲劇感。

近看或遠觀冰原遺跡。特別是從高空飛機窗口往下望，好完整一塊北美地區北極南邊的史前時期大冰原。極地冰原上有殘留下來軌跡，像是地面被冰河刮磨後的土壤跡象，赤裸裸地，一直下探到床岩。冰磧物充斥原野，起起伏伏。眼前，有龐然大片砂礫和冰河所累積而成的冰磧石，擴展到千百哩之遙。萬年前，加拿大國境被冰河時期厚厚冰層所遮蓋，廣延無盡。寒冷氣候型態下，大量冰雪堆積成山，一座又一座，綿延無盡。

當年，居住在加拿大愛伯特省、老榆樹成林的艾蒙頓市，前後也是將近七載。家居在那兒，開始熟識冰河運動。

當冰河移動時，猶如輸送帶，行進間，攜帶了大量岩塊、砂粒和岩屑。當冰河移動時，宛如沙紙磨擦地面，留下浸蝕痕跡。

冰河戲劇性運動，雕刻出連綿山嶺壯麗風景，塑造出獨特的山嶽地貌。

高山冰河活動足跡可尋，例如被冰河移動所鑿出寬闊U字型山谷。

高山湖，冰河移動時，如圓鑿挖出軟質岩，融化冰水注入凹處，冰河後來逐漸隱退所致。

我最愛高山湖的水色。當冰塊移動時，融化冰水攜走千千萬萬蘊藏豐富礦物的碎岩片，順道流進了深凹處，結果，陽光下，湖面上呈現青綠與翡翠色調；藍天下，在高山白雪與綠坡襯托下，湖色呈現了寶石綠、湛藍。

落磯山脈大環境之美，美在大自然層次堆疊。起先由溫帶蒼翠山谷低地開始，涵蘊多種動物植物，逐漸往上鋪陳至峰頂，高處則為僅存矮小植物，且能札根生長的凍原帶。也就是說，一路從草原、混合森林、佈滿松柏的針葉林，然後是過渡的山區、苔原凍原帶，終至山頂極地景觀。

居家生活在加拿大，常聽到，常看到：

「極地冰原。冰河。冰凍湖泊。」

「仙人掌。」

「黑熊常常出現在公路和露營地。」

「大角麋鹿。」

「加拿大馬鹿棲息於針葉森林。」

「黑尾鹿。」

「落磯山脈森林公園內，大角山羊、山羊。」

「一隻野熊全速涉水橫越山溪，跑開，然後消失於林間野地。」

山腰陡峭，仰望「山羊棲息在落磯山脈崎嶇難行的岩層上，站立在斷崖上端。」喜愛群居且享受彼此陪伴所帶來安全感的「大角羊。看見母羊餵奶幼羊，以及兩隻年輕力壯羊隻正用頭角互撞，比力氣。」

愛伯特省，岩山羅列、一望無際的岩壁群山，不老又恆久。

大自然巧奪天工鑿刻了地表邊緣痕跡，展現獨特壯闊風土色調，心生敬畏。

過往，加拿大的大自然景觀，帶給我感官上視覺震撼。

然而如今，人在美國加州山景城小溪這兒，帶給我心靈上溫暖：

「親近小溪、小徑，猶如身在一場奇遇裡，從綠徑那兒，我可隨手攜回希望，有時又覺得靈魂更生了，變得勇於表達自己喜怒哀樂種種情緒。不但臉上展露久違笑容，且願這份笑容能感染給旁人。眼眸深處閃亮仁慈，勇敢面對人群，人我相互交換微笑。小溪，猶如心靈的底蘊，是腳前燈，是生命樹，是隨時的起點，是一條生命活水流向我、重塑我。」

「親近心靈小溪，領悟到如果大腦整天胡思亂想，反而阻擋了邁向成功過日子的願望。成功其實源自於內心、心靈的平衡與思想意念的力量。」

「人生猶如一隻鷸鳥，生活在一片沼澤地或荒地，無時無刻被周遭猛禽、隼鷹給盯上，虎視眈眈。小溪讓我心生無懼，擁有強大意念。」

與小溪同行，回饋我一顆平和的心，重拾勇氣，回歸日常。

與小溪同行，個人與自然環境相連。

岸青，提供了一個平台，鳥鳴花樹柔化了溪岸意境，增添細緻與神秘。岸邊，猶似深山裡紅杉巨樹，靜默地看著時光、潮流趨勢與人來人往，奔向未知與無常。

某天，不禁再度想起楓葉國度落磯山脈山間鐵路，以及眼前陽光加州一彎小溪。先前，加拿大針葉林裡穿越重山峻嶺的鐵路，儼然像是一位拓荒者、探險者。鐵路將原始雄偉的落磯山脈莊嚴之美，給開拓出來。

目前，北加州屋後，灌木林內 **Stevens Creek** 小溪流，流進內心，發掘我的心靈世界。

說來，北方鄰國加拿大，世界上最北邊一塊大曠野；北加州灣區，世界上高科技矽谷的岸青之處，兩地相同情況：

「人與自然環境緊密相連，兩者關係早已深埋著 DNA 染色體。如果以雙方相互為伴的遺傳基因記錄為啟示，那麼人類需要大自然之說，即真實且意味深遠，屬於生物學上現象。荒野，無論崇山峻嶺，還是小溪，都會讓人重拾活潑的盼望。」

十四

北加州夏天，逍遙度日。

Stevens Creek 不但平撫我，也啟發我：

「正念思考，願意走出家門與大家為伍，避免鎮日悶在屋內。」

夏天，結伴拜訪了一座濱海小城，嚐巧克力，喝咖啡，嚐蛋糕及三明治。

夏天，汽車駛向莊園，逛酒莊，我們品嚐紅酒與白酒。回程途中，臨時決定將車停在路旁樹下的攤販前，採購路邊擺攤所販賣商品，那些從自家後院果樹上新鮮收成的黑莓、無花果和蘋果。

夏天，有個下午茶歡聚時光，男女追憶一生當中最美好的夏季：

「去 **Idaho** 州。湖面上，尾隨在飛奔汽艇的後面，學習如何衝浪。」

「參加湖畔一個樂隊演奏的夏令營。」

「一九七八年，那年夏天，我開著一輛雪弗蘭汽車，載著我當時青春時期的女朋友，橫跨美國，並在後車座上親吻她。」

「交了一位女朋友。」

「艷陽下，草原上，我騎馬奔騰。」

「人在 **Sierra Nevada** 群山間跋涉。仰望星空，凝視流星雨。」

「那年夏天，我和家人一起去阿拉斯加旅遊。」
「炎炎夏日，父親陪我一起閱讀小說那段親子時光。」
「夏日午後，我和父親躺在草地上，一同觀賞天邊的白雲。」
交誼同樂會上，男女歡言笑語不斷。
座上，頓然感受到炎炎夏天卻湧現一股清涼，那股屬於潔淨山泉水，汩汩地流向心扉。心田，霎那間，彷彿再見翡翠樹蛙，就連小鳥也回來下蛋了，青春小鳥。
返家，近黃昏，走近小溪邊。
看來，日常生活無論是高山還是谷底，還是春夏秋冬、悲歡離合，一旦回到岸青，那一天，我才算完全圓滿。

十五

秋分的前後。
夏季尾巴，秋分前一天，九月二十日。灣區原本連日襖熱氣候，這天，大地卻悄然地颳起涼風，捲起路邊稀疏落葉，紛飛葉子輕盈亂竄，奏出枯葉刮地聲響。
僻幽野生樹林步道兩側，明暗光影，溪邊不時傳來樹葉沙沙作響。
起先，認為是風，但是發覺沒有感受到任何風向在運行。
尋聲走近一看，原來眼前，
「野鳥舉步在累積而成的層層枯枝落葉上。」要不然舉頭，恍然大悟：
「松鼠在綠樹枝幹上活動的聲響。」
這天，最後一個夏日。

奧勒岡州南下冷氣團，催促加州東部的內華達山脈北部六千英呎以上、綿亙高聳山區林地，意外地，披上一襲天空飄降皚皚初雪，所編織而成的雪衣，如冬景色。

入秋，第一個周末。

漁夫辛勤地從海灣洋流中，網獲蹦跳的比目魚、石斑魚。

豐收漁獲，多虧漁船再度被允許停靠在舊金山漁人碼頭。靠岸，漁民樂與民眾顧客進行魚產買賣交易。十七年前，市政府曾終止這項岸邊商業交易活動。近期，終於禁不起漁民為了生計，發動抗議行動，因此多年禁令才被市政府解禁。

清早，從山景城搭乘加州火車北上，前往舊金山市區。

走在 **Market** 大街上，穿過中國城、義大利區，最後來到漁人碼頭。

吃完美味海鮮後，再加入民眾向漁民採購新鮮魚。

日落舊金山。

搭乘火車歸返南灣小窩。

走出山景城火車站，路過 **Stevens Creek** 小溪，手邊多了一袋剛在碼頭向漁夫採購的新鮮石斑魚和鮭魚。

十六

舊金山海灣。

春天來臨前，一月、二月，徜徉於東灣懷抱。

春臨大地的三月、四月，流連忘返在東灣郊野。

那年，春天來臨的前後，不僅佇足在我熟悉多年的南灣住家附近小溪，還開始遠征跨界，踏入舊金山灣區另一頭的東灣。兩地風光，各異其趣。

春天來臨前，一月及二月，我前往東灣參與健行探幽活動。

「星期三，早餐後一直到午時十二點半，遊走在三英里路長的野地上。身旁有博物學家隨行並問遊客，何處為大花蝶過冬之地？」他帶領我們「前往瀉湖，瞧見正在環礁湖忙於交配的動物蠑螈。荒野行，忘憂行。」

「星期二，互道早安後，踏青者尾隨自然觀察家越過小山，穿越樹林溪谷，沿路勘探植物與動物出沒區。最後，趕回野生公園管理處享受午餐。」

春天來臨前，冬陽假日，星期天，走入大自然——

順著兩英里長的環道小路，轉進採石場礦坑一角，尋冬蛙。

遊盪於三英里海岸線上，領略海灣景觀和腳旁野生生物的生活狀態。

沿著山脊，步行經過蛇紋礦石地帶、小樹樹林，再踏進茂密灌木叢林，終至紅杉木樹林。這趟走下來，三英里。

走完綿延二英里環山彎道，登高，看海。

春天來臨前，冬季裡一月、二月——

茂密小樹林裏，大彩蝶居所，蝶舞在樹葉明滅之間。身旁博物專家熱心地為健走者解說彩蝶的生命循環，以及蝶兒如何在灣區安然度過冷冬。

周末，我們走向溼地，發掘三角洲之美。用心觀察哪些動物會閒逛野外？並藉由野地上嚼碎的樹枝、鳥鳴聲，加上動物留下足跡，來偵探生態環境。我們沿著低窪泥濘的泥沼、彎道、三角洲，一路踏青去。邊走，邊觸摸、嗅聞、品味、觀察，並豎起雙耳。冬季溼地正在呼吸。

此刻，每個月第一個星期三，遊客中心會舉辦咖啡聯誼會。席間，當地工作人員會報告當地發展近況，諸如研究規劃、養殖漁業、科學討論和社區建構等大事紀。尤其元旦當天，萬象更新，找個角落，靜心片刻，趁機展望新年來到，於是清晨來到三英里湖邊的幽徑。

一月初，午間兩點至四點半，跟隨專業解說人員，探究一下灣區種類繁多的蘑菇。

年初，清晨，初次賞鳥者和賞鳥老行家，相約聚眾於溪旁野地小徑上。東張西望，尋覓鳥蹤與不同羽翼。徐行，身旁鳥類專家揭開冬鳥遷徙、眾鳥行為模式，還有鳥巢棲地之謎。

「徜徉在一葉獨木舟上，」晨光中，「喜見湖面上，那些冬季定期遷徙至此眾多野鳥，正在空中飛舞。我們邊划槳，邊賞鳥。」

天未亮，「起身。清晨六時，人已安坐在獨木舟內，划起槳來。」日出，「沿著沙灘附近的海面上泛舟，水濺聲響起。由於地處鳥類禁獵區，海天一色，成群候鳥展翅迎向晨曦；豹紋鯊，結伴晨游，迎向朝陽。」

起床，驅車前往海港，觀看海洋哺乳動物海豹，牠們靠岸並且在沙灘上，三兩成群席地休閒。午間，散步在三英里路程的小山與小山之間的彎延步道上，清靜時光。

清晨，一月八日，遠足至丘陵起伏一處荒廢礦場，再轉進礦區裡一個十九世紀墓園。閱讀墓碑上石刻文字，彷彿置身於當年礦工所建立聚落小村，感應著當時生活百態、悲歡離合。礦場廢墟、墓地，遊客們緬懷已逝的拓荒先祖、該地過往歷史。

除了森林、公園、丘陵、水庫、海濱，另一處賞鳥聖地為沼澤地。

一月十三日，週六。首先，兩位公園管理員帶領我們爬上丘頂，迎接日出。冬陽乍現，眾人忙著拍照留念。折返時，導遊解釋有哪些生物此刻正在閉目休息？哪些則正要漸漸睜亮眼睛，姍姍早起。之後，泰半時光消磨在太平洋候鳥所經過的路線上，一個禁獵鳥類區域。漫步於溼地生態地區，飽覽成群冬鳥的棲息地。接著遠足至另一處野地，探究飛鷹如何在其棲地獵食以裹腹求生？身旁導遊生物專家仰望天空，忍不住讚歎：快樂的飛鷹。

穿過山谷的頁岩區和黏土區，走在砂岩狹長隆起的山脊線上，更有些時候，舉步於泥濘路上。幸虧沿線有松樹叢林、開花的熊果樹叢可以欣賞，因而淡忘了旅途艱辛。那個大白天，日曆標示著一月十四日。

一月中旬，晨光普照，沿著海岸線，我從口袋裏掏出手機，捕捉野外生動記錄。平視，冬陽照耀著湖水，水光閃耀。仰望，啄木鳥鑽進橡樹叢裏。轉頭，遠處，海岸線上，驚見一隻猛然回頭的黑尾鹿，而其鹿角、鹿耳、鹿眼，恰好面向著鏡頭。

隔日上午，健走於一英里半的紅木樹林內的深幽路徑上，樹幹上成百成千瓢蟲在蠕動，紅通通壯觀一片。難免好奇：冬天，為什麼瓢蟲年復年都會聚集於此，擁擠一堆，愛湊熱鬧？

一月，清早，郊遊。導遊為一位生物專家，不厭其煩敘述早期生態環境，例如當年灣區引進了哪些新品種動物、植物。又說，出遊者不妨藉由圖繪、書寫與專題討論，來明瞭本地與外地生物品種不同之處與生態。

一般來說，賞鳥，都會奔向夏日樹林。然而冬天，僻幽水庫亦為觀賞鳥禽的綠州。於是，一月下旬，早餐後，多人結伴動身前往一座廣闊水庫。冬陽下，互道早安後，開始漫遊，津津樂道：

「讓我們看鳥去！讓我們聽鳥去！」

週六午時，一月二十日，野外溼地。生物專家介紹：

「水蟲世界。我們試著去瞭解水蟲在生態系統中所扮演的重要角色。」

一月二十一日，晨間，跟隨生物專業人員「潛入偏幽森林內，一處真菌類植物的大千世界。」不久，林中，生物學家也讓冬遊者見識了「蛇的真實模樣，尤其難忘畫面為一條鑽出蛇洞，並且懶洋洋地貪享冬陽的長蛇。」

荒野裡水濂瀑布，簡直就是一件被隱藏的珍寶。特於一月二十七日，參加瀑布之旅。我特地起個大早，加入野地郊遊直到黃昏。單程，12.5 英里陡峭路徑。

夜遊海口三角洲。我們從冬日黃昏到滿月升空，一月三十日，星期二。薄暮餘暉，划著木槳，直到月光探頭並輕奏小夜曲。很高興當初決定離開住處，踏出房門，投身於天地之間：晚霞滿天，划著獨木舟，划向月光。不但划出信心，也划出人性光明與歡愉。

元月底，週日黃昏，奔赴海洋保護區，為了一覽退潮後會有什麼海洋生物被遺留在海邊？宛似一位科學家踏進泥濘沙地，低頭細瞧，細數並記錄腳下海洋生物數量。

人在海天一色的海岸線上，埋首尋覓腳邊小海蝦、海蛤和貽貝。舉頭，視線所及，驚覺甚多沙禽及野鴨現蹤，他們將灣區冬景點綴得生氣勃勃、熱鬧非凡。

週六上午，二月三日，跑去農家，推開雞欄去看母雞生蛋。下午，推開柵欄，走進羊圈觸摸羊隻身上蓬鬆的羊毛。兔子擅長跳躍，然而農家透露，牠的長耳朵是用來感應週遭發生的危險。

禮拜天，二月四日，上午，沒有遠足至東灣，留在南灣的山景城。搭乘谷歌科技總公司為其所在地，山景城的居民提供的免費社區接駁車。車上，兩男兩女退休長者操著一口京片子對話：

男：「今天立春噢！」昂揚聲調。

女：「今天立春啊？」

男：「春暖花開了！」

女方問道：「妳上哪兒？」

身旁另一位女同胞回應：「去農夫市場。」

我靜坐在座位上想著：

「東風吹，草木先知。」

立春，年始，依黃河流域的天文物候，它為二十四節氣裏第一個節氣。

想到，有次讀書讀到，立春之日，迎春，這在中國也已經有三千多年歷史。像是周天子在立春前三天，齋戒。到了立春那天，天子親率三公、九卿、諸侯大夫，一起來到東郊迎春。漢朝繼承周制，這天，不但皇帝率領大臣奔向東郊迎接春氣、祭祀春之神和百花之神；民間方面，百姓還唱歌跳舞，鼓勵農耕，發展生產。自古秦代以來，一直就以立春作為春季的序幕。接下來不同朝代都會於立春時節，忙著張貼春牛圖、喝春酒、吃春餅等歡樂迎春活動與習俗。

思緒轉回到巡迴巴士的現場，側看一下乘客臉龐，可以感受到心情上：

「大地春回，是生活的原動力。」

立春時節。二十四節氣，確實在人們平淡生活裡憑添一抹暖意。彼此交談著有關立春、春分。相互提醒，立夏、夏至。邀約彼此，一起去感受立秋、秋分。輾轉得知立冬、冬至的來臨。

隨著季節推進，冬去春來。天底下，還有什麼比看透但是卻不看破，來得恬適怡人呢？何不就從冰霜少、大地暖的春夜，開始品味一下傳統節氣轉換之間的微妙，春夏與秋冬。

立春，仰望夜空，找尋那束春花之星、帶來亮光與指引的燦爛星光。

次日，再出遊東灣野地。白晝，走了一趟三英里路長的沙石小路。望眼荒野，沙岩地形，壘壘石塊。導遊要我們特別留意那些「隆起的巨石，以及在巨石切縫裏是否能尋獲獵鷹的窩巢？」

造訪荒郊野地，山丘、山谷與岩區，冷風猛刮。二月初、周末，晨間九點出門遠足，走進被印第安村落視為聖地之處，粗曠原始地形地勢，是金鷹、紅腿青蛙的藏身地點。

喚起對水庫、以及對風光明媚的山谷表達惜福，抵達 **Lake Del Valle，Reservoir in California** 地區，擔任義工，捲起衣袖幫忙植樹。二月早晨，男女將樹苗種下，並趁機認識附近河谷的生態。

加州雨季，豐沛冬雨，真菌類植物紛紛竄頭而出。二月七日，早上十點至下午四點半，參觀當地農家五花八門真菌品種。農莊主人現場動手攪拌食材，自製菇類冰淇淋。當冰品被鋪上一層糖果碎末後，主人邀請訪客品嚐，並問道：「口感還可以？」同遊者當中，一對來自南太平洋斐濟群島的夫妻檔有感而發：

「北加州雨季期間，此刻的南太平洋島國家鄉，終年如夏。」想起南國島嶼上熱帶雨林、椰林、珊瑚環礁。原始海岸，臨海享受著海濱風光，跑到岸邊一躍，潛游大海。熱帶雨林岸邊，長滿了樹木和綠蘿，還有盛產的椰子、芋頭、可可和香蕉。另外，「島國居民生活清閒，樂天知命。」夫妻倆，人在加州農莊，不但珍惜眼前加州景物，未忘家鄉終年擁有溫暖海水的島嶼味道。

二月九日，由於河鼠的腳蹤出現在北加州三個不同郡縣的溼地、河川，於是居民被加州漁獵局要求，要是有人在野外撞見侵略性極強的河鼠，務必舉報這種可重達二十磅巨形鼠類，以根絕之。此舉，不但可避免境內溼地逐漸消失，並減少害鼠對當地農作物、防洪堤、排水溝系統、以及對道路的路基所造成嚴重威脅與破壞。早在一八九九年河鼠就被引進加州，基於其皮毛非常類似貂皮，因此河鼠極容易被人們誤認為海狸鼠或麝鼠。識別關鍵在於奇特腳趾上，河鼠除了一隻腳趾外，其餘腳趾為腳蹼相連著。

背對著群山，我們來到近海的橡樹林地，貪享灣區鮮純的林風，微涼拂面。那天，二月十日，周末。整個上午，閒步於離海灘不遠的橡樹林。當天下午，更換場景，一群有心人士亟欲為大自然撰寫另類日記，這一次，非關文字，而是我們停下腳步，抽出畫筆，將身旁不同的有機草菇蕈類用心地速描一番，野外寫生。

二月周末的白晝，在具有印第安血統導遊帶隊下，深入丘陵漫遊。除了介紹加州印第安地區日常生活，像是採收哪類野外植物來做食物、藥品外，還介紹早期原住民建構遮棚時，所使用的材料和工具。當遊人遊畢植物園，眾人目光再轉向溼地、淡水沼澤。最後，導遊闡述族人自古以來與大自然、與家人、與先祖之間彼此互動親密關係，還有原住民長年以來不變特質，那就是：「慷慨、平衡、具備正念的復原力。」

晨起，二月十一日，與友奔向嚮往已久的遠處山丘，因為在那遙遠地方佈滿著：「無花果樹。」

二月十四日，不慌不忙，午時，「郊野土地上，我們單純地用手、鼻、耳和雙眼去感受天與地。停步，彎腰嗅聞鼠尾草，觸摸一下黃葉。涉足溪邊、池邊，尋找小龍蝦或蠑螈。」

「流連忘返於紅杉樹林內，」二月十七日，週六下午，慶幸能踏進紅木世界。巨樹參天，環顧。霎時，想像著：

「這片森林有精靈在跳舞？是童話世界？仙女曾經來過嗎？」

夢幻之地，佇足紅木森林時間愈久，愈被拉進綠野仙蹤，不捨離去。

擠身於「杏仁樹林裏，」杏仁樹下，植物專家熱心地講解杏樹一生。「如果有幸，」他笑曰：「但願你們待會兒能看到滿樹杏花！」那天，二月十八日，週六，午後兩點至三點之間。

星期二，二月二十一日。陰天，雨歇，陽光微露。

晝伏夜出，二月二十三日，週五，從晚間六點半至八點半，我們一群「夜遊者手持手電筒潛進黑森林。耳畔響起淒厲叫聲、梟叫聲、卡搭聲，聲聲讓人興奮地尋覓林野中的貓頭鷹。」

星期六，午餐後，二月二十四日，農莊女主人現場示範如何依古法製作冰淇淋：將冰塊、鹽、糖、奶油混合後，用力攪拌，做出懷舊口味冰品。

二月二十五日，下午，周末。「穿上長統膠鞋，涉入海水，手持圍網，儼然一付測量專家模樣：撒網，撈網，低頭瞧瞧，到底有哪些海洋生物常居在灣區？」

春天來臨了！

踏出南灣，踏進東灣，一個佔地七百四十英畝、大自然禁獵保護地——十哩路程步道小徑，沿途盡是橡樹與月桂樹、綿延草原、油加利樹，還有溪流。攀登近郊海拔一千兩百英尺峰頂，鳥瞰腳下舊金山灣區景緻。

周末，春天野地上，瀏覽大地風光與自然生態，像是：

「雲朵。三角洲溼地。」三月，奔向野外，抬頭凝視天空雲朵。同時，整個三月份和四月份，每逢週末假日，找時間漫步至三角洲幾處溼地。

「撿拾新鮮白鷄蛋。望遠鏡。」星期六，三月三日，天氣晴朗。早上十點半，拜訪農家。推開雞欄，彎腰拾了幾枚新鮮雞蛋。然後加入徒步行列，一行人沿著一哩半環狀小徑，行進間，不忘取出望遠鏡，不時地搜尋沼澤地與池塘畔的鳥影。

「鳥蛋。」三月四日，星期天，野外，觀看奇美的鳥羽、巨大鳥喙、猛爪、如風呼嘯而過的羽翼、以及形狀優美的鳥蛋。

「野兔的長耳。踏遍小山。」星期六，三月十日，晨遊於溪邊三哩路程的生態區，四顧北加州冬雨所帶給草地、樹林、小河等不同生動景像。午休片刻後，再度邁出步伐。途中，見到一隻跳躍野兔，利用長耳朵去感應週遭可能發生的危機。春天，立下志向，欲將舊金山灣區內好幾處小山給攻頂下來。

「水獺來了！橡樹下閱讀。」三月十一日，午間兩點至三點之間，散步。心中好奇著，除了人以外，還有誰會拜訪早春湖水？發現是水獺。走近一棵橡樹巨大濃蔭下，安靜地閱讀，閱讀書中一頁頁古今軼事與傳聞。「多彩繽紛的印第安玉米。」顯然，三月氣候變得暖和，白晝漸漸拉長，三月中旬開始至四月中旬，週末午間，結伴下田。田裏滿是新鮮美洲印第安玉米，色澤多彩如虹的玉米粒，與農家一起忙碌豐收。

「金鵰庇護區。」三月中旬至四月下旬，週六或週日，早上九點至下午兩點，多人與解說員同遊山林、谷地。來到風中印第安人的神聖保護區，這裡亦是鳥類金鵰的庇護區。

「去溼地捕魚。」三月十七日，週末早晨十點至十一點半，一眼望過去，春日溼地看似寧靜，確有微微顫動狀，可想而知這片野地畢竟是昆蟲、哺乳動物、魚類、以及鳥兒棲息地。三兩同伴每人背著一付雙眼望遠鏡，手持捕魚浸網，全付武裝，安步至溼地。

「鱸魚。白楊樹皮。」三月十八日，早上九點半，出遊者循著曲徑，最後置身於眾鳥棲息的谷地。引頸聆聽，鳥兒歌頌春天。跟隨生態導遊去學習，如何憑著不同鳥鳴辨別其類別。午時一點鐘左右，鱸魚游水於湖中。下午兩點至三點，相伴去觀賞莱莢花種子隨風浮沉，並洗耳恭聽從沼澤傳來鷦鷯的鳴曲。路旁有樹林，駐足，用手觸摸北美白楊樹皮。

第二天，「晨曦正在召喚。」黎明前，身繫一壺熱咖啡，沿僻徑，健行了三哩半，直攻丘頂。居高臨下，喝幾口咖啡，喜迎天際第一道曙光。

「春鳥都在忙些什麼？瞧！春鹿。」星期六，三月二十四日，早晨，生態人員帶領我們探索、學習更多大自然之美，同時，心靈與情感亦被滋潤。沿途，領略到春鳥忙於覓食、歡唱和尋找配偶交配。目睹鳥兒從天空驟降，飛抵地面；或從低處飛向樹梢；或停留在水域，孵育幼鳥。午後，湖面春光閃爍。另一端高處，傳來啄木鳥在橡樹粗幹上，啄啄不休。遠處，海岸線上，我見一隻鹿兒低頭舔食鹽份。

「動植物生態。」次日，星期天，早上八點至十點，徜徉在兩座山脈間綿長綠洲般的谷地，細瞧終年因為局部區域溼冷氣象所催生的植物群與動物群，多樣性生態系統。

「聽，鳥語喋喋。」星期天，早上八點至十點，投身沼澤、丘陵與小溪之間，豎起雙耳，聆聽鳥類彼此交流所發出動聽語言。三月二十五日。

「看，鳥飛翔。」星期一，三月二十六日。早晨九點，穿梭於戶外不同角落，比方說拜訪農場、踏進溪畔、登上公路邊木柵圍起的觀景臺、投身於自然保護區內，這些都是為了靜觀飛鳥世界。慶幸自己，樂享藍天白雲下的生活情趣之後，心中決定自己要經常走出家門，奔向陽光，讓自己蓬勃煥發如滑翔的鳥兒，而非鎮日窩在房間裡發霉。東灣踏青行腳，值得。

緊接著，「猛禽。」三月二十九日，星期四，晨光，九時集結。前往溪邊、山谷一帶漫遊，欲探肉食猛禽如隼鷹、獵鷹與雕鷹的英姿。一趟走下來，約兩小時。歸程，彼此互約：

「咱們下個月，四月二十六日，同樣是禮拜四，再來這兒走它一趟。」

「過境的彩鳥。青蛙。紫杉。」三月下旬，清晨，穿越野外公園與農家植林綠地，尋覓春季候鳥。靠近泉水處，巧遇數隻過境彩鳥。午後，穿梭於柏樹與紫杉樹林。湖畔，蹲下身，撈一瓢湖水，或用絲網撈捕，再用放大鏡檢視手掌上水中生物，例如蜻蜓幼蟲、蚊蚋、青蛙。

「四月裡的野花節。」轉角，大自然欣欣向榮。四月初，週末，鄰近小鎮為了歡迎春季，恰似科羅拉多州與德州，加州本地也舉行了年度「野花節」。我們由谷地開始徒步，終至丘陵野地上怒放的紫色、橘色野花交錯的花海中。加州東灣小城舉行春天野花節，每年，當地日本僑民會組成日本傳統鼓隊，敲鑼打鼓地揭開序幕。

「紅杉。害羞的鷦鳥。」四月第一天，沿著三哩半距離的僻徑，在嚮導人員帶領下，我們穿越整片紅杉樹林。隨後，跟隨鳥類專家跨越不同棲息地，尋覓水鴨、鳴禽、嗜肉的猛禽之外，還親近大自然裡橡樹林、淡水沼澤、茂密灌木叢林、草原。吃完三明治，繼續探索，結果驚喜發現一個由鳥兒利用枯枝、泥巴、蜘蛛網編織而成一個精緻鳥巢。午後兩點至三點，巧遇生性害羞並隱藏在溼地生態環境的鷦鳥。嚮導說，走進大自然，才能體會大自然和人類家庭與先祖之間密切關係。

「登高，小天下。想像力。」四月初，走向丘頂，居高臨下。聯想到自己居住的地方山景城和舊金山灣區其他城鎮相互關聯著。四月，星期日下午兩點至三點半，踏青，感官及想像力被喚醒。野外遇見鼻涕蟲、蠑螈。歸途，褲腳沾黏著溼泥。

「池塘、鱒魚與蜜蜂。」四月七日週末，一早，歡慶春之頌，我們選擇徒步旅行至陡峭地，拜訪一座又一座春天池塘，清賞加州特有植物群。接下來，前往湖邊，因為水庫地區盛產淡水虹鱒魚。午後，走訪農家。不但親手學習製造蜜蠟香燭，也品嚐當地所出產甜美蜂蜜。

「三月雨。四月花。寫生作畫。」晨起，加入自然觀察員行列，探訪那些受三月春雨滋潤而盛開的四月花朵，賞花一直到近午時分。下午，架起畫架，攤開畫紙，拿出彩筆。樂與同好們氣定神閒地置身於三角洲寬闊天空下，提起畫筆，將眼前風景寫生素描起來。動著畫筆，心想：「當下美景，歸功於長年陽光、風雨和難得輕飄的冬雪，三角洲風貌。」

「橡樹丘陵。池塘。」四月十四日，星期六。早晨，利用一個半小時沿著湖邊，健行至橡樹丘陵地，為了去聽、去看春季鳥類。下午，觀賞一窪窪池塘，塘內，生意盎然，塘邊野花綻放。黃昏前，清幽水域上，划槳獨木舟，一路賞鳥下去。

「春水。」四月十五日，午間兩點至三點，溪邊春水潺潺，終將流進海洋。舊金山灣區上空，珍貴雨水降落在山丘、屋頂和街道上，匯集後，不但滋潤林野空地，而且形成大小池塘。

「攜帶望遠鏡。海產。」四月中旬，星期二，早晨七點半，隨身攜帶了水壺、雙眼望遠鏡。懷著一份熱情，沿著舊金山灣區幽靜林野小徑，走走停停，並不時拿出望遠鏡來，一窺深處和遠處鳥禽棲息地的面面觀。逍遙快活兩個小時。

三月初至四月底這段期間，每隔兩個禮拜的星期二，觀賞多彩多姿鳥居生態。三月與四月，每逢週六、日兩天，挑選一個午後，現身海濱，為了觀賞螃蟹、海魚及鯊魚。有時，大夥於中午在海濱集合，趁著退潮時分，海風拂面，人人在海產保護區內，套上長統靴，然後低著頭，用手去摸蛤仔、或抓一把海澡、一隻螃蟹。

「牛油。夜空裡群星閃耀。」四月二十一日週末，午餐後，兩點至三點，拜訪農場。除了閒話家常，順道跟著農人學習將牛奶乳脂製作成牛油。隨後當場試吃，興奮地將自製的牛油塗抹在餅乾上。回憶起，早在現代超級市場流行之前，家家戶戶廚房裏，哪家不是每天親手烹煮三餐食物？農家另一個角落，蜂窩四週蜜蜂嗡嗡作響。一下子，品嚐甜甜蜂蜜，一下子，動手將蜜蠟做成蠟燭。告別農家，重返大自然懷抱，角色這時候轉換為一名偵探，檢視野地上動物留痕，猜測：哪些動物不久前曾流連於林間荒地？或徘徊於溼地？提到溼地，當然不會錯過棲於水中或水邊的水蟲、浮游生物與無脊動物，這些都是溼地生態重要角色。那個春夜，八點至十點，同伴們拿出隨身攜帶的毛毯、望遠鏡、手電筒、保暖的夾克，肩並肩，相聚在空曠草地上。手持望遠鏡，瞭望清賞夜空裡燦亮的星座群、星雲與金星。

「地球日，四月二十二日。」早上十時半開始，加入流域之間長途旅行，從一個湖到另一個湖，延展下去，直到下午一點鐘才收尾。

「蜘蛛網。」四月二十八日，吃完三明治，喝畢午茶，下午一至兩點，戶外小徑旁，見到蜘蛛正在殷勤結網，纏纏繞繞。黃昏六點半至夜晚九點，水上獨木舟縱隊，一艘尾隨著一艘。男女老少搖槳划船之際，天邊夕陽霞光與升起的月光，先後閃爍於漣漪水面上。

「橡樹峽谷。小羊。」四月二十九日，早上八點半至十一點，沿溪，一隊人馬在起伏丘陵地與溪邊低草地之間遠足，不但為了尋找春天野花蹤跡，也為了靜賞遠處山脊、橡樹覆蓋的峽谷。下午，喜見小羊嬉戲於農莊上。

東灣郊遊踏青後，歸返山景城，更讓我確認到：

「人活著，別孤坐愁城。何不推開家門，走進天光，無論晴雨。」

隊友說：「賈伯斯比美國總統重要。」

又說：「生活藝術家比美國總統重要。」

南灣小溪，以及遠處東灣樹林、海濱，兩片不同的天地，都隱然存在著一種自然法則。

默思：「樹幹，天生孤獨。」

有人「踏著落葉，親近了樹幹，人樹相伴，林地因此變得有趣起來。」

「樹木沒有眼睛、耳朵、大腦，但他們知道要儘量伸長脖子，迎向陽光。」

「奔向戶外，迎黃昏，看地形線柔和下來；看拂曉，為了看曙光柔和。」

「林野。生命循環，不分日夜，分分秒秒，從未停歇過。」

十七

話說，南灣屋後的 Stevens Creek 小溪。夏末，九月初，溪徑上健行時，赫然遇到《關懷地球小縱隊》年輕男女成員，他們分成不同小組，分頭埋首拔除雜草、清理垃圾。男女並撿拾著雨季來臨前，乾涸河床上，那些由無家可歸遊民所遺棄的超市購物推車、污垢衣褲、單車等物，統統加以收集起來，一併處理。當然，這群義工青年也會為了增進社區環境改造，相約在周末，前來水道附近，掘土植樹，如橡樹、松樹或當地原生植物。志工隊除了投身野外小徑兩旁，也會走向海岸線、山坡的野生棲地，從事生態復原工作。甚至，當意識到加州野火會危急到人身安全與財產損失，義工縱隊亦會循著山脊狹長隆起線、或沿著山坡，去修剪雜草樹幹。年輕志工也不忘在當地社區檢視綠地公園內，安全措施是否足夠？並巡視小徑兩側的垃圾、野餐桌、休憩椅、下水道等情況。而且不忘推廣自然與人文環境之教育，不厭其煩地向居民解說要如何地去愛地球。

一旦冬季來臨，活力充沛志工青年則參與海濱清理工作，尤其挑選在一月初、一月底、二月初、二月中旬，這幾個早晨或下午時段，男女會合。再分別前往不同海濱，忙著清理因為北加州冬季暴風雨，海中垃圾廢棄物被沖至海岸的堆積雜物。

每當走在溪邊窄徑上，瞥見活力四射又陽光的年輕臉蛋，那群來自不同文化、種族大熔爐背景的新世代義工，特別感念：「他們願意走出家門，拎著自備水桶和手套，一肩挑起社區服務的重責大任，全然沒有消極鎖閉心態，反而總能散發出勇往直前的力量。年輕人藉由投身大自然去維護社區環境之際，彼此也趁機相互打通隔閡，互相交流，進而連結彼此，同心協力為社區服務。臉龐綻放歡笑，心境也因而卸下憂慮而輕鬆起來。再藉由參與短期導遊的培訓課程，年青志工學習更多有關灣區的生態環境、歷史之外，個人基本口語講解技巧亦更加熟練。不將自己青春歲月封閉於家中，選擇跨出家門，服務人群。一念之間，茅塞頓開，抖落了灰澀。」驚喜不斷，當中包括了，「有朋自遠方來！」

十八

九月天，下午一點半至三點，朋友相約，每個月一次，同遊住家附近林蔭步道，漫談生活點滴，並藉此滋潤個人內在與外在的自我。秋高氣爽日子裡，大抵會獨自來到溪畔小徑。綠蔭幽徑相伴著幽人，有別於獨自一人深鎖在室內鬱悶寡歡。走向林地，看見救贖，並聆聽、默然學習大自然的韻律，默示人們要去愛與被愛。

秋天，亦不忘經常駕車至更遠處的東灣，尋幽探訪——

秋季九月、十月，受到莫名海洋氣味召喚著，奔向海岸線上一個名叫「螃蟹灣」之地，離舊金山海灣不遠，一個寧靜海濱，體驗一下海角天涯。在那兒，潮起潮落，總會帶給海岸線來自於海洋深處不同驚喜，同時，也邀來大群海鳥逗留。沿岸海域，佈滿海洋生物諸如比目魚、鱸魚、尖嘴魚等。另外，侯鳥被漲潮吸引，聚集在潮泥的沙灘上，覓食，好儲備牠們繼續飛行所需足夠體力與能量。不但如此，東灣的海岸邊也是：

「賞鳥者天堂。」

「靜坐瑜珈的聖地。」

「漫步，以及觀賞潮間帶的水坑（即石沼）理想園地。」

「海豹出沒之處。」

秋季候鳥遷徙期間，我常起個大早，來到加州海天世界，沿著海岸漫步，觀察棕色或灰色海濱鳥類的鳥喙，長長短短。

九月、十月，一而再，再而三，我茅塞頓開：

「何必終日悶在室內，無端鬱紓？」

鼓起興緻，邁向三角洲。

周末，晨起，遠赴三角洲，身處沼澤地，為了想：

「觸摸綠林野地的落葉喬木、三角葉楊樹、樹木的樹皮與輪廓。」

「洗耳恭聽，濕地鷦鷯小鳥的奏鳴曲。」

「瞧一眼，菉蒖花籽隨風飛揚於夏末初秋的天空。九月二日。」

有時摸黑起床，攜帶草蓆上路。趕在旭日東升、公園初醒之際，將草蓆攤開，鋪在草地上，靜坐草蓆上，閉目合掌，瞑想，做瑜珈。

這一季，身邊有楊木樹為伴。

看著楊樹，日日茁壯，此刻，葉片悄然變色成金黃，結出秋天果實。

這一季，每個月第一個星期三早上八點半，赴約，三五好友出遊，難忘三角洲地區推廣人員和我們有個短暫喝咖啡對談時光。對方閒聊一下，他們近期科學研究內容為何、加州當地農事與魚業現況、還有地方大小趣事等。

在這兩個月當中，每個月最後一個星期四晨間，結伴前往山脈東側，觀察多種猛禽，像是飛鷹、獵鷹和老鷹。鳥類專家在一旁向遊客指出其數量各為何？同時，如何去分類這些凶猛鳥禽。

秋意漸濃，九月、十月，挑一天，午時，沿著兩英里距離沼澤棲息地，天籟相隨。那次，造訪歷史悠久美國印第安人歐隆族（The Ohlone）村落，認識原住民文化活動：

「參觀族人所搭建的遮陽棚、坑屋，建築結構設計之美。」

「觀摩他們如何使用植物原料來製作繩索。」

「原住民當場示範秋季橡實濃湯的烹調過程。他們先用石器將橡子去殼，然後將果肉搗碎，再泡水。最後，一鍋熱湯上桌。」

勞工節周末，九月二日，郊遊，跳上一列一八九〇年代、如今仍滑動在窄軌上的蒸氣小火車。原本僻靜鄉村，因此傳出緩緩行進列車的敲擊鐘聲，噹！噹！噹！

鳥語。過了幾天，清晨。跟隨一位鳥類專家進入森林，聽鳥叫。他讓我們認識到鳥類彼此交流基本模式，進而訓練遊人的耳朵，去聆聽鳥類之間的動靜，冀望遊人成為一位鳥類觀察新手。

漫步公園西側，九月六日。暖陽下，漫步五英里遠的幽美林蔭小道，一路上，繁茂羊齒類植物和紅木森林。

如果不想荒廢九月第一個周六，不願待在室內發呆，那麼一大清早，雙腳趕緊踏出家門，邁向野地，享受自由自在的呼吸。

「隨身攜帶一件夾克和一付望遠鏡，踏青至涼風習習的秋湖。」

「湖面上，划槳的同時，探視水面上或水面下，躍動的生態。」

上岸，留意清幽湖區的風土歷史。隨後，一行人從湖邊徐行一直到海邊。到了海邊，導遊口哨吹響，救生員就位待命一旁，這下子，秋遊男女可在海濱游水。晚間八時至九時，海岸邊，公園內，大人小孩圍繞著熊熊營火同樂。人人臉上映照著火光燦爛。露營區有露天小劇場，公園管理員站在舞台上介紹附近海湖世界。

當被導遊問及，何種方法可以讓心靈平靜下來？同伴七嘴八舌：

「閱讀。」

「找人傾訴。」

「接觸大自然。」

「投入書寫活動。」

九月二十三日週六，散步於一英里路線、柳樹夾道上，邂逅不同植物與多樣生物面貌。

九月底，北加州東灣海岸線上也有一座公園，在那兒，不用照相機或手機相機，卻是「提起水彩畫筆，勾勒眼前秋色，繪出一幅風情畫。」

十月七日，週六晨間，遠方鷹兒，正翱翔於天際。

瞭望台上，眺望猛禽，聽聞：「再過一段時間，鷹群準備移棲他方。」

欲網住秋涼水塘內野生生物，九月初周末早上，出遊者手持抄網。網子拋入水塘，不多時，撈起網子，低頭細瞧網內那些剛上岸蹦跳的物種，感覺新鮮。

周末正午，河道邊，當地鎮民聚集在暖陽下歡度「蘋果節」。薄暮，天光逐漸微暗，我們踏上山麓西側一條塵土小路。月光中，一行人踩踏在山丘縱橫小徑上。荒月下，沉靜的夜幕籠罩曲折山徑，眾人來到一處安息地，一方墳場。墓地，埋葬著當年建立加州最大煤礦區的勞工們。星光淡，夜客來到一座座墓碑前，默想逝者的生與死。九月九日。

跑去農家學習古法製作麵包。首先篩濾麵粉，揉搓生麵糰，然後做成不同形狀的麵包、點心，先放入烤盤，再將烤盤推進燃燒著木頭材火的火爐內烘焙。那天，九月十日周末，午時。

周末，早晨，大夥拜訪了另一處農舍。農婦當場示範如何使用舊式燃材的火爐來烹調美食，有甜有鹹。臨別，人手一份古老食譜作為伴手禮帶回家，讓古早味在自家的廚房飄香。

賞鳥專業人員：「鳥類，是聯結地球和天空的媒介。鳥兒，教導那些匆忙度日的人們有關生活態度。」九月十一日。出遊 Mc Laughlin Eastshore 州立公園。

周末。早晨七時，男女已在湖邊集合，耐心地等候釣魚專家現身。講師除了傳授如何正確拋擲魚竿技巧外，還教大家留意、觀測那些來自湖面任何的細微動靜。

入秋，愛好露營之士與家庭，有志一同聚集在臨近溪水的綠地公園內，紮營過夜。草地為床，躺臥在夜空下，小眠。無論跑到戶外搭帳棚，或是住進陽春小木屋，出遊者相約黃昏後，群聚野外營地，生火烹食，進食。星空下，老少圍繞著熊熊營火，燒烤棉花糖，當要吃的時候，用兩片全麥餅乾去夾棉花軟糖，這種吃法果然口味不錯。

十九

舊金山南灣。

秋陽下，踏進 Stevens Creek 溪邊小徑，光陰如此安寧，讓人安靜下來，過濾心情，願意去思考，去感受，去規劃行動。這麼一來，身體上、心理上、情緒上，都逐漸提升能量，感覺良好，人際關係就自然而然會和諧。如果哪天冷落溪畔小徑，情緒則易陷於危機邊緣、憂傷、易怒、迷惑等等干擾。綠蔭小徑與自己的生活交融後，我比較能夠管理無形壓力，比較能夠無礙地與他人交流溝通，尋獲工作與生活兩者之間平衡點的正向思考。秋日，自勉：

「擁抱小溪，在那兒，四處走動，我心歡喜，我靈快樂，我安然居住。」

舊金山東灣

「划著獨木舟，沿著水路快樂地賞鳥！」九月中旬，晨光下，八點半至十一點，三角洲水域。那天，呼朋引伴，順著翠綠海岸線，探視豐富多元鳥類棲息地。當晚六點半到八點半，攜帶手電筒夜遊。夜間，綠林內，邊摸索邊思量——

「花朵是否在夜間悄然綻放？

有夜晚活動的鳥類嗎？

在紫外線燈光照射下，會巧遇身體會發出螢火的昆蟲嗎？

會引來飛蛾？」

遠離城鎮文明那個夜晚，浸身於樹林鳴奏的小夜曲。

巨樹前，敬仰大自然。九月十七日早上十時，漫遊森林內約 1.5 英里的曲徑上，終於「親眼目睹直徑約有三十二英尺的紅杉木龐然巨樹於 **The Blossom Rock Trees** 黑森林。」神秘樹身頂天立地，從海灣地區一角，就能遠遠地看到巨樹身影。

喜愛紅杉，因此沒過幾天，九月二十三日周六，加入了另一團森林之旅，為了穿梭巨木群之間，走進樹林內約兩英里路徑。綠色大地位於奧克蘭山丘（**Oakland Hills**），宛如碧綠寶玉。身在古木參天紅木森林裡，心情佳，精神好。

有人說：「除了使用文字書寫日記，素描也可以為大自然寫日記。」週六午後，公園管理員泰勒小姐簡介植物的組織解剖、素描基本技巧。沒多久，我們被野放到綠野中，享受一段漫遊兼寫生之樂。作畫期間，都會男女各自安靜地近身觀察植物特寫後，勾畫出草圖小品。

晨起，隨團造訪農民。農民殷勤地招呼大家，再將我們介紹給綿羊、山羊群。不但幫忙農家調配飼料為羊兒準備早餐，訪客還為羊群擔任打飯的工作，妙趣橫生。日落小鄉鎮，出遊者早已健行至丘陵上，秋天白晝逐漸轉化成黃昏。

「告別秋陽，黃昏。」登高望遠：

「山腳下，人煙地帶，宛如一片迷宮。」那天，九月三十日。

二十

舊金山海灣。

尤其，徜徉在東灣的十月。

東灣，十月初，午餐後，跟隨一行人徜徉於三角洲的毛皮哺乳動物棲息地，河獺、河狸和河貂。熱心公園管理員講解，如何去識別這三種動物，同時解說牠們驚人適應力。

如果要選擇徒步旅行，最佳時刻，非秋莫屬。

十月四日。「沿路四英里，蜿蜒路徑上，經過大草原、紅木森林。」

隔幾天，白天，平地上，牧場風光迷人。午後，我們挑戰灣區高難度山脊步道。

豐年慶，十月七日。鄉間一家農戶擁有五英畝農地，我們下田幫忙收成玉米，滿足地看著熟美穀物被一輛小貨車載回農家。稍後，遊客登上窄軌迷你火車，穿梭於南瓜田，體驗十九世紀農村生活風貌。喝完農婦現榨蘋果汁，隨身帶些爆米花和新鮮玉黍蜀打道回府，歸返南灣的山景城。

十月中旬，晨起，「沼澤地、溪邊，可以聽到眾鳥鳴唱悅耳的樂曲。」鳥類專家教我們使用望遠鏡去偵搜，哪些鳥兒是全年棲息該區小鳥？哪些是過客飛鳥？又哪些是前來加州這兒過冬侯鳥？午後，一位天文學會資深研究員介紹太陽系的運行。席間，天文學家鼓勵人們：

「夜晚，攜帶望遠鏡、毛毯、手電筒和小摺椅到野外，觀看星斗、流星。」同時提醒：「地球上所有生物，最重要能量來源是太陽。」

十月下旬，投身於需要激烈活動量的「火山斜坡之旅。」沿著坡道走下，走到小鎮保留區內廣闊植物綠地。隔日，徘徊野外，尋覓生物遺留下來痕跡，有跡可尋，猶如一名偵探員：

「埋首，細心地檢視那些被嚼碎的嫩枝。」

「佇足，環顧，聽一會兒鳥兒在說什麼？」

「低頭，瞧看動物經過濕地所踩踏出來的芳蹤。」

秋日逍遙遊，追蹤貓頭鷹。秋晨，空氣鮮美。公園博物專家教導遊客認識棲息於林中愛過夜生活的貓頭鷹。他捨圖片，棄影片，竟當眾解說：

「當解剖貓頭鷹的屎粒，可看出這種食肉鳥類的食物內容為何？」以及

「生活習性為何？」

解說完畢，秋遊男女才進入樹林深處，探尋貓頭鷹。

秋夜出遊，七點至九點半，閒逛峽谷青草地，然後邁向座落於紅杉樹下的木屋去。夜遊的旅人圍繞營火四週，一起野餐、唱歌並聽聞幾則傳說。當主辦單位忙完燒烤棉花軟糖的工作，忙不迭地又做出一個個棉花糖夾心餅乾，最後再分送至夜遊者手中。夜空下，熊熊柴火。十月二十八日。

十月底萬聖節前夕，早晨十一點至下午三點，下鄉。當地農婦用舊式方法燒木柴，升火爐，烘焙南瓜點心。農家還示範如何手工搾取新鮮蘋果汁，同時，介紹萬聖節手工藝品、遊戲。

萬聖節當天，人在東灣，想到化妝舞會，更想到那些年，奇裝異服熱舞狂歡，我們還年輕。

二十一

舊金山海灣。

一年容易又秋冬。

我跋山涉水，徜徉在東灣懷抱裡。

這些年來，確實，南灣山景城居家日子裏，秋冬，我們依舊經常驅車前往東灣不同的角落，有一年，我們結伴於——

九月下旬秋日，周末早上十點至下午四點，「一葉獨木輕舟划過隱蔽的海灣水域。划著槳，遙望，舊金山市容一角乍現，高潮迭起。靠岸，男女魚貫登上甚少開放給訪客的 Brooks 小島。一位自然生態專家引導著我們環島遠足，約二哩路。」

九月底，晨起，「遊走於大湖、小湖之間，隱密處，一道瀑布被我們發現。」下午，「繼續旅程前往一處自然保護區，在那兒的原始生態環境不僅敲開人們親切感，想像的羽翼亦被喚醒。」

十月上旬，周日，大清早，「遠赴另一處大自然保護區。健行時，導遊提醒遊人，留意一下林中居民像是：小狼、山貓和狐狸。」再言：「這些謎樣的哺乳動物善於巧妙地隱藏自己，躲避人類目光。極有可能，牠們有些早已出沒在你們家後院多時呢！」

一個星期後，重遊保護區，這回，午時「我們才入林探幽。秋顏在舊金山灣區雖非那般大紅、大黃耀眼，但是樹林仍有幾抹秋色」。瞧！眼前起伏的坡地上或平原上：「落葉樹和灌木矮樹，季節性變葉，色彩淡幽。」

高地上的小公園，早上十時，「站在拔地而起、高原的至高處，鳥瞰平原、美麗山丘、峽谷、多層次野外生物棲息地。」下山途中，偶遇過往歷史文化遺跡。回到平地，已經午時兩點半。

過了幾天，周六，秋午，奔向大自然保護區，這趟卻是為了屬秋豐收季。走進田間，採收秋瓜和秋果。隨後，兩位農家主婦現場烹食，隨後有個品嚐美味小宴。

公園管理員解說自然生態環境後，叮嚀：

「不妨留意一下野外泥巴裏滑動、或是平靜水面下游動的生物活動。」

秋末霜降，晚秋肅殺，寒氣逼人，十一月九日。

過幾天，十一月十五日，舊金山灣區珍寶蟹（Dungeness crab）捕撈季正式開鑼，如此一來，周末假日，美味蟹肉就能端上灣區人家的餐桌上。秋冬寒涼日子裡，熱騰騰新鮮蟹肉大餐最教人暖心又暖胃。

十一月、十二月，舊金山灣區野外郊遊，充滿了另一番樂趣。

除了踏青者，還有自然資源保護義工人員、自然博物學家，這兩組人馬都十分熱心地向遊客分享心中所熱愛的大自然，以及傳遞自己從自然中所學習到諸多知識。旅途中發現，學校課外田野考察青年學子，亦會隨行在側。

造訪位於 **Fremont** 小城郊區一座農場、附近森林、古老火車、老房舍、水井、小動物、十一月南瓜園。農場主人示範前人生活方式，在那兒，不但遵循古法種菜栽種農作物、收割麥子、做麵粉，現場更烤起肉桂麵包，再分送給訪客品嚐。

三角洲海岸線上，觀賞濕地生態、水文、過往文化記載、以及三角洲的機密和加州水利政策。濕地，讓我們學習更多現今與過往印第安原住民村落的歷史演進。

蹓躂在海灘角落、海洋世界、海岸線上自然棲息地。離開舊金山灣區東部地帶海灘，閒逛在濱海小鎮街道上，認識到人文歷史軌跡。

荒野中，尾隨一位博物學家，聆聽有關地緣自然景觀與文化歷史。

前往柏克萊，沿著海岸線散步時，騎單車健身族與我們擦身而過。

從奧克蘭到 **Richmond** 小城之間十八英里走廊上，沿途觀景。

野地公園於十一月中旬、下旬或十二月中旬，特定幾天會開放給民眾探幽，有三天可供選擇前往。我們沿著山丘漫步，身旁有自然與地緣歷史軌跡，然後，登高俯瞰山腳下無限風光。

尋找秋季和冬季美麗鳥類風姿，十一月一日、八日、十五日、二十二日，抑或於十二月六日、十三日，擇期出遊，行程緊湊。

隨著日出日落時間表，決定在歲末年終的元旦前夕，登山。

摸黑爬起，攜帶熱咖啡暖瓶和手電筒爬山去，直奔山頂，揮手向日出朝陽打招呼，並向即將逝去的一年致敬。黃昏，人在山頂上，把身後整年所累積的憂鬱膽怯捆綁在一起後，擲向永恆晚霞的火焰中，活活殉葬，順道告訴自己，要喜樂。因爲，一個嶄新起點與一個全新的希望正等著我！

舊金山灣區潮汐沼澤，一度曾為天然鹽池地帶。

沼澤地，瀕危物種重要棲息地之一，比如鼠類（**the salt marsh harvest mouse**）、黃嘴鷗（**California least tern**）和美國西部的小鳥（**western snowy plover**）。一趟行腳，體會到秋冬季節也十分適合走進自然懷抱。

海岸線 **4.8** 英里的環形小道，依偎著 **Carquinez** 海峽，從北邊寬闊蔚藍海水到南邊連綿起伏山丘。小徑穿越了遼闊草原、小樹林，再穿過具有歷史軌跡的小城鎮 **Port Costa**。

有時，閒蕩於另一條環形小路上 **4.45** 英里。我順路而行，出了山谷，接著迂迴在一片草原上，健行，一直到岩石山丘的頂端，居高處，腳下地緣風貌一覽無遺。

某天，順著 **4.13** 英里環形步道，走進一片生機盎然綠色森林，這次不是穿越，而是駐足林中，深呼吸，享受綠木芳香。綠林中，自然觀察家說：

「大灰熊曾經漫遊在咱們加州土地上。」

「如何過冬？」他自問，接著自答：

「入冬前，大灰熊會吃下大量富含碳水化合物及脂肪的橡樹果子。」

至於半英里長的海灣小路，沿著海岸線一路展開，遨遊途中，疑惑不解，眼前為何出現一座兩百英尺長的橋？看起來，它又不像要橫越什麼大不了的深凹地形啊？自然生態專家解釋：

「濱水這座小橋，跨越了受到環境保護的棲息地兩端。也就是說，附近被保護的動物可以走過小橋，往返兩端，完全不受阻於地形的凹口。」

圍繞著山腳下 2.8 英里環形小徑，我看海灣，看鹽田，又抬頭看到一隻金鶥鳥正飛翔。

秋冬，東灣戶外水上活動，我們決定登上皮划艇。正式下水前，被要求得先研究潮汐圖，為了注意天氣圖、風和潮流的變化，避免皮筏艇傾覆。同時得留意空氣中溫度與水溫加起來，是否有達到華氏一百二十度？如未達標，那麼需要攜帶外套和防水外套來保暖。一切事前準備就緒後，才放手讓遊客儘情地去享受人在 **San Leandro** 海灣水域上划著皮划艇之樂。

Richmond 到奧克蘭，兩城之間，有十八英里的海灘，以及濱海蜿蜒步道，適合流浪。

海鳥會從遠方遷徙來到舊金山海灣，有些沿著海岸線定居下來好過冬，有些只打算過境。

我們趁此十一月下旬至十二月上旬期間，隨身攜帶望遠鏡為了觀賞棕色鳥身或灰色鳥身，因為牠們多麼不同於灰色山雀鳥、啄木鳥和鷂鳥，相較之下，牠們可是歷經過大風大浪。

小湖邊，一夥人啟程，開始沿著一條小溪，穿越紅杉林、櫟樹與月桂樹林地，再順著峽谷步道，漸漸爬升，攻頂，沐浴著天光。轉身，返回小湖。

來到礦區保留地，進入地面下的礦坑，探索先前礦工採礦種種傳說，以及該地十九世紀煤礦區生活寫照，接下來，比較十九世紀當代和現代的文明活動。

黃昏，我好奇的是：「冬日，蹓躂野林，為什麼野地公園內的管理員任隨枯樹躺臥在泥土、枯葉上？而且倒下樹幹樹枝僅被挪移至小路旁，堆積著，完全不處理，比方說，挪移他處？」原來，「一年四季，野生動物會利用這些枯枝，堆砌成一座安身處，並從中尋找食物裹腹度日。就連帶毒的橡樹枝葉也有益於棲息地，因為多多少少可以提供食物，或被某些野生動物用來搭建棲身小窩的建材。」

「落葉層提供給動物、昆蟲一個溫暖窩，也幫助冬林鳥類尋覓所需食物，因為落葉層裡正好是昆蟲的家。」

「由於枯樹和原木，不但為食物鏈之一，而且還能吸引昆蟲前來。苔蘚植物、地衣與菌類。野生動物也跑來遮風避雨，養育下一代。」

「加州林地，冬季野地上，終年，植物無需費神去修剪，因爲春來了，種子頭就會成為鳥類美食佳餚。」

「野地上一灘灘水區，對野生動物與鳥類都是彌足珍貴，前者，需要喝乾淨的水好存活下來。後者，浸泡在水裡洗洗澡，如此羽毛才能夠維持在最佳狀態。」

「桉樹林裡，昆蟲類的帝王斑蝶，曾經年年群聚於此。那些年，尤其在十月下旬至二月，午後陽光下，只要踏足樹林，群蝶翩舞，宛似置身在蝴蝶紛飛的球形玻璃器內。據聞會有五千隻斑蝶成群結隊在林中的樹枝、樹幹上。然而，好景不再。於是我們今天選擇冬午入林，期望能尋覓數隻斑蝶的蹤跡，就算很幸運了。」

「林蔭之處，在清淨、含氧量高、清涼的水流內，淡水魚類虹鱒，悠游自在。魚兒終其一生樂居於溪流、河流和湖泊。我們循溪尋找彩虹鱒魚。」

「冬野，淡紫色的柳葉香根菊、綠色的羊齒蕨類，還有苔蘚與地衣。」

冬野，異於「秋彩，那個來自於白楊木、橡木、杏仁樹的秋季變葉。」

冬野，異於「秋天。北加州灣區的冬雨降，蘑菇紛紛冒出頭來。」

蘑菇歸類於真菌類有機體，含有成千上萬孢子，發了芽，就會成長為真菌類的下一代。

菌類，野生動物的食物，一個庇護中心，受益者如無脊椎動物，蛞蝓；哺乳動物，老鼠。

菌類，支撐著生態系統基本食物網。

二十二

南灣，我於溪畔走來走去。小溪 Stevens Creek 是上蒼恩賜，代表了淨化、療癒、性靈與祝禱。沿著溪徑，從中獲得神秘力量，小溪因此成為一條聖溪，大自然與人類之間，深具神聖性。

東灣，是我走出南灣的家門，邁向更遙遠探幽訪勝之地。那兒有綠地和步道小徑約有十二萬五千英畝之廣；海岸線拉開，約有五十五英里長；至於可提供給居民徒步旅行、騎自行車、騎馬或研究大自然生態的小路徑，前後加起來超過一千兩百五十英里長。更有四百五十平方英里開闊水域，於是我們可以漫遊在海灘上，或深入海水從事水上活動，如海釣、划船。

二十三

因緣際會，東灣的阿拉米達市，如今已經成為我新居之地。

走向溪邊，走到溪畔，過往，居住在南灣的山景城。

走向海邊，走到海邊，目前，安居在東灣的阿拉米達市：坐在一棵矮粗松樹下的休閒長板凳上，聞著海水的味道；凝視寬闊海面，波光瀲灩；聽著輕風陣陣、以及海水輕拍海岸聲，我意識到，我遠離了岸青。

活下去

返回醫院，因爲左腳靜脈血管手術後一星期，得回診接受超聲波檢查。

檢查完畢，等候81路公車返家。

一輛公車巴士剛從眼前優雅駛過，錯過那班車，意謂著我需再等三十五分鐘。

萬般無聊。拿出背包內當日報紙，瀏灠幾分鍾。

晴空下，告訴自己：

「人都出來在室外了，幹嘛還做些靜態閱讀活動？在家翻書還不足夠嗎？大白天馬路邊，何不好好呼吸空氣？看看來往車輛到底是誰在汽車內？他們是一家人？一對情人？」

同時，心底，懷想這兩天先後辭世的作家和詩人，李敖及洛夫。

兩位都未能趕上今年春天。

活著無價。

綠燈亮起，馬路上雙向汽車川流不息，匆忙瞄過一輛輛汽車呼嘯而過。驚見一輛敞蓬紅色跑車飛過，朝氣蓬勃。好奇是哪位年輕小伙子在駕車？瞄了第二眼，方向盤後竟是一位白髮老先生，神清氣爽，有別於上了年紀老人顯露那股無神與無奈。

難掩驚喜：「他就是我的好榜樣。年紀大，照樣要活著津津有味。」

一

那年，我在加拿大度過的第一個冬季，中國農曆新年派對上，林教授和陳老師兩位對談，談及他們兩人共同熟識的一位高齡九十多歲老先生：

「有天，開車的時候，看到他在等公車，整個人看起來精神很好。」

「老先生上次告訴我，每天坐公車，東看西看，看車窗外的風景。下了車，這裏逛逛，那裏瞧瞧。他不會天天把自己關在家裏頭。也因為如此立下志向，所以他整個人看起來就沒有那麼老態龍鐘吧！」

黃昏，回到家。

放棄平常迷戀的電視節目。穿上布鞋，帶上手電筒，走向林野小徑。

當晚，沒有打開電視或上網，選擇在落地燈旁，攤開稿紙，提筆寫作。

二

明天，三月二十號，春天的第一天。

今夜，可說是冬季最後一天，沒有冷颼冰涼的風，北加州，暖和舒服。

寫著寫著，忘了年齡。

寫著寫著，朝氣勃勃，雖然沒有駕著敞蓬紅色跑車，也沒有出門搭乘公車，四處遛達。

看水悠悠

冬雨綿綿無盡期，小溪盛滿了雨水。

呆望著溪水流淌，嘩啦嘩啦流水奏鳴聲，不絕於耳。

冬季風暴於二月爭先恐後席捲灣區，這可為北加州帶來充沛雨量和山區積雪。

預期，加州會在接下來的兩個月降下更多雨量。

南加州亦經歷數周飄雨氣象，因此野花盛開，山丘被花色染成金黃。

每年入春時節，加州總會呈現野花盛開美麗景緻。

一連幾周冬雨，早春野地上，金色與橙色的罌粟花提早綻放。

今天，朋友一家人開車在15號州際公路上，行車間，臨時決定駛出交流道，然後開上 **Walker Canyon** 道路，僅為了觀賞路邊壯觀的花海。

山區積雪，北加州，內華達山脈由於受到二月份幾場冬季風暴，月底時，積雪深度已達一百一十三英寸，換算一下，如果採集的積雪立即融化成水，則水深可達四十三英寸左右。

綿綿冬雨，三月二日星期六清晨，撐把黑傘，穿過棕櫚樹圍繞的社區庭院，步行數分鐘後，穿越十字路口紅綠燈，我在過街左轉的路邊止步，彎身拉開藍色置報箱，取出一份當天地方報紙。回程，臨時起意，不走回頭路，卻選擇前方位於大馬路邊、一個切入綠色小徑的入口處，繼續前行，繞了一個大圈，想在返家前，趁機走一回鬱鬱青青的小徑，大口吸進鮮美空氣。

樹木夾道。再左轉，踏足於鐵橋上，那時，迎面走來一位無精打采、無家可歸的中年男子，全身黑色運動休閒裝扮，尼龍質料長褲搭配一款套頭長袖上衣，頭帶一頂毛線帽，同時，右手還拎著黑色鼓脹的大塑膠袋，那是一個塞滿所有家當的袋子，手上無傘。

兩人迎面行走中，我在傘下先淺淺一笑，算是道聲早安。

先一愣，飽受滄桑暗沉面容的男子，露齒回笑。

雙方正要擦肩而過，突然我被問到：

「現在幾點鐘了？」

停下腳步，我回覆：

「忘了帶錶。剛出門的時候大概八點半，現在應該快九點了。」

他轉個頭，面向橋下溪水潺潺，然後對我偏了偏頭，意指，你看冬天出現一道溪流美景。

男子再度露齒笑言：「溪水很漂亮吧？」

點點頭，我開懷笑語：「沒錯。水量不斷奔流。漂亮！」

語畢，我們各人臉上仍然留住盈盈笑意，擦身而過，各奔東西。

遙遠的內華達山脈，冬雪，會在春季及初夏融化成雪水，水資源供應加州居民夏季和秋季的用水量，占加州用水總量約百分之三十。

雨水，或融雪之水，使得乾涸多時的溪道立即被注入水流，溪水飛舞。

接下來幾天，發現有男女佇立溪邊。

男人，站立在跨溪的鐵橋欄杆處，凝視著下方流水不斷。完全無視於溪邊小徑上，那些來往路過行人所投入的好奇目光。

女人，拿出手機相機，猛拍奔流的水域及青草地。

男女都靜悄地各據一方，獨立望溪，靜默無語。

我暗喜：「曲徑上，還是會有知音幾位。」

海風與海霧

清明節和端午節之間，台灣氣候晴暖，夾雜著綿綿春雨、梅雨。過完端午，炎夏掀開序幕。

近年，雲遊至舊金山灣區，落腳，而且生活了好一段時日。屬夏六月和七月的氣溫卻向來涼爽，以至於居民夜寢時亦需擁被入眠。

今年六月，九日至十一日連續三天，氣溫非比尋常飆升至華氏九十多度，近一百度，一股熱浪大舉侵襲。等到十二日那天，灣區各地氣溫才回降如常，回復至華氏七十多度。

不解：「歷年來不是要等到九月，內陸熱風才會主導，首先突襲舊金山海灣，再推進到舊金山市區，逼使城市身陷九十度以上高溫嗎？」如今，

「何故早早在六月，灣區居民就迎來了燠熱難奈的高溫氣象？」

原來，海風被高氣壓所阻，無法順利吹來。然而從內陸吹向海洋的熱風，卻直達濱海地帶舊金山城市，氣溫因而被推高。

夏季日落時光約八點半。身處三天熱浪籠罩舊金山灣區，我如何擺脫室內悶熱？就算將客廳與寢室所有窗戶全打開，亦無法驅散室內蒸籠般炙熱。

趁著落日前，休閒短褲、涼衫和球鞋一身裝扮，走進溪畔步道。

和。

在那兒，綠蔭及岸青，帶來清涼氣息，鳥鳴數聲，綠野馨香，暑氣降溫，心境平和。

十二日，旭日東升，海面氣象起了變化，海風重現，意謂著灣區氣溫將會下降。海霧升起，白霧隨風吹向金門大橋、舊金山市區、金山灣，高溫因而驟降。

南灣居民享受著降溫天候，然而，灣區其他地區仍屬高溫現象，熱浪延燒至次日方退燒。至於山谷地區城鎮，高溫狀態則會逗留得久些。

北加州居民笑顏逐開，多虧海風和海霧。

有風、有霧，影響了舊金山及灣區城市的氣候，天氣變得涼爽舒適。

今年六月，體驗且認識到，終結掉舊金山初夏最熱三天，其幕後英雄是——風和霧。

野溪雨水

屋後小溪給你野鳥、橡木、青草，還有冬雨匯成的溪流潺潺。雨季，郊野溪床飲足了雨水，以致於溪邊，來春時節，恣意青蔥，盛夏一片翠綠。

小城四週山坡顏色，始終冬青夏黃。然而溪邊，一年四季，總是綠野平疇。

小溪道，水不深，甚至會乾涸多日，唯有在冬天雨季，水聲淙淙，珍貴的聲波自然天光下的溪徑，終年綠蔭。

一

夏豔七月，鄰居老夫婦在花園裏長椅上深坐，歇息一下。

棚架上吊掛著結實漸趨成熟的蕃茄，老人等候豐收。

庭院內，老先生手捧著一本雜誌閱讀，身邊老伴起身，忙著在冰茶壺中添加些許薄荷葉、柑橘片和玫瑰花瓣。

老夫老妻留意果樹枝上的蘋果、梨和梅子，估算一下摘果時機；留意花樹間松鼠、地鼠，以及同樣會偷吃樹果的小隻鳥兒和大隻烏鴉。

果不其然，瞧見一隻松鼠口銜著南瓜花朵，匆匆從花園溜走。
老夫婦相偕在花園內採集漿果。
回屋後，捲袖開始製作果醬，裝罐，再一瓶瓶放置冰箱內冷藏。

二

夏豔七月。
尚未七老八十，實在沒有賴在屋裏或庭院內偷懶的理由。於是——
推開木椅，起身，走出家門，
我朝著小溪方向走去。
延著綠色步道，金翅雀和山雀鳥低空飛過，啁啾鳴叫。
鴿子現身，隨後，一群麻雀也跟著飛進溪邊。
安坐在溪邊休閒野餐木椅上，嗅聞空氣中草木香氣，含苞或盛開的千里香。
看一眼溪雀，抬頭望著樹冠。
枝枒細縫裏，淡藍天空與白雲。
夏天，我愛逗留在野溪。

周末，看海去

星期六正午時分，七月十六日，山景城華氏七十三度。火車站柵欄內，聳立的燈柱上有上下兩根細鋼，它們固定撐住棕色為底、白色字體的布條：往舊金山。

午時十二點十九分，一輛銀白色雙層火車準時進站。列車每站都停，每靠一站，都有大批旅客搭乘，鮮少下車旅客。

周末北上列車大抵都是滿載著心情愉悅客旅。不同季節，民眾攜家帶眷、三五朋友或情侶，不是前往舊金山觀看職業棒球錦標賽 **49er** 球隊表現，就是參與遊行活動、逛街吃飯看秀，再不然就是前往博物館或美術館。而我，僅是單純想去看海。

列車一路上進站、離站。進行間，火車汽笛聲響時起時落，融合了車箱內男女老少歡聲笑語一陣又一陣。

車窗外，明媚天光，閃過軌道兩邊的住宅綠地和城鎮街景。

一小時又二十分鍾車程，火車開始緩緩繞了一個大轉彎，就抵達了終點站。

徒步穿越中國城，路過義大利商店街、華盛頓廣場公園、聞名遐邇舊金山電纜車的轉運站後，不多時，漁人碼頭在望。

39號碼頭，人頭鑽動，有人吃海鮮或購物，有人坐在鬧區的休閒長椅上歇腳，也有人不忘抬頭瞧一眼白雲飄過，海鷗飛翔。

海風大，浮雲流動快速。

來了一趟海灣碼頭，我有時候為了嗅聞海風味道、聽聞海鷗的鳥鳴與海獅吼聲，要不然為了瞧一眼軍艦和郵輪，有時候更為了看一會兒藍天白雲下整片湛藍海水。

兩個禮拜後，週末再搭火車去觀海。

吹吹海風，透透氣。

海面上，海鳥飛翔。

海連天。

水天一色。

再說天窗

住在一個沒有天窗的房間裡。
月升，夜深了。日出到日落，其間所經歷的浮生瑣事終於拋諸腦後。
將百葉窗放下，燈熄。
某夜，福至心靈，不開燈，捲簾——
大片透明玻璃窗於半夜，瞬間，轉換成另類天窗，引進月光。
整個人沐浴於夢境般。
夢幻的心，翻越高牆，越過屋頂，游向天際。
柔和銀色月光與夜影，將戶內、戶外都披染上一抹低調但奢華的色調。
佇立床邊，守望著夜窗外，月兒、天邊，一會兒。
明星，捶手可得。
微風輕揚如漩渦，勾起園中水池盪漾，透過紗窗，我感受到那陣微涼清新。
我和光影風水，冥冥之中，處在一個有呼吸、清寂明亮與幽微的空間。
另類天窗，讓我面對遙遠未知的將來，不再感覺徬徨，萌生幾絲希望。
宇宙月光，灑進塵世陋室時，我清醒著。

月光

一個自由流動、開放的空間。

燦爛日出，穿透雲層，溫暖大地，然後陽光藉由大片玻璃窗灑進屋內。

日落西沉。

夜深，退隱紅塵，我垂下了窗簾。

安息時刻，白晝裡紛擾瑣碎都微淡如水。

夜色中，熄燈，鑽進被窩，擁有一個屬於自己的空間。

一

暗室裡，半夜起身準備去喝口水。正欲開燈，臨時起意，僅隨手捲簾，月光即刻透過玻璃窗面溜進屋內，漆黑立刻轉變為銀白淡柔空間。獨自在完全敞開的玻璃窗內，領受月光，簡單卻飽滿，前所未有的情趣。

捨棄了臥室內天花板上兩盞日光燈、左右兩端壁燈、桌燈、燭台上的燭光、落地燈，我拉開窗簾，打開玻璃窗戶，藉由紗窗，向天借光。

引進月光入室，光輝與清涼空氣幻化為一條月河，汩汩流進室內，滿室溫柔清亮。幽室悄然憑添安祥、寧靜，還有那麼一點藝術氣息。

捨棄都市電力光源，拉起窗簾，室內與戶外的界線就此消弭。當月光潛入臥室，空間變得古典雅緻，尤其揉合了現代室內設計，好一幅超出塵俗的圖像；同時，拉近了屋內未眠人與天地關係，想說：

「每個人都應該找個時間像這樣子沉靜簡單、身心合一。」

感官的五重奏暫歇，開始靜思，進入第六感，一個屬夢的園地。

月光結合了窗內與窗外，兩個世界。

瞧，夜鳥棲息在後院，花樹與閃爍星光是窗景。

捲起簾子，樂邀高掛天際一輪明月與清風入室，相伴相隨。

發現細細柔柔光源比肌膚更柔美。

室內器皿多虧月光，每件靜物像似精美藝術，宛若中國十六、十七世紀明代瓷器、或十八世紀青花瓷、或美國當代紐約第凡內銀器，迸發出來的溫潤圓滑。

黑夜，不用開燈，打開窗戶，涼爽空氣迴蘯在整個臥室裡，同時，臥房成了天邊明月的一張畫布，悄步進入室內作畫。

徜徉在溫柔鄉。

二

漆暗中，走到窗邊，拉開窗簾。

倚窗，看星望月，今夕何夕？暝想中，靈魂冒出頭。

回頭，凝視臥室，藉由天然柔光，揮灑出淡雅的清新紋理。

從容不迫小小世界裡，心靈，層層被揭露開來，見到安寧本質。

斗室，由於月光款步輕移至陋室，空間猶如小夜曲輕奏的舞台。
孤獨，被包裹著一層感性與神聖性。
月光，灑遍臥室每個角落，流連直到天將亮——
月神戴安娜見我心魂已被撫慰，這才放心且安靜地抽身，歸返天庭。

骨瓷在低語

一套骨瓷咖啡杯。

杯子都是象牙白的胖杯，配上同色圓形淺碟就成為一組飲具。一套共四組。這套飲具，送給自己的禮物。

多年前，夏天，人在加州史丹福購物中心發現這一套骨瓷，當場購買下來。幾天後，隨著遠赴史丹福大學選修「美國語言與文化」暑期通識課的學生們搭機返台，我可是一路上不辭辛勞將這套咖啡杯攜回新竹校園。

過日子，生活空間與內容，因為擁有了這麼一套白胖咖啡杯，平淡日子逐漸舒展且生動不少，心理上、意識上、身體上。

久留身邊這組骨瓷飲具，總會勾起我縷縷溫潤情懷至今。

一

英國人在十八世紀，瓷器燒製過程中加入了動物骨粉，從而造就了骨瓷。驚艷骨瓷的晶瑩透亮、觸感溫潤又細膩。有一年夏天，我們在加拿大維多利亞島上的皇后飯店（**Fairmont Empress Hotel**）大廳喝英倫風情的下午茶。

當時，點心、水果、熱茶或咖啡外，遇見了尊貴骨瓷器具像是茶壺、茶杯、糖罐、奶盅、大餐盤、點心盤；放茶渣的小碗、小碟子，皆為白底描花瓷器。

二

朋友家廚櫃裡藏有整套 **Flora Danica** 精美瓷器，餐具上儘是藝術家手繪花朵，萬紫千紅，完全保存了十八世紀末丹麥國王 **Christian** 七世，為了俄羅斯的凱瑟琳女皇而特別訂製的皇室貴族風格瓷器。朋友開櫃現寶，初相見，我驚嘆：它美到深沉中還帶著青春活力，幽靜又活潑，靈氣美感。朋友告訴我，當獨自陷落在徬徨漩渦中，只需看著家中瓷器，看著看著，好像找到靈魂伴侶，人與物，心心相印。

三

人與骨瓷之間因為彼此相遇，相知相惜。

如果說，相互扶持？也不為過。確實，骨瓷亦需人的撫摸與愛慕。

喜宴進行中，女主人側了側身，挨近男主人，輕碰手肘，悄悄地說：

「成功待客之道沒啥訣竅，就是擺出一套套精美餐具就對了！」

主人家擺出了一套曾被維多利亞女皇譽為世界上最美瓷器製造者，皇家道爾頓（**Royal Doulton**），出品的高端骨瓷餐具來待客。

宴會結束，第二天，女主人急忙把美麗餐具收回儲藏櫃裡，密不透風，不見陽光，遠離人群，再度被隔離在黑暗世界，憂愁度日。

由於捨不得，主人家甚少再把骨瓷美麗風景拿出來宴客，落得精緻瓷器在黑暗中獨憔悴！

心事跟誰訴？其實，陰暗角落那些美的靜物多麼渴望能被人們碰觸、撫摸、仰慕和被欣賞。深盼，那天早日到來。那些藝術精品暗地裏難理解，哀怨連連：

「主人當初高價收購我們的動機，不就是想把我們的美麗介紹給親友、同事和鄰居，炫耀自己的品味嗎？」

「男女主人個性想法、情緒表達的邏輯到底為何？」

難道說，「我們只會讓主人勾想起，咱們彼此當初美麗邂逅？或把我們當作外出旅行攜回家一個紀念品而已？」

難道說，「我們這些精緻餐具被帶回主人家之後，僅落得被安置在碗廚裡，或書櫃裡，或磁具展覽櫃裡，或壁爐架上，當個裝飾品？」

難道說，「只配得偶爾被主人語帶驕傲跟別人炫耀，令來客流露欽羨之情？」

難道說，「命中註定只配得被困在暗無天日裡，去蒐集歲月塵灰？」

難道說，「只配被主人當作紀念品？裝飾品？被擺設在角落，閒置著。」

兩、三次家庭宴客，賓主盡歡之後，主人家甚少再公開展現餐具優雅，於是可以想見，精美的刀叉碗匙盤杯，各個無奈地被鎖困在伸手不見五指的暗灰空間。

四

憑心而論，命運稍好一點，屬於那些被主人視為一件美物的精緻餐具，起碼被擺設在玻璃廚櫃顯眼位置，亮個相。訪客只能遠觀，無法玩賞，無法快樂地使用一下。

孤伶無伴，高處不勝寒，漸憔悴，比方說皇家伍斯特（**Royal Worcester**）品牌公司採用手工精細描繪、注重**22K**金飾浮雕設計那些骨瓷餐具。

怨嘆。美的化身，竟然默然無語地羨慕起陽光下、月光裡，那些平庸無奇且價廉的刀叉匙碟碗，那些被歸類為日常家用的餐具器皿來。君不見平庸無奇的他們：

「天天被主人家擺設在餐桌上。」

「愉快地看到餐桌上熱絡的人際交流，高談闊論、談心事，笑聲不斷。」

「由於人們和餐具相戶碰觸，感受到彼此溫熱，受到滋潤而顯得生意盎然。」

「一日三餐，常被平常人家、主人家拿出來那些《平常餐具》，擺在餐桌上供人使用，好命地常被人觸摸，被清洗，因而各個餐具顯得光鮮亮麗、有自信，有尊嚴。自信在於，深知自己如何維繫著人際之間情感交流的那一座橋樑。」

對照下，這不也就是「我們這些《精美骨瓷餐具》生存意義嗎？」

就連英國皇家御用品牌之一，安茲麗（**Ansley**），享譽百年名瓷餐具也無法了解而質疑：

「為何我們美麗餐具不常公開露面，被人享用？藏起來，為何？」

另一方面，安茲麗多麼渴望：「主人家常邀朋友在家舉辦歡宴，賓主邊欣賞精緻刀叉匙盤杯碗，邊享受著情感交流與吃喝、社交關懷，種種這些所帶來的心靈慰藉與溫潤光輝。」

五

夜幕低垂，名牌 Jonathan Adler 照明燈具下，餐桌上，擺出一套名家設計餐具，像是韋奇伍德（Wedgwood）公司所出品皇家御用的骨瓷餐具，蓬蔽生輝。

不想被對待成「家中陳列展示紀念品、或一再被堆積在陰暗愁城裏，」有天，客廳茶几上的世界精緻瓷器出身的米白色花瓶，伺寵，挺身為其他苦難同胞發聲：

「女主人啊！眼光放遠一點，可好？讓我其他精緻高雅的兄弟姊妹餐具們，也能多看看你們的臉龐，多聽聽你們閒話家常。讓人與器皿之間彼此碰觸，相互撫慰。有故事，才有人生，一生才精彩。如此，對我們骨瓷世界來說，生存才有意義，你們也因為擁有我們的高貴典雅而帶來不少歡愉。雙雙歡愉地度過每一天，何樂而不為？尤其，獨樂樂，不如眾樂樂。不是嗎？」

所以，「男主人，讓我們發光發熱，各就崗位，盡心盡力，服務民眾。好好發揮自身價值，過著以服務為出發點的一生。不要把我們放入櫃子幽暗處，過著無用、寂寞的日子。」

免得「你們邁入老境時，還要傷腦筋籌辦車庫大拍賣，把我們給廉價賣出。」「何苦呢？」

精美瓷器餐具不但裝飾了一個家，定義了這個家的格調品味，也彰顯這家人的想像與眼光。

當主人願意擺出精緻餐具款待賓客時，每件瓷器保證，無不散發著獨特神韻，博取眾人眼光。用餐間，賓客對餐具喜愛有加，同時，每人心房進而輕易地被敲開，傾訴生活中的境遇與人生百態。如此這般，生活起來，不就是快樂多了？

六

豔陽天，主人家在庭院中，花壇、典雅噴泉旁，擺桌宴客。

那時，夏枯草的管狀花朵，引來了大黃蜂和蜂鳥。

另一角落，海簪的花朵，迎來翩翩蝴蝶。

午後陽光，濾過了大片玻璃窗，登堂入室。

賓客先在天光流竄的客廳裡，讚美了一下胡桃色的椅腿、天空藍的椅背整套沙發，還有四張 **Eames** 單人椅，然後欣賞完曼哈頓細工廚櫃、櫃台的廚房傢俱系列，接著踏入花園。

淡淡茉莉花香。

將紅酒倒入每個精美水晶酒杯後，賓主歡聚在橄欖樹下。豐富菜餚紛紛上桌

烤羊腿肉被蘸上大蒜、迷迭香和香醋。一大盤龍蝦。洋芋片。涼拌捲心菜。一大盤碳烤的蔬菜，有胡瓜、茄子、青椒、紅椒和香蔥。麵包、牛油也備用著。

陽光穿過綠葉，照射在橡木餐桌上美麗的 **Williams - Sonoma** 銀質盤碟餐具，**Michael C. Fina** 亮麗的刀叉匙，呈現的亮斑，不但點亮餐飲區，整個家也有了渡假村氛圍，空間高貴又典雅。

主人擺出精美餐具，再配上烹飪美食，整個家宴不知不覺中，益顯隆重。不但主人，就連盤、碟也都流露出滿滿自信。

餐桌邊進食、飲酒。眼前杯匙等餐具精緻設計，令人愛不釋手。

賓客忍不住讚美起主人家選擇餐具的不凡品味。

院內噴泉，反倒成了其次。

女主人：「紐約曼哈頓 **Michael C. Fina** 設計的精美餐具聲名遠播，丹麥皇家也愛用呢！」

男主人：「擁有精美餐具，好像典藏一幅幅名畫，經得起時間無情洗刷，屹立不搖，並且還是遺贈子孫禮物絕佳選項之一。」

由於受歡迎的程度如此驚人，顯然地，眼前骨瓷系列或精緻餐具，宛如一位被稱讚且被愛戴的明星，光芒四射。

骨瓷，蘊藏著細緻的質感。

瓷文化，無論東方西方，兩邊對它都喜愛有加。

洋溢著中國古代絲路紡織的藝術特色，再融合了法國高盧鑲全邊的設計，東西美學交織，造就了 **Voyage en Ikat** 瓷器餐具。

一套骨瓷餐具被用在家中待客，不但賓主盡歡，心情逸樂，容易打開彼此話匣，人生故事因而在餐桌上傾巢而出。

英國大力推動飲茶文化，繼而發揚光大了瓷器之美。

有天，宴會中，賓客感想：

「美的餐具帶有神秘色彩與尊貴氣息。一件件精緻設計，讓人覺得好像整天和玫瑰花瓣、莫札特音樂相伴，先是心神蕩漾，繼而帶給人們莫名感動與全然安寧，有如性靈活水，流向心靈。」

聽完，主人家看著刀叉杯盤匙碗，微笑，點頭贊同。

餐具暗地有感而發：

「主人啊！還有一點，要去學習愛自己，對自己好一點，常把我們的美麗拿出來與親友鄰居共享之外，就算居家生活，沒有邀請客人，也要多多享用我們的美、利用我們的價值。就算獨處一室，使用我們這些設計精美的杯碟刀叉來吃你的點心，喝你的咖啡，這又何嘗不是美事一樁？」

七

回想當年，曾經受邀作客。起伏山丘上，主人家住宅位於海岸線，民宅本身已是景觀一部份。印象深刻在於，遠處有四隻羊兒安詳地漫遊草地；近處有歷經數十寒暑的水泥粉牆，由於受到長期天氣變化而呈現侵蝕斑駁，不過，玫瑰鮮花爬上牆面。牆邊野餐桌上，擺放著一組組骨瓷餐具，這立即拉近了人群之間的距離。

總認為賞心悅目的精美餐具當前，無論整套或單項被用來迎賓、自用，當下氛圍丕變：

「遠離日常紛擾，暫時忘憂。」

「像是走進一個華麗的時刻。」

「看出主人家的品味、以及待客熱忱和誠意。」

賓主迅速建立了難忘友誼。

八

最後，我們家除了那一套白胖骨瓷咖啡杯，還擁有一套紐約品牌 Michael C. Fina 精緻餐具。平日，被我放在透明玻璃櫥櫃內接受日光月光。除了具有裝飾美化廚房空間之功能外，我的視覺上也獲得極大慰藉。沒錯，我們家更多時候，三不五時地，從廚櫃拿出這些餐具，陳列在餐桌上款待親朋好友，一起吃飯、或一起喝下午茶、或一起喝上一杯咖啡或熱茶。

不少時候，甚至我獨自一人，也樂在廚房餐桌旁，手持白胖骨瓷杯，喝上一杯黑咖啡。

結果，居家日子過得受寵若驚，十分愉快。

棕櫚樹和燈塔

隔壁鄰居相告，一月五日星期六早晨開始，一直延續至下星期四，冬雨將臨小鎮。尤其明日午間至隔天清晨，更有勁風相隨。

未雨綢繆，拎著購物袋直奔住家旁一間墨西哥迷你超市，選購些生鮮魚蝦、蔬果塞滿冰箱，好應付未來幾天因雨勢不斷而無法出門之窘境。

星期六下午，天色陰暗，風漸緊。

門窗外，庭院眾多高挺棕櫚樹上的闊葉、地面上的花木，隨風左右飄搖。

乍聽，屋頂傳來豆大般清脆敲打聲，紛紛墜落。

心忖：「經驗告訴我，想必這是豆大雨滴正在敲響屋頂。」

然而，當不經意地目視窗外，發現地面乾燥如昔，全無落雨跡象。

驚訝且納悶：「聲源來自何方？」

推門外出，只見門前，黑色小豆子從天空紛紛落地，不多時，迴廊上，黑豆擁擠成群。

恰巧，左鄰非洲裔老美湯尼，正埋著頭在清掃自家門前一片黑豆豆。

趁機探問，此豆為何物？

停下手邊工作，鄰居抬頭回道：

「這些是從屋頂滾落下來的豆子，喏，」食指往上一指，「就是來自於咱們眼前這些棕櫚樹，豆子就是被風吹落下來的種子。」恍悟，原來我誤把小黑豆當成大顆雨滴了。

入夜，再度傳來一連串墜落物著地聲響，默思：「這下子，應該是大雨點使然吧！」整夜閒情，那麼花點時間求證一下也無妨。

於是走近窗邊，撥開巨型白布窗簾一角，瞥了屋外一眼，庭院棕櫚樹下乾地。這回，心領神會：「依舊是棕櫚種子被冬風急催，成群結隊從高空紛落，落在傾斜屋頂上跳躍，舞蹈幾下，然後再墜地，聚攏於門前、窗外，或迴廊上。」

次日早晨，ABC電視台綜藝節目女主持人說，久居紐約，但提到她對西岸加州印象，不外乎：「溫暖氣候、游泳池、電影明星，以及棕櫚樹。」

一

一直以來，每當我看到棕櫚，就會聯想到假期渡假，有人坐在一棵棕櫚樹下，手持一杯冷飲快樂賽神仙。眾人腦海中對加州印象，無非就是陽光沙灘、氣溫怡人、一堆有錢有名的人、休閒觀光旅館林立、海棗果和棕櫚。

加州住宅區或街道旁，唯有見到棕櫚樹，加州景觀才算完全，尤其在南加州。畫家筆下的風情畫，畫中有高挺棕櫚樹，陽光加州的風味才完整。

有天中午去 **In-and-Out** 漢堡店用餐，牆上掛著商業廣告彩色水彩畫。注意到畫中除了大型商標建築物、懷舊老式汽車、用餐顧客、艷陽天，想當然耳，少不了幾株搖曳的棕櫚樹。只需幾筆棕櫚的樹幹樹葉，就足以飽滿加州印象。

二

國土末端，天空與大海寬闊無垠，海天一線，茫茫天涯。
唯有在國境尾端，聳立一座燈塔，那麼海角的韻味才會散發出來。
海鷗飛翔在天際，呱呱聲不絕。
爬上岸的海豹，也發出叫聲。
浪花拍岸，嘩嘩聲。
海風拂面聲。
豎立的燈塔。
眼前海平線的風光才稱得上——天涯海角。

三

加州景觀，少了棕櫚樹，就缺少風味。
國土盡頭，少了一座燈塔，邊界線的餘韻就無法展現——海角天涯。

住在棕櫚樹下

歷史文明之一，起源於人類興建了城鎮、港口和教堂。

今年山景城春天四月，教堂裡眾教友於復活節前一週，聖週（Holy Week），慶祝聖棕樹節（**Palm Sunday**），它為了紀念聖經時代基督騎驢進入聖城耶路撒冷的日子。那日，行進間，城內有人把衣服鋪在路上，有人砍下田間棕櫚樹枝鋪在路上，為了迎接以色列王和救主。耶穌進了耶路撒冷，走入聖殿，全城都驚動了。

棕櫚樹而非松樹，其宗教精神與意象十分清晰，縱使暴風驟雨催殘下，看似東倒西歪，但棕櫚終將因為紮根更深，而更高大健壯。

沒幾天，歐洲四月春天，華燈即將初上，建於中古歐洲十二世紀，具有八百五十年歷史的巴黎聖母院發生大火。這座中世紀哥德式大教堂尖塔倒塌，火勢延燒十五個小時才完全撲滅。教堂主體結構是石灰岩，並採大量木質結構。樹木的木材組成了天主堂的框架，也支撐起一百一十五英尺高的屋頂。當這座西方文明象徵、法國標誌、巴黎靈魂的建築物失火，舉世哀悼。因為聖母院不僅是中世紀晚期音樂的搖籃，甚至當人們講到歐洲宗教、文化或音樂創作，這些皆與聖母大教堂息息相關。更甚者，此一歐洲中古世紀建築藝術與宗教文明的瑰寶，巴黎聖母院也屬於整個世界。

無情火災後，法國木材商人挺身力挺天主堂的重建工作，預測：「可能需要數十年的時間，修復屋頂方面，得耗費大量木材。我願意蒐集並保留最上等橡木，提供給教堂重建使用。」

天將晚，走出家門，佇立棕櫚樹下，望天，晚霞滿天。

棕櫚樹下流連，隨想：

春天，聖母教堂深陷火海。

一方面，「令我緬懷多年前的冬季，兩度於聖誕節假期從美國飛往法國探友。每趟都親眼目睹這座天主堂的彩色玫瑰花窗、高牆上巨形十字架、鐘聲，還有室內由拱肋形成的拱頂」。

另一方面，杞人憂天，擔憂起「具有六百年歷史的北京故宮。」

畢竟，故宮是世界上現存最大、最完整的古代木質結構的建築群。

半月灣

從印第安納州蒙西小城歸返北加州。

幾個星期後的月底，程兄邀約下，首度踏上灣區美景聖地，半月灣。

一

誠意十足待客，早上，程兄特別開車前來山景城接我。

一路上，沿著州際二八〇山區公路往北，朝向舊金山方向。汽車奔馳山間，高低起伏、轉來轉去。行進間，車窗外森林山地、雲靄、牧場景色，一幅開朗平和。

山區公路，完全不像一〇一公路上有那麼多奔流車輛、路邊多屋宇社區，開起車來挺壓抑。

身為河南開封人。握著方向盤，說：

「大陸有四大古都，北方的北京，南方南京，西部的西安，東邊就是開封。」

又說：「年輕時，我都去過。」

越靠近半月灣，眼前天空大地轉為霧濛濛一片。

一旦駛進92公路往西，沿途有水庫，青山環繞。

駛出山區，入境半月灣地區，路旁多菜農、花農、果農、蜂蜜農場。

程兄：「住在這兒附近，翻個山頭，越個嶺，順著山脊的公路，就可以到達有名的紅木州立公園。我住的地方，前面大海，後面森林。」

前後不到一小時車程，汽車終於駛在濱海農業小鎮半月灣的市區街道上，陰天。

兩人漫步逛街，路過老人中心、市政廳、農業局、水利局。

程兄：「這座觀光小城有不少墨西哥人，被農場受僱的工人。」

正午，走向緊臨老人公寓旁的老人中心餐飲部，準備去吃午餐，半路上，程兄簡介：「緊挨著老人中心，就是眼前這棟專門為無法行動老人而建造的療養大樓，會提供照護直到死亡。所以說，這是政府一系列老年照顧的規劃，一氣呵成。」

餐廳內，服務義工送來餐食，幾片西洋乳酪餃子、新鮮沙拉、麵包配牛油以及一杯牛奶、柳澄汁。牆角，自助熱飲區備有咖啡、茶、熱開水。

午餐後，走回老人公寓住所，略事休息。

二

再出門時，下午一點鐘，天空鉛灰。

汽車駛入1號公路，奔向另一個濱海城市 **Santa Cruz**。將近一個小時彎蜒車程，只見空曠自然地形、原始生態景觀區，不見任何住宅區，僅有一兩處低調但優美的高爾夫球場。剩下來，公路風光盡是海岸線、海灘、懸崖、大片碧海、一波接一波銀色浪花。

他說：「順著1號公路開車，才看得到汪洋大海、沿途海岸線風景。」

接下來：「這段風景屬於國家級。」

再言：「隨後將近一小時車程，海岸公路上沒有加油站。所以在 **Santa Cruz** 那頭，豎立一個警示招牌，寫著，加滿汽油後再開車上路。」

程兄比較起兩段公路行駛路線：

「半月灣到 **Santa Cruz**，這段漫長濱海公路，海天一線，風景幽靜，保持原始地質風貌。」但是，「半月灣到舊金山那段公路就有太多居家社區聚集，也就是人多，房子多，車多。」

汽車來到一座燈塔邊，停下。

遊走 **Pigeon Point Light House** 燈塔四週，吹著海風，聞著海水鹹味。

看著眼前聳立、被侵蝕斑駁的燈塔，程兄脫口：

「現在科技進步，早都用雷達、**GPS** 導航器了。不過，燈塔多少還是有它的用處吧！」

我回應：「綿長的自然海岸線固然美麗。」但是，「在面臨無邊無際大海浪濤、藍天白雲、懸崖邊，要是能建造那麼一座燈塔，孤立著，就多了一份天地悠悠的味道，而且整體海陸景觀會更加完全、完美。」順道提起「一位丹麥作家描述，緯度上，蘇格蘭獵鹿犬在非洲的高地，要比在海平面地區，更能融入非洲風景線和當地土著原住民。因此，想像著，非洲大陸壯闊空間地平線上，有平原，有丘陵，有河川，但是如果沒有蘇格蘭獵鹿犬，地理景觀則美中不足，缺了一角。」同理，「海陸連結處，如果沒有燈塔，地理景觀則美中不足，缺了一塊。」

流連燈塔區，走進幾間通舖房間的青年客棧，牆壁上，掛著不是一般月曆，而是海潮月曆。那天五月三十日，海水退潮時間，早晨六點五十二分；漲潮時間，凌晨十二點三十九分。

程兄：「住在海邊的人都會看潮汐月曆。」比方說，「我以前住過加州另一個海邊城市 **Carmel**，那邊居民每天就會查看潮汐表。」

三

享受海風拂面之後，我們轉進下一個郊遊地點，步入山區紅木林，**Purisima Creek Redwoods**。一棵紅木壽命可享千年之久，高度可達三百六十英呎，世上長得最高的樹木。

程兄：「紅木，一般壽命大約五百歲到一千歲之間。文獻記載年齡最老的紅木樹是兩千兩百歲。」「我們現在身旁的紅木樹齡，大概一百歲。」「今天，紅木，僅僅被發現在北美太平洋沿岸山區，從南奧勒岡州一直到南加州蒙特利的南邊。」

地底下，樹根非縱深成長，反而是橫向茁壯，並且與鄰近樹根彼此糾纏。上帝創造紅木，每棵樹木不單飛，都會和其他紅木大樹相互連結。

聽完，我笑道：「只要身為紅木，一生注定不會寂寞。」

黃昏，漫步於高聳紅木林、灌木林、落葉林，身邊潺潺的山溪、羊齒類植物、樅樹、野莓和野花。程兄警言慎行：「這山區自然環境會出現美洲獅，這裡是牠們棲息地。」

我謹慎左顧右盼。對於自己這個沒來由舉動，暗自啞然失笑！

四

晚餐，程兄在老人公寓內親自下廚，料理烤鷄腿、生菜沙拉，再配上一罐冰涼青島啤酒。

餐後，他聊起目前家居生活：「住在這個老人社區，每位獨居老人很少出門，大都待在自己房裏，很少跟外界接觸。所以在社區裡，你很少在室外看到老先生、老太太現身。」

「年紀大了，常健忘，丟三落四，常有廚房的火警警報器響起。」

「還有，經常發現有老人在屋內已經死亡幾天了。從沒人知道。」

至於「我嘛，」程兄繼續：「不想旅遊四方。我也刻意孤立自己，少與其他人深刻交往互動。因為立志做研究，天天接觸古書。在書裏，我都跟古代皇帝、一品人物見面交流。」

我想起來：「你現在每天還游泳鍛鍊身體嗎？」

程兄：「只在附近室外游泳池，每個禮拜游它一、兩次。現在，早上跑到離我們這兒不遠的海濱，去滑一下電動滑板車，大概一個鐘頭。不會感覺生活無聊。」

不裝電視，睡前，上網閱讀電子報成了程兄每天固定習慣。

那晚，他依然如故，上網與外界連結。

我則在另一頭，安靜地瀏瀆書架上成堆藏書。果然，一系列宋版古文、全宋文、永樂大典等，驗證了屋主所言不假，終日埋首於歷史上出自於河南的宋代兩位著名兄弟檔哲學家：程顥、程頤，雙雙均為北宋理學奠基者。以二程為源頭之理學，已作為宋、元、明、清的官方哲學，更在中國流傳長達七百多年，就社會層面來說，無不深受其影響。同時，中國傳統文化，宋、明理學研究，事實上，日漸影響世界深遠。不僅在東方韓國、日本都設有研究二程專門機構，更甚者，二程主要論述亦被譯為英文、德文、法文、俄文、拉丁文。想到程兄曾提過，目前生活與研究重點：

「我以河南程氏數百年來流傳的家刻《二程全書》為底本，校以歷代名版善本，吸收歷年來國內外有關研究成果，對原收文做辯偽證真，對原歸屬不明語錄去做辨析，增補經過考證的佚文，增加權威性的語錄類編，編輯名目索引等項目。」他會這麼熱心這塊領域，全拜古代哲學家二程是程兄本家的先祖之故。

五

次日早晨，陰天，步行至離家不遠的海邊途中，勁風不已，不遠處，一輛汽車漸漸減速，終於停在老人公寓一戶住家前。

車門被推開，走出一位洋人女士，走到路邊家門口，用鑰匙開門。見狀。程兄對我低語：

「我從來沒見過這位新面孔鄰居。」這兒「老人公寓，很少知道誰搬進來，又誰搬走了？這裡住戶是悄悄來，悄悄走。」

海邊。程兄踏上電動滑板車，準備奔馳海邊小徑，運動健身一番。出發前，鼓勵我：走下高崖，進入低處海灘沿岸，晨走健身。最後不忘抛下一句：「走進天涯海角那種孤獨的感覺！」

雙腳踩踏在緜延沙灘的海岸線上，浪花陣陣，濤聲灌耳，雲層陽光忽明忽滅。

唯有移步離開水邊，緊靠著右側斷崖土壁，海風聲浪才聽不到。晨間運動完畢，回程，程兄巧遇鄰居，一位點頭之交、八十多歲北京老太太。她打開話匣子：「我剛騎了一下單車。現在正要走到下頭海邊去健走。」「反正要活著！我這就去海邊走走。這總比躺在床上，整天唉聲嘆氣的好。」「一天天，計算著，倒數活著。」「今天還要去上課，上英文和腦力的課。」

與北京老太太道別後，程兄開著汽車穿越半月灣小鎮的市中心主要街道，然後再接上1號公路往舊金山方向駛去。沿路上，一邊是藍海，一邊是群山環繞，車子進出一條條長隧道。當車子由山路滑進綠樹林間，我們享受著公路兩側起起伏伏樹林。

六

擺脫了蜿延山路，城市 **Pacifica** 乍現，濱海依山，山丘上，擁擠著住宅屋宇。連結臨海兩座城市為一條路長約十二哩，取名為 **Cabrilo** 公路。

觀賞完海陸風光，汽車調頭，返回陰雲籠罩的半月灣。

回程，車窗外，飛馳而過無數海灘、風景優美的露營區、一座小型機場、有一架小飛機正遨翔天際從事觀光活動，還有一座私人帆船碼頭。

程兄聊到：「艾森豪總統任職內，大興土木，興建全國交通、密密麻麻公路網，並加以編號。這就是為什麼我們現在會稱呼幾號公路、幾號公路的。」

七

歸返山景城，離開前，頭頂上，依舊濃厚雲層敝天。

當程兄開車送我回家越往南行，暖陽燦爛且照耀大地，心頭竟跟著暖烘起來。門前，互道珍重。我囑咐程兄，有空常來寒舍坐坐。

才放下簡單行李，瞥見窗外四合院，院中有一座終年開放且可控制水溫游泳池，水光閃亮。家家相互挨著，棵棵衝天或細桿、或粗幹的棕櫚樹，羅列四週。

窗外，鄰居墨西哥裔小男童和他的小姐姐追逐笑鬧，玩耍聲漫延至整個四合院。

八

相較山景城與半月灣。

在半月灣那兒，經常涼風陰天，幽雅環境的老人公寓，整個氛圍都瀰漫著死寂。身處其中，心境自自然然悲涼不斷。老人公寓，是一個連回憶都漸漸萎縮、趨向靜止之處。

眼前住家山景城這兒，呈現一般社區男女老少的生活律動，全無老之將至那抹落寞感懷。

想起去年夏天，社區經理敲門，我趕緊應門。

「你隔壁鄰居約翰，這個星期以來，打了好幾通電話給我，抱怨說，你們家正對門的鄰居家，小孩子到處亂跑，吵鬧得不得了。他們家也把收音機的音樂放得好大聲，擾人清幽。」

接著問我意下如何：「你覺得對門鄰居吵嗎？」

我淺笑淡語：「沒錯。這個季節，小男孩小女孩的確放聲大叫，又追又跑又叫又笑。這些聲響，我在屋裏都聽得一清二楚。」「如果你問我有何感想？我個人倒覺得，夏日裏孩童鬧笑聲卻是天使之音，它帶給寂靜生活難得的生命動感，讓我感動，享受不已。」「小孩子們在這裡過著他們快樂童年，創造出屬於他們自己童年回憶。這裡是他們的家，他們生長的地方。我又怎麼忍心去責怪、約束他們的成長？我做不到。」「我們眼前租屋社區這兒，總共有四十二家。家家戶戶每個家庭都來自於不同環境背景，每個人無不懷著希望，每個人都辛苦地過日子。這社區，對每個家庭而言，不是汽車旅館，是家。」「彼此包容，不拘對方生活中的小節與突發狀況，一笑置之吧！」「寬鬆待人，就是善待自己，大家生活也好過些。」

畢竟，「我們這兒住家社區不是墓地。如果日夜都講求寂靜生活，大可考慮搬家到專門為年長者設計的社區去居住。」

尤加利樹

沿著聖卡洛斯市的大街，市政府多年前種植了三、四十棵尤加利樹，今已成長為棵棵老樹。

這些被保護的古樹早在一八九〇年代，被當地一位大地主給買下。

現今，這一列風華耀眼百年古樹，靜默地散發著一種美學震撼。

路過樹下，忍不住仰慕：

「前人遺留下來這些樹群，是歷史留給後代的資產。」

「高大巨樹會讓市容改觀，轉化成一座飽涵美學、典雅恣態的城市。」

蛇來了

不怕硬殼如蟑螂之輩，怕軟綿綿蠕動的蛇。
縱使十二生肖，我屬蛇。

一

那年國小四年級，混在幼時一群玩伴裏，縱走在住家附近水稻農田的中央，細窄田埂上。行走間，驚見前方一條小水蛇蠕動爬行，欲游入水田裡。我止步，睜大雙眼，驚叫。

服兵役期間，五月，官兵遠從駐軍在桃園下湖的陸軍師部，移防至前線外島，金門的山外，南雄師。

草綠色軍用吉普車及大卡車在島上滿街跑。路旁的行道樹，茂密成林，宛如海上樂園。單日，海峽對岸固定發射宣傳砲彈至金門島，雙日，則由我軍發射至對岸。每逢週日放假，軍人結伴從軍營大門口外邊，搭乘計程車前往小鎮「山外」的大街上，逛街、吃冰、上館子吃飯、去冰果室，或進入彈子房打撞球。街上各角落都塞滿了身穿草綠色軍服的官兵有說有笑，或呼朋引伴進入不同店家消費。

有天，逛完街，歸返營區坑道的半路上，大夥捨棄衛兵站崗的營區大門前那條康莊大道，反而形成小縱隊，沿著僻靜岩石山坡的彎曲狹窄草徑上一直走向山洞口，洞內坑道乃專司作戰訓練的陸軍師部參三科大本營。

雜草叢生。腳跟前突然出現一條肥壯大蛇，正蠕動著蛇身且優雅但敏捷地滑行，然後匆促鑽進山徑另一端的草叢內。見狀，驚嚇，停下腳步，大叫一聲。

前後阿兵哥紛紛探頭好奇追問：「什麼事？」

「蛇！」

驚魂甫定，繼續走向坑道的方向。甫進坑道裡，我迫不急待地告訴迎面而來的年輕參謀官剛才驚恐一幕。對方竟大喜，睜眼嘴咧，興奮地追問：

「在哪兒？蛇在哪兒？」

描述位置後，納悶，換我追問：「你幹嘛？」

「去抓蛇。回來煮蛇湯吃啊！」

二

多年後，風城的校園內，過著快樂教書好時光。當時，校方配置了教職員宿舍，村子大門口立著招牌「九龍新村」，入內，走到底，左轉，則有一個小鐵門的後門，打開村子側門，右轉，三兩步就走進清大西院校門口。

一天早上，走後門，轉彎的窄道上，快要伸手打開鐵門走出村外時，眼睛餘光，覺得腳前有東西在那邊微動。低頭瞧，不得了，驚見一條肥壯粗蛇，盤捲成一團且悠悠蠕動著。驚嚇之餘，轉身，急奔九龍新村大門口警衛室，尋找操著一口四川鄉音、值班的王先生。對方一聽，立即脫口：「在哪兒？」聽完我敘述場景，僅輕鬆回覆：

「我來。」外加一句：

「我先去找木棒。蛇，以前在我們老家大陸四川看多了，常碰到。」

尾隨在手持著兩根木棍的王先生身後。

抵達出事現場，那條大蛇依舊盤纏在跟前。只見王先生將一根長木棍輕鬆地引著蛇，將肥蛇捲上了木桿，蛇然後乖乖地將全身纏捲在木桿上。見狀，急切語氣：

「王先生，想辦法，千萬別讓這條蛇再出現在我們村子裡，因為村裡老人、小孩一大堆。」

「我知道。」

結果，他用另一枝木棍敲打蛇頭數下，那條肥嘟嘟、長長蛇身不再蠕動了。一手拿著不再盤纏但垂掛在木桿上的長蟲，用另一隻淨空後的手打開新村的後門，王先生走出門外，一派輕鬆地將整條一動也不動的蛇身，滑進腳邊水泥地面下一條水溝的涵洞內，來個眼不見，心不煩。

三

幾年過去。

絞盡腦汁規劃著美國文學課程的教材，最後決定把艾米利狄金遜的詩，《蛇》，納入。

第一段至第四段詩節，筆調呈現出詩人對蛇的描寫和感受，這與最後兩段詩節相較，讀者見到女詩人藉由文字、筆調轉換，來顯示心境上轉折。

比方說，前四段，蛇看似一介小傢伙且無害，因此筆調輕快、遊玩嬉笑。那條蛇，只不過是一條北美無毒束帶蛇。「好一個瘦長的傢伙在草叢間。」起了一個頭，詩人身處於不以為意心態。無意間，見蛇滑行，奔馳；不遠處，蛇身蠕動往前行，動作即平滑且安逸，不對任何人產生威脅。

然而，一旦小蛇突如其來地出現腳邊，完全毫無通報下，讓人驚嚇的蛇竟和自己如此近距離，多麼像大自然千變萬化，無任何預警。眼睜睜地，盯住腳前那片青草逐漸向兩旁分開，像極了梳子梳頭髮，梳開，一根斑點花紋的長桿狀之物正活動著，這時，一種潛在危機意識迫在眉睫；草地就這麼一路被挪開，隨後，叢草又在腳旁合攏起來。

小蛇愛逗留於陰涼處，例如無法耕種玉米的沼澤濕地，當下情景，真實又輕輕淡淡，無害。這時候，詩人身影才在詩中忽現：

「我僅是一個光腳丫的孩童，數次，日正當中，起初，誤認為自己經過了一根皮鞭，皮鞭半捲成一團，閒散在草地上；待孩童欲彎腰，伸手拾取皮鞭，發現它竟然先皺縮，接著緊縮起來，旋即游滑而去。」

先前，詩人把蛇比擬成「梳子」、「長桿」、「玉米」等，均為被動，都不會主動傷人；當小蛇一溜煙滑行溜走，眼前景像逐漸被營造出一種潛在危險氛圍。狄金遜此刻將蛇比喻為「鞭子」，一種殘酷刑罰工具，象徵了被逐出伊甸園，也意表大自然的無情。

最後兩段，第五段和第六段，當恐懼襲上心頭，暗示著一種真實致命感。自然界生物毫無溫情可言，冷酷天性。狄金遜採取一種敬而遠之、保持距離的社交禮儀、拘泥形式的筆觸，冷冷地，違心之論：「我嘛，認得幾位大自然子民，他們也熟識我；我對他們懷抱著激情般友好。」真的嗎？天曉得。

末了，詩人敘述自己內心深處：當親身撞見了蛇而震驚不已，毛骨悚然，頓時全身麻痹；撞見自然界惡毒與殲滅的蛇類，人類所有感官功能即刻盡失，僵在那兒，渾然無助。詩人說：

「姑且不論，有朋友為群也好，獨自一人也罷，只要無意間遇到這傢伙，相遇到了，難免屏息、呼吸猝緊，圓睜雙眼凝視著對方，骨子裡發涼，冷到零度。」

詩人狄金遜怕蛇，不喜歡蛇，但僅清描淡寫，並未詳述太多個人感受，這意謂著她內心對邪惡的想像。蛇，代表自然界的致命傷，以及殲滅之殘酷。她眼裡大自然是一個冰冷世界，所以用冷血動物蛇類來代表整個自然界，暗示著大自然裏的生物是一種信號，象徵一種懲罰。狄金遜更追溯到夏娃，夏娃受到田野中狡猾的蛇一再誘惑，禁不了誘惑，吃下了那棵分辨善惡的生命樹上果實，然後再把果實拿給亞當，他也吃下；詩人對蛇秉持著傳統觀念，亞當與夏娃的墮落，人類的墮落。

教學過程中，有位學生在圖文並茂期中報告作業上寫著，蛇是環境生態系統不可或缺，是大自然成員之一。略異狄金遜的自然生態觀點。由於學生思路清晰、立論自成一家，批閱後，我不但給予高分，同時在發回該生期中報告最後一頁空白處，評語寫道：為師者，講課狄金遜的詩歌前，曾描述九龍新村教職員宿舍社區，王先生和我以及肥蛇之間的人蛇互動。就這一點，回顧當時自己毫無宏觀視角而深感汗顏。

四

一位學生高唱愛蛇論之後，次年，美國文學課堂上，我添加英國詩人、小說家勞倫斯（David Herbert Lawrence）的詩作「蛇」，拿它來與狄金遜的作品相呼應，英美男女詩人不同風格。

匯集自然主義、現實主義、神秘主義於一體。「蛇」一詩，勞倫斯藉由大自然來頌讚大自然，而且採用美國詩人惠特曼的自由詩體（free verse）來創作。猶記我在課堂上問學生幾個問題：

「詩句中，說話者的雙眼看著蛇，內心經歷了何種衝突？
對詩人而言，蛇代表了何種內涵？
為何該蛇來到詩人的水槽喝水時，詩人覺得榮幸？
本詩暗示人類，對大自然應有另一種異於傳統的價值態度為何？」

是了，勞倫斯用自然界來讚仰大自然。

勞倫斯不僅觀察動物世界，進而認同牠們並且萌生了讚嘆之情。

話說英詩中，人蛇世界：

燠熱夏天，詩人口渴。

身穿睡服來到戶外，想走近水槽喝點水。

大樹濃蔭下，詩人手持水瓶拾級而下，走向水槽。

好巧不巧，驚見一條蛇比他先抵達水槽，這下子，只好站立等候。那條蛇由陰暗處，一道土牆的裂縫游下。長長軟軟的蛇肚，一身棕黃色的慵懶爬過石槽邊緣，接著把咽喉歇在石槽底部，那是一灘來自於水龍頭的水，點點滴滴下而形成的清淺水泓。伸出舌來飲水，雀然無聲，悠緩地喝 水，涼水流經牙床，再流入軟綿長長的蛇身。

由於詩人是第二位抵達現場，基於先後順序，只有靜待。

低頭喝水一會兒，蛇頭昂起，就像牛隻喝水般，不慌不忙。蛇又迷濛地看了詩人一眼，然後唇間張揚一下開叉的長舌，沉思了一會兒。將頭低下，再喝了點水。眼前，飲水者是一條出自於大地的燃燒肚腸，渾身泥棕色夾帶些泥金色的長蛇。

七月夏日，義大利西西里島上，埃特納 Etna 火山，歐洲最高活火山，火山口還正冒著煙。當下，一個念頭閃入勞倫斯腦海，從小到大一個被薰陶已久的傳統觀念甦醒過來，以致於不久前才升起那份驚豔之情，立刻被抹殺掉，擱置一旁，耳邊響起微聲，帶著傳統價值觀：

「牠必需被殺掉。西西里島傳言已久，不論多黑再黑的蛇，大抵無毒，唯有金色的長蛇才會有劇毒。」喃喃自語：「只要是人，就該立即採取行動，管它是什麼顏色的蛇。敢緊去找一根棍子去打蛇，幹掉牠。」然而就在緊要關頭，良心湧現：

「我不得不承認，我喜歡這條蛇。其實我挺歡迎牠悄然來到我的水槽解渴，像是一位貴賓蒞臨，與有榮焉！」就在這關鍵時刻，人類自幼以來一直被教育著，正確地去看待自然界某種生物刻板印象重返心頭。

詩人躊躇不決。

止渴後，蛇離去，安然平和地，毫無感謝之情，潛回炙熱炎炎大地。

猶豫不決，沒有動手打蛇，這舉動算不算怯懦？

遲疑，有股衝動，渴望自己想和蛇交流，消磨時光，這念頭算不算太乖僻呢？

如果說，與蛇不期而遇，有人卻感覺這是無上榮幸，聽來是否過謙了？

長串疑問之後，勞倫斯依舊感到：

「無上光榮！」

然而，那自遠古以來傳統心聲仍然未逝，那就是：

「假使你不怕，你理當殺蛇。」

左右徘徊，略帶驚恐。

儘管如此，想了想，依舊深感光榮。何以至此？

因為你看，牠大老遠從隱密大地那道暗門鑽出來，找上我，要我來好好款待牠。

再度回想剛才情景：「止了渴，昂起蛇頭，眼光朦朧如在夢境，像人吃飽喝足般。朝向天空，伸出顫動長舌，蛇舌漆黑顏色，看似開叉的黑夜。用舌舔了雙唇，環顧，姿態看起來不像蛇，反而像是一位神祇，目空一切，凝視天空、遠方，接著優雅地轉過頭去，不急不徐、放鬆自己，像是做了三場夢，一場又一場。然後開始慢吞吞，蠕動，緩緩地，長長身子繞了個彎，回轉，再度爬上水槽破裂的邊緣。」

當蛇頭看來已鑽進那口駭人的黑洞，留在洞外的蛇身也正從容不迫游移往上，鬆馳肩背移動著，愈潛，愈鑽進深洞內。

不知道為什麼，恐懼感油然而生。不滿長蛇退回到那可怕黑洞裡，鑽回黑暗，而且正要將整個蛇身拖了進去。眼看牠正擬全身揚長離去，詩人突然受不了！

回頭，看了一眼身後，勞倫斯立即放下水瓶，轉身，拾起一根粗重木頭，然後擲向水槽，喀的一聲。

木棍沒有擲中長蛇。瞬間，原本還顯露在外剩下一小截蛇身，急促且狼狽地扭動，如閃電般曲扭，整條蛇身就在詩人眼前消失得無影無蹤，消失在那牆面土吻的裂縫裡，獨留詩人在沉寂的正午時分，呆望，愣住。

悔不當初。何必做出剛才那幕打蛇舉止？熟慮深思，認為此舉何其卑鄙、庸俗不堪、不入流。自我藐視，開始極不認同那自幼以來所承受的偏差教育、一貫的論調，就是不問青紅皂白，只管打蛇自保，準沒錯。

旋即，勞倫斯憶起有關信天翁的傳說。

水手殺了信天翁，厄運降臨，他開始深感不安。

勞倫斯開始期盼夏蛇能夠再度光臨水槽，日夜輕喚：

「我的蛇！」

我的蛇簡直就像一位君王，一位流亡的君王。

只是十分不幸，在下界被摘走了高貴王冠。祂應該重新被加冕。喪失良機，英國詩人與那位主宰自己命運的生命尊者，擦身而過。愈想，愈陷進極度懺悔、贖罪之中，追根究底，自己卑鄙狹窄的心胸在作祟。

五

勞倫斯與蛇不期而遇，一方面，害怕；另一方面，他竟也對蛇產生異於尋常的好感。勞倫斯見到蛇，最終還是下意識地撿拾棍棒，朝向蛇身力擲過去；此舉無異於狄金遜被驚嚇到戰慄不已，站立僵住，一種不知所措直覺反應。

兩位英美詩人不同之處在於：

文體上：勞倫斯筆下，長串措詞、一行的文字會重覆出現；使用拉長、反覆的詩句，即愛用重覆語詞，例如「**like a king**」、「**burning bowels**」，充份表達他內心驚嘆與熱情洋溢。然而狄金遜在文字上趨向簡明、短句，加上節制的語法、冷靜的語調，展現出來文體簡潔，以及理性思考，因而創造出詩人與主題對象，兩者之間一種距離感。例如第五段，狄金遜以輕描淡寫並冷漠之姿看待那條蛇，於是乎語氣上，僅限於社交上制式、表面場合的表態。這種感受正也是詩人狄金遜對自然界整體的觀感。狄金遜詩中，蛇身尺寸被刻意縮小，字裡行間流露著不感情用事，略帶蔑視；蛇，何需值得人類欽佩、讚賞呢？關於此點，勞倫斯反而用筆熱情，並生動地加以描述著蛇相莊嚴，宛如一位君主，或神祇，教人不得不讚頌、驚嘆！

主題上：狄金遜意識到自然界殘酷一面，點出小蛇令她毛骨悚然。勞倫斯喜歡上了蛇，喜歡大自然的純潔，這可從他後悔襲擊長蛇略知一二。

看待大自然的角度上：雖然兩人同樣觀察細緻，但觀點不同，狄金遜心中衝突不斷。內省凝練，自然界裡生物群，他們認識我，藉由牠們而認識自己，因爲人畢竟兼具了獸性、人性、神性。勞倫斯內心衝突不斷的同時，卻在邂逅過程當中開始自省。認同自然界生物存在的價值，繼而燃起尊崇敬意。一旦透視自然界的美、莊嚴，那麼瞬間，詩意盎然。

六

英美詩人用文字來呈現精神、心情、心念。

蛇，追索到米爾頓（John Milton）詩作《失樂園》中的蛇，撒旦的化身。

狄金遜將這位墮落天使視為死滅的象徵。

勞倫斯卻把蛇表徵為，浪漫主義的人本情懷；撒旦則被視為一位將人性從上帝手中解放的生命之王。

七

退休前，閱讀活動屬於計劃性閱讀、有目的性閱讀，做筆記，充實並累積自己的學術專業，增長實力。

退休後，閱讀活動屬於沒有目的性閱讀、擴充自己的知識領域，尋找靈感、有質感的書，昇華氣質，是一種樂趣。

英美詩集是交大教書生涯記憶中的一部分。

離開校園，重拾英美詩集。

閱讀過程當中，依然屢屢沉醉在不同時代的抒情、時代記憶裡，渾然忘我。

全然不為教學，也不為任何讀書會，卻全然享受閱讀所帶來的豐富。

鳥蛋

加州灣區，冬季，一隻尚未出生、袖珍到不行的蜂鳥蛋，阻礙了市政府一項交通橋樑改造計劃的工程進度。

大興土木前夕，施工人員正準備要移走二十多棵綠樹，為了拓寬高速公路。誰料，竟然發現有一個僅僅半個拳頭大的鳥巢在樹上。巢內，一顆鳥蛋。

市政府官方於是宣佈，推遲原本即將動工的 **Richmond — San Rafael** 橋樑整建計劃。

該地區適巧出現體形嬌小的蜂鳥，被「侯鳥協定法案」所保護的動物。因此，除了嚴禁人類擅自主張移動樹上鳥蛋外，還得提供妥善保護鳥類措施，考慮到長期守護、護育，以及管理大自然生態環境。

那些綠樹暫時被保留下來，直至樹上的鳥蛋孵化，幼鳥長大，成長到鳥兒展翅飛走那天為止。

迫使橋樑重大工程延期施工，關鍵因素，其實很簡單——一顆迷你鳥蛋。

十五株黑板樹

路邊，市政府早年植樹四十棵左右的油加利樹（**eucalyptus**），這些老樹植於一八九〇年代，其價值不僅呈現出北加州 **San Carlos** 城市美學風貌，也是城市歷史軌跡與資產。

十一年前，新竹清華園裡十五株樹齡達二十多年的一排黑板樹被植於物理系館人行道旁。

每株樹，高約三層樓高。

那些婆娑樹身與樹影，偶爾縈繞腦海，縱使離開交大校園遷居加州已數載。

一

灣區居家門外幾株松樹，樹下平鋪了好幾層墜地、堆疊的枯黃松針，多次想躺臥其上，閉目養神片刻。

出門，公車巴士上，車窗外，松樹下松針厚厚鋪滿坡道上、安全島上、街角、竹籬外的人行道邊。常有一種衝動想下車，安穩睡在松香流動的枯黃松針床上，淺眠。

二

山景城，「自然資源與環境委員會」一向嚴格保護地方老樹與植樹，尤其樹齡達五十年以上、四十呎高的樹木。這些珍貴老樹無論被種植在街道、僻靜小巷，甚至竹籬笆內庭園裡，每棵都屬於城市公共財產，市民不得任意砍伐。某年，拜訪朋友家，她說，本想砍掉院子裡幾棵綠蔭老樹，但未果。因爲屋主得先向市政府相關部門提出申請，審核通過後，才可以找工人來砍樹。

後來聽說，城裏有兩位居民向市政府遞交住家老樹的砍樹申請表，經樹木專家裁定，兩棵松樹都很健康，於是按規定作業程序，當局向周圍一百呎內鄰居寄出通知單，尋問意見。問卷調查結果出爐，鄰里未對砍樹有任何異議。雖然如此，還是依照慣例，該申請案轉交至市政府「自然資源和環境委員會」繼續審核。不過委員們全數對任意砍樹投下了反對票，聲稱居民砍樹需要有更充份理由方可放行。如不服，該申請案仍可上訴至市議會，交由市長和市議員裁定。同時建議住戶，未來如果老樹被砍倒，依據法規，當事人得補強綠化，需種植二十四吋、集裝箱大小的樹苗，並建議最好的樹種分別為本地樹木，例如美國紫荊、月桂樹。

居家生活，樹林之城、綠色街道與巷道，教人通體舒暢，壓力減輕，活力增加，也讓我領受到安寧那股秘密力量，不但療癒，而且可減輕憂鬱，重啟神經系統，暢快淋漓。

人類有一種必須與自然界聯繫的生物需要。

三

也是一座綠化城市，離舊金山不遠的樹城 Burlingame，曾為了社區小學重建工程，市內兩棵百齡美國橡樹、兩棵銀葉相思樹，這四棵老樹經過市議會投票通過，准許被移植他處，而非砍樹。

四

曾安居長達近七年的北美另一座綠化城市，被譽為美加大陸最北邊的綠林大城，因為再往北延伸，則為幅員遼闊的冰冷荒原土地。這座城市，艾蒙頓位於加拿大西部愛伯達省，市內以種植榆樹聞名。

五

居住山景城，茂密街樹多為山茱萸和柏樹。

山景城內不同角落，植有咖啡樹與梨樹，或者楓樹、樺樹和榆樹。橡樹是山景城街景一部份，菩提樹、皂莢樹、丁香樹亦夾道搖曳。

街角，見到銀杏樹。

迎合北加州夏季乾旱、冬季雨溼這種天氣型態，城裏常見本地原產樹木諸如老橡樹、老柳樹、鐵杉、美國梧桐樹，當然還有闊葉楓樹、白楊樹、冷杉和柏樹。當我與這些加州原產樹木不期相遇，偶思：「相較之下，台灣土地上、草原上、山丘上的原生樹種亦繁美，諸如森氏紅淡比、楓香、苦楝、九芎、肖楠，以及茶花。」

暗想：「台灣森林覆蓋率占島上陸域面積約百分之六十，森林島嶼。」當初好奇，欲一探究竟，山景城還有哪些樹木被市政府列管保護？

原來，庭院內、家門前，常見三類樹種歸屬於城市文化遺產古樹，尤其當樹幹圓周超過十二英寸、高度超過五十四英寸古老大樹，這些均屬於自然生態古樹群：橡木類、紅木類、雪松類。這些具有歷史意義古樹，市民不得任意砍伐。如果居民持不同理由非得砍樹，依法規都得先向市政府林業相關單位申請許可。相關局處的行政人員鑑定認可後，方可處置。

舊金山灣區一帶，月桂樹、加州胡椒樹、桉樹、雪松與黑胡桃樹都被保護著，政府單位「珍貴老樹保護委員會」為了保護自然樹木、綠化環境，可說是任重道遠。

行走巷道間，常看到某戶人家門口、街角的樹幹上，貼著一紙通知，說明該樹將面臨被移除的命運，街坊鄰居如有不同意見，可向市政府相關機關反應。

山景城人口七萬多，綠色空間包括綠化公園、庭院四週花園，以及縱橫街道，這些綠蔭都為社區帶來生機盎然的綠地與平和氛圍。

六

加州午後。多年前清華大學整排十五株高大黑板樹，再次浮現腦海。

那些年，尚未退休，一個四月黃昏。

數年如一日，離開交大研究室，走過學校游泳池後，踏進清交小徑，再穿越清大校園。當我如常取道清大物理系館旁的人行道時，突然被眼前景況震驚到目瞪口呆：

「怎麼那一排黑板樹，一夕之間全被砍光？昨天，那些高大挺直的一排樹木不都還在嗎？」

泥土地面上，只剩一節節粗短的樹幹底盤，慘不忍睹。

「是誰粗暴地對待校園樹木？」惋惜不已。

走出清大校園。一個左彎，用鑰匙打開交大教職員宿舍「九龍新村」的小鐵門，走進新村，回家去。整晚都困惑著，校風民主自由著稱，清華大學不是一向珍惜校園裡自然生態環境嗎？

次日，清華園師生譁然。

真相大白。禍首竟是物理系一位教授，同時也是中央研究院院士。

事先，任意砍樹者從未知會清大相關單位，粗魯地擅自委託校外廠商，自掏腰包雇工，派遣一群工人來校園，把一排黑板樹統統砍掉。此舉引發校方開始對校園公共議題進行了熱烈討論。

師生眾議：「校方豈可默許這種私砍學校公共財產的行徑？」

那位毫無綠化意識的教授辯稱，其行徑乃獲得校方默許。

第一時間，清大校長立馬回應：

「砍樹行為絕非學校默許。校方絕不容許砍樹行為。校方將立刻組成專案小組來調查。」

公憤燎原至全校。

從此好景不再。

行經物理系館時，就再也看不到黑板樹。原本一眼望去，視覺上樹影婆娑起舞畫面，就此完全消失於地平線上

七

事過境遷多年。如今，心中明白：

城市美學與校園美學，都離不開綠樹。

世人，有時因為環境、因為個性、因為選擇而命運大不同。

然而，每棵樹的命運，多少時候，只能全賴人類在自然生態上的文化素養而定。

午睡醒來，山景城住處窗外，庭院四週植樹有二十株墨西哥蒲葵。

公寓四十二戶人家，天天觀賞高挺的蒲葵樹。

望樹，萌生一種人類與大自然近距離的連結。

樹影搖曳，自然律動，居民的心也跟著盪漾起來。

風太緊

未曾察覺到緊閉臥室的窗外有異。

另一個尋常晴空萬里，可不？自忖著。

晨起，無緣由地，內心惦記著，亟欲前往史丹福大學校園內紀念教堂，禱祈。

怎知，推開家中鐵門，踏出家門才三兩步，眉頭微皺，因為發現立春後第四天，二月八日，戶外風兒怎麼這麼緊？窗內，窗外，溫度竟大異其趣。室外攝氏七度低溫加上冷風灌耳，益顯淒涼，不但縮頸，而且將雙手插進口袋取暖，走向巴士站準備搭公車前往史丹福校園。

淒風下，萌生了退意，於是邊走，邊默默地告訴自己：

「還是取消今天行程，忘了祈禱一事。等待天暖晴和也不遲。」

轉身歸返家門，走沒幾步，莫名愧疚從心底泛升，莫名心虛起來。

「還是去校園教堂禱告吧！豈可容許淒冷天氣摧毀掉我向上帝傾訴和表明我的信心？」勉為其難嘗試去說服自己。

21路公車終點站，史丹福購物中心下車後，先去麥當勞吃一支香草霜淇淋，再安步當車穿過路口，直搗教堂和校門之間的樹林裡。天氣已暖，攝氏十八度，風微微。

慶幸自己，早先沒有被短暫淒風給嚇跑。

清澈藍天下，綠林裡，輕步走到隱藏在一片樹林中，一位身插雙翅、心碎到埋首在墳墓上哭泣的天使面前。駐足於圍在鐵欄杆內的墓園前，望著那尊全身白色、傷痛逾恆的天使雕像，悸動在於它完全吻合我當時陰鬱心情。仰望湛藍碧空，深邃如大海。碧藍天空，陽光撒下柔和光芒。看著遠處樹林內有多棵高大樹木，油加利樹、常青松柏樹木皆直聳入青天。聽到風兒掠過大樹，習習吹響，完全不同於稍早群魔亂舞可把人心都吹涼的疾風。眼光再度轉回哭泣天使。

晴暖氣溫，以致於雙手再也不怕冷。駐留在墓園區，此時此景，何須非得進入紀念教堂？

於是即刻，心誠，雙手合十，低下頭來，閉目，祈禱。

一

史丹福紀念教堂走廊上，佈告欄內有一紙通知，公告大眾，為了防疫，教堂僅開放給校內師生登堂入室。慶幸，自己沒有一早就放棄祈禱之旅，況且我也已經在一片森林蔭鬱中祈禱過了。

校園內，師生戴口罩穿梭其間。教室內，教學活動正常進行。

打從窗外經過，瞥見窗內教室裏，大學生們坐在課桌椅上專心聽講。此景，憶起退休前，課堂教書生涯片段——

某天早晨，就讀生物科技系的工讀生柯秉志，幫我打了一封電子郵件，分別通知那些選修「美國文學」和「英語語言發展史」學生們，可於兩、三天後的周末，也就是即將來臨的星期六和星期日下午，兩點至四點鐘，我將於綜合一館底樓大廳內，擺放一張小桌和兩張椅子，為學生提供期中考試、撰寫期中報告，或課業上任何問題，提供諮詢服務。

發出通知後第三天，星期天下午兩點十分至三十七分，外文系林力敏提問，**Yiddish** 及 **Sanskrit** 這兩種語言歷史背景，又這兩種語言與英語語言發展的關係？

材料系黃嘉德則於午後三點零五分至四點半，向我諮詢期中作業：他說，將會以台灣鄉村之今昔變化與現代城市歷史發展，試圖找出台灣土地上不同族群之間的愛與恨，並藉此找出台灣真正的精神。當天十一月四日。聽完，我立即大表稱許其撰寫期中報告的方向和發展，並跟他分享不久前，土木系廖春滿，說，她本著如何以台灣的歷史為切入點，進而探討台灣精神；同時，在她未來的報告中，會以文化深耕這一點，讓台灣不算長的歷史能更具厚度，讓台灣人民因而培養出自信與對這塊土地認同。另一方面，廖春滿的報告中也將指出，十九世紀美國文化和二十一世紀的台灣文化，做兩者比較，有何異同？藉以思索台灣精神為何？或台灣精神正在架構中？至於前一天，星期六下午兩點十五分至兩點四十五分，電資學士班的丁奕晴指出，她會創作散文詩「台灣，一路走來」為報告內容。

諮詢告個段落，嘉德卻輕鬆自在地跟我閒聊到：蔣動的作品，還有舞蹈家羅曼菲、許芳宜的藝術表達；理想的日子，對嘉德來說，就是早晨起來喝杯咖啡，聽古典音樂；生活裡最喜歡的一件事，就是一邊用雙手洗衣服，一邊哼著歌，因為從這活動當中可以感覺到一種快樂和滿足；同時，出門從事戶外運動也帶給他生活上的美好，更是紓解壓力最佳方式。

壓力，大學校園內年輕學子的壓力。

三天後，十一月七日，教完下午第一、二節課，學生紛紛收拾好書本書包，起身離開教室，趁機口頭邀請了生物科技學系的顏姓同學隨我走回研究室。用鑰匙打開門，放下手中教材，邀請學生坐在白色小圓桌邊，我隨即跟著坐在其對面。簡單寒喧後，我笑說，平常愛聽收音機的音樂，愛出門散步晃晃。至於這些個人生活習慣是否無形中將我免於憂鬱的主因？不得而知。過去幾天看了一些遠離憂鬱症專題報導，鼓勵人們儘量保持充足睡眠、均衡飲食、運動與休閒、按摩、找人傾訴、使用腹式呼吸法、遠離酒飲，或每天寫段心情日記，以及養成樂與他人分享溝通，這些建議都不失為面對壓力的應對方式。陪伴，對患者而言是重點。定期去醫院看診，尋求醫學專業的協助。如此對話，只因記得學生有次在隨堂作業上寫道：憂鬱。

嘉德不是唯一的學生會跟我聊起課堂外的日常生活，比方說電子物理系的林照蘊。十二月二十八日星期五下午，前來研究室，準備請十二月三十一日的事假。

請完假，卻全無離去之意。開口問學生：

「你該去上課了嗎？」

「我有課，但不想上，自己唸就可以了。」

不好制式地要求眼前大學生去做什麼，不去做什麼。

換個角度去想，將心比心，或許此時此刻他只想找個聽眾？

年輕人就這麼自自然然娓娓道出：喜歡古典音樂、文學、藝術；會彈鋼琴和打擊樂器；將來想組一個樂團 **Band**，自己擔任主唱；將來交大畢業後，想從事藝術方面工作，但是父親不太能認同；就讀台中一中，曾經參加管絃樂團，後來因為曾經和一位團員缺乏共識，因而退出。

笑問：「讀高中最快樂的事？」

「高中時候，找不到一位談得來的朋友和老師。個性比較孤僻。」

「那麼讀國中最快樂的事呢？」

「有。國中一年級的時候，家住在新竹。後來我們搬家到台中，由於環境的生疏，整個人就變得比較沉默寡言。」只是沒有明述，何事讓他快樂？讓他憂？

「未來有什麼目標嗎？」

「未定。」

想想也是，我以前不也曾經如此這般，前途未定論嗎？

嘉德不是唯一的學生會跟我聊起課堂外的尋常生活，比方說外文系畢業生林宥地，一月八日星期二返校，並於上午十一點至午間十二點半左右，在我的研究室裏談天。由於他當天早上九點半左右打電話到研究室來，問我，是否有空見他，並一起午餐？我們約定早上十一點在研究室見面，同時告訴他，中午我會到綜合一館的一樓購買兩個便當，請他在研究室共進午餐。師生談笑間，宥地暢談：目前畢業後，可能會待在台北以找工作為主，父親現也正在台北工作；最近，感覺到自己在英詩創作方面近乎停止的狀態，有別於以往所面臨瓶頸境況，但是不會放棄在這方面的寫作；講到文學創作，比較喜歡表現主義派（**Expressionism**）內心的東西物化的作品，於是喜愛杜牧的開闊、李商隱的婉約，至於現代余光中的作品，則持保留態度；關於目前自己肝功能指數將近兩百（**Wilson symptoms**），一般人正常指數約在35以下，大夫也查不出病因，僅說明，這可能是自己長期壓力所致。現在一直在服用排酮藥；將來，希望能出國教漢語，基於此，近日忙於準備在國內通過漢語教學資格檢定考試。午後，宵地起身，臨行前，我送上叮嚀：「要定期去醫院檢查肝功能。」

二

史丹福校園，由於實施對新冠肺炎病毒大流行的防疫措施，唯獨准許校園書店和學生活動中心的餐飲區，開放給校外人士。

走進書店，拾階而下。地下室為指定教科書販售區。我一一瀏覽架上書籍，文理工商分門別類，但只搜索歐美文學系的書架上，有哪些指定教科書？因爲十分好奇史丹福大學課堂上，如何編織那一網又一網的文學氛圍。

三

未如先前計劃，想要踏進史丹福教堂默禱、沉澱一下心情。人卻在綠林裡，一時福至心靈，轉念，興起何不在校園樹林深處，閉目禱告？如此豈不離上帝更近？

逛了一下校區、教室迴廊、書店。

看著校園內來往師生表情，觸發我仍在交大教書時，自己與學生課外互動，層層溫馨回憶。

天涯海角，雲遊世界。

對我極具吸引力的角落，莫過於閒逛當地的大學校園。

那年，趁著交大春假期間，跑去參加紐西蘭旅遊。

聽到當地中文導遊說：

「現在巴士會停留在這兒大約半個鐘頭，讓貴賓拍拍照、逛一逛。對了，坎特伯利大學，**University of Canterbury**，就在附近不遠。」

驚喜若狂。

抓緊時間，我衝向前，直奔大學校園。

法庭上，鯨魚勝訴

聯邦上訴法庭，七月中旬，做出一項裁決：

每當美國海軍軍艦在海域上行駛使用聲納，為了探測水底音波來偵測潛艇；然而此舉會造成對海水中的鯨魚和其他海洋生物，像是海豹、海豚、海象嚴重影響，例如食物鏈與交配等問題。因此裁定後的新規範，完全翻轉了五年前，初等法院當年所裁定的結果，那就是：「海軍，可以使用低頻率聲納舉行軍事訓練、測試和執行勤務。活動範圍囊括了和平時期的海軍在太平洋、大西洋、印度洋及地中海等海域。」

自從海軍開始採行五年前舊法規至今，國家海洋漁業行政部門發現，海軍啟動聲納之舉動，使得每年約有三十隻鯨魚和二十多隻海豹及海獅受到干擾。

上訴法庭上，來回攻防幾回，海軍如今被要求，要是偵測到有一隻海洋哺乳生物恰巧也在艦艇附近游動，就得立即停止、或延後使用聲納。

同時，艦隊通過一些特定保護水域，海軍亦被禁止在海岸線附近啟動會產生巨響的聲波，如此，稀有海洋生物才不至於被干擾到。

海軍與海洋生態，共存共榮。

秋香

日曆上，入秋第六天，星期六周末午間一點四十三分。

窩在校園書店內喝咖啡、做筆記，告一個段落後，起身離開。

走近教育系圖書館，發現當日閉館。

施施然，沿路經過胡佛研究中心大樓，來到胡佛塔前。

秋陽下噴水池內的噴水，不斷向上衝竄，水柱再紛紛墜落池面，激情的水聲不絕於耳。

繼續朝向東亞圖書館前進，取道 Memorial Auditorium 建築物的左側。

拾階而下之際，忽然一抹清香撲鼻，驚奇不已：

「熟悉的花香味，遠久的記憶。」但旋即心想：

「不可能。怎麼可能？這裡是美國，多年以來，鮮少見當地人種植這種花樹。」

空氣中飄香，淡幽縈繞。

微涼秋風，徐徐聲灌耳。

好奇心驅使下，停下腳步。

轉而踏足於右側綠色樹欉間，睜大雙眼欲搜尋秋香出自於何處？

無數含苞的茶花樹欉。無味。

彎身，繼續低著頭在花樹間左右嗅聞，再一路循著香味，終於止步。

舉頭一看：

「果然是先前所臆測的，桂花樹！」

一株桂花矮樹，安植於茶花的身後。

手心上，不多時，多了一小串桂花香，不忍釋手，久久。

哈佛大學

相較於愛默生、梭羅，兩人皆出身於東岸名校哈佛大學，而父親英國人、母親荷蘭人的詩人惠特曼，一生僅接受幾年學校教育。十一歲時，即大量接受社會大學教育，從開始擔任辦公室打雜小弟兩年為基點，然後從事印刷工作六年，接下來，創辦了新聞週報「長島人 The Long Islander 」數年，再接收布魯克林地區的刊物「The Eagle 」。漸漸地，惠特曼編輯長才終於在紐約地區受到矚目。自一八四七年，時值二十八歲，惠特曼決定放棄所有新聞編輯事業，選擇讓自己過著一種打半工，以木匠為業，開始執筆創作「草葉集」，展開了不同人生規劃。

擬稿了八年，在一八五五年，三十六歲，詩集終於問世。

當時美國民眾對詩集反應冷淡，並未引起讀者太多注目。

十三年後，一八六八年，「草葉集」被介紹到英國並發表書評。

兩年過去，一八七〇年，該詩篇亦被德國文藝界提及。

詩作繼而在歐洲大陸被翻譯成德文與法文，自此，聲名大噪。

即使如此，對照之下，美國閱讀大眾依舊對惠特曼詩作保持距離。

往後，詩人在家鄉生活療倒，貧苦度日。

詩人曾於一八八一年在波士頓找到一家出版社願意出版詩集，豈料，地方檢查官將其歸類為淫穢作品，下令刪除詩集中兩篇詩歌：「一個女人在等我」以及「向一位平凡妓女致意」。

秉持著身為藝術家對至真、至美之絕對追求，惠特曼拒絕讓步妥協，因而攜稿轉向位於費城的另一家出版社洽詢出書。一八九二年，七十三歲詩人臨終前，已經修訂到第九版「草葉集」，如今詩集不但成為美國最偉大創作之一，更是傳世名著。

一

兩位哈佛畢業生。第一位，愛默生在一八三七年八月三十一日返回母校演講「美國學者」，因爲他意識到美國不只在社會習俗上（socially）仰賴英國思想價值，甚至在智識上（intellectually）亦是如此。因此，講稿中鼓吹哈佛知識分子應尋求、建構一個在智識上、心智上的獨特身份（intellectual identity）、鮮明的國家主義，以及開創文學上（literary）的獨立宣言。

演講稿中，愛默生強調每位學者、社會中堅人士應對社會大眾肩負責任。

勉勵在校大學生，追求人生理想時，可以預見途中難免會遭遇孤單、貧困。

鼓舞年青學子，心中總要秉持正向態度。

提醒，尋夢道路上無數磨難，終將雨過天晴，有朝一日，品嚐美夢成真那份奇異的果實時，這款慰藉就是人生極大的獎賞。

愛默生看重「起而行」身體行動力，故曰，由靜態的思考「thinking」作為序曲，將無知轉為有知，此部份仍為半部、非完全的行動力，它僅奠下我們具備了思想

「**thought**」的基石。如果將動態的行動加以具體化，身體力行，則會釀出智慧的原料，結出「思想」的果實。獲得真理後，全心全力去實踐，把真理信念活出來，活在生活當中，如此，方可稱為完整的行動力。

換言之，愛默生建議哈佛學者要去學習，學習如何從思考轉換成思想，再由思想擴展到身體力行，最終從實踐過程當中體驗生活、創造生命價值，此為學者自我成長之意義所在。

當然，欲探愛默生的個人主義思維，讀者可閱讀其簡潔散文「自恃 **Self-Reliance**」。個人主義藉由個人與上帝、個人與大靈或超靈（**over-soul**）的關係來彰顯其功能。

超靈，滋育萬物之靈，大自然中那種與生俱來的道德法則。

二

曾經於哈佛大學校園內修習法律、神學、商業以及教育等領域的梭羅，畢業後，走進社會第一份工作是教書，但未持久。離開教職，梭羅開始養成撰寫日記習慣。

生平第一本書描寫兄弟倆沿河探險之經歷，「**A Week on the Concord and Merrimack Rivers**」，詩歌與散文兩種文體並存，此文於一八三九年投稿當時文學刊物「**The Dial** 日晷」。

二十四歲那年，他搬進愛默生住所，擔任家管工作。一八四三年，身份轉換成擔任「日晷」四月份刊物的編輯重任。

梭羅一度從家鄉遠赴紐約，接洽數家出版社有關出書事宜，未果。

一八四四年，梭羅急呼採用非暴力、被動的不合作手段來對抗黑奴制度。次年三月春日，借了一把斧頭，獨自在愛默生私有土地上的華騰湖（Walden Pond），建構一座小木屋。不久，七月夏日，搬進森林湖邊小屋住將起來，這一住，就是兩年兩個月又兩天。一八四七年九月秋日，梭羅離開華騰湖，同年秋天，愛默生起程遠赴英國。

走出了湖濱，梭羅勤走鄉間小徑之外，一方面靠著製作鉛筆為生，且測量起地形地物；另一方面埋首筆耕「湖濱散記」文集數載。

一八四八年，愛默生自歐洲返抵東岸家鄉時，梭羅已搬回雙親住家直至過世。

一八四九年，梭羅發表「不合作主義 **Civil Disobedience**」一文，主題與美國奴隸制度有關。同樣關懷黑奴制度，詩人惠特曼十分崇拜林肯總統的睿智領導，深獲民心，故下筆作詩「**O Captain！My Captain**」一首。詩中溢滿一種輓歌悼詞（**elegy**）來抒發對林肯的尊崇與追念。

一八五一年後的四年間，梭羅雖深受肺結核病之苦，但日記活動不綴，並於一八五四年出版講求個人改革的「湖濱散記」一書，述說自己在湖邊小木屋裡過著一種簡單、機智之生活體驗。梭羅強調這種人生體悟僅作為讀者參考的指標，並非刻意指導他人去追隨自己的腳步，去複製跟他相同的人生路徑。梭羅深信，當一個人如何看待自己，就已經決定了自己未來命運，因此，個人意見比人云亦云更形重要。另外，個人改革方法有三：「自我紀律。智識成長。心靈發展。」個人改革是內在、私密且獨特的內涵，卻與集會、會員名單或捐款無關，看重發掘個人內在的那份神性。

梭羅呼籲每位讀者去追尋晨星的指引，追求屬於自己人生的目標與方向，不要再受到物質慾望所困，何不轉向心靈昇華。

一八六二年五月天，梭羅過世。生前，梭羅在美國僅被歸類為自然寫作的作家，小有名聲，不過，幾乎可說是被美國歷史所忽略。然而，今非昔比，如愛默生，如惠特曼。

三

無論有無哈佛大學學位，美國文壇上，只要是真金，就不怕火煉。

十一月加州海岸

捕撈螃蟹為生的漁民，喜愛海鮮的饕客居民，每逢十一月中旬，都十分期待海岸所盛產的珍寶蟹（**Dungeness Crab**）。當商業捕撈活動開始進行，相對地，不僅帶動舊金山碼頭附近生鮮海產店生意興隆，方圓之內，大大小小餐廳飯館亦高朋滿座，就連我家的廚房也變得熱鬧起來，只為了舌尖上螃蟹鮮美的海味。

七月四日，美國國慶日

夏日，七月四日，美國人在爆竹煙花與教堂鐘聲裡，手揮著迷你國旗歡呼國家獨立紀念日，我卻想到美國十九世紀兩位作家，惠特曼與梭羅。

一

一八四五年七月四日。

國慶日當天，梭羅十分低調，攜帶幾件簡單行囊，搬出他父母位於麻州 Concord 城的家，移居位於華騰湖（Walden Pond）畔一棟小木屋。獨自安靜地宣告：此刻，真正的美國其實尚未完全獨立，因為還是太依賴歐洲的傳統價值與品味，何來「完全」獨立誕生之說？然而這一天卻是我以一種歡慶心情，來迎接屬於「自己個人獨立」的日子。

最初梭羅所稱革命或變革，原僅屬於一種對未來的展望，還稱不上什麼巨大成就。心中，想找到一種能與大自然建立單一的關係，如此人們才能擺脫一般世俗眼光，悟出個人內在與那份自由的神性。

彼時，梭羅彰顯其對個人主義的信守與忠誠，而非對國家主義。

梭羅頗受愛默生的影響：「每一代必需經由自己的見解判斷，來發掘屬於自己的世代，而非走入枯槁歷史、死人骨頭堆裡尋找靈感與方向。」選擇了在湖邊建構一間小木屋，梭羅也開始在湖濱筆耕自己的思想系統與人生態度。創作靈感基本上，承受了愛默生「大自然」、「美國學者」與「自恃」等文章影響。

二

無獨有偶，十年之後，一八五五年，七月四日國慶日當天，曾經創辦了週報「長島人 **The Long Islander**」的詩人惠特曼，也挑定這天在紐約發行初版的個人詩集「草葉集」。

惠特曼創作心路歷程上，一旦提筆，即不受家人、朋友，更不會受到檢視作家思想尺度的地方檢查官等任何人的影響，僅期盼自己能盡情、盡心、盡力地去完成作品，然後由讀者來評斷其作品成功與否？

三

如此看來，十九世紀的散文家也好，詩人也罷，先後都選擇了國慶日當天來表態其個人獨到的理念與理想，獨樹一幟，絕不媚俗。

老梁和小黃

同年齡老梁與小我二十歲的小黃。

九月二十五日，星期二晚間八點二十一分，送出簡訊：

「黃先生，老梁提到你這位離我住處不遠的新朋友。祝晚安。」

不多時，對方傳回：「謝謝您的短信。正在惴惴地敲著鍵盤，您的短信就到了。謝謝。很高興認識您。」

從此，揭開兩地手機之間的簡訊往返，直至十月二十四日，星期三黃昏五點五十五分。突然，雙方終止了音訊，完全沒有任何徵兆與理由。掐指一算，前後僅一個月光景。

回顧，九月二十五日晚間，按照老梁所提供 **Line** 線上連絡方式，我上線，在鍵盤上敲打第一則問侯簡訊，發送之後，旋即，啟動了雙方短信交流，以及往後雙方三次見面的機會：

「台中出生。祖籍安徽。不知你去過安徽沒有？」

小黃：「安徽，畢業實習的時候路過。我來自武漢，和您那兒一衣帶水。」

「在台灣出生。至今，大陸老家還沒去過。」

「聽老梁說，您在山景城，離我們聖荷西不遠。讀書的時候就東跑西顛的，武漢老家我回去得也少了。」又，「現在待在美國還習慣嗎？」

「習慣。你呢？」

「也是。國內和台灣，估計人口都太多，氛圍也不是很好。這邊可以沉澱下來，多想想些問題，做點事情。您平時都忙些什麼呢？」

「忙這兒，忙那兒的，平常做義工。星期日，上教堂做禮拜。你呢？」

「約個時間見面聊吧？夜深，手機打字挺費眼。」接著問道：

「您一般什麼時候就寢？會不會有點晚了？」

「沒事。咱們就約個時間聊吧！約這星期五黃昏，可好？」

「怕您眼累。我還在陪小孩練琴，稍後，自己再看看書和其他資料。」

「何時見面對你比較方便？」

「我在北聖荷西，上下班估計會堵車。中午時間您方便嗎？或者這周六下午？」

「都好。」

第二天。

「剛剛回到家，抱歉晚了。斟酌了一下，還是原來時間，就這周五黃昏吧。我下午開完五點鐘會議，結束後就出發。具體時間和地點呢？小孩快要小提琴考級了，今晚在音樂學校加課。」

「沒事。不急。好，咱們就約這星期五黃昏。時間地點，我都沒意見。這次，我可以在山景城火車站（**Caltrain**）旁的公車總站等候？因為我沒車。抱歉！」

「您沒車，那就在您附近找個地方見面吧。我開車直接去好了。」

「也好。想想，這樣吧，要不，你來我公寓包水餃，邊吃邊聊，可好？畢竟你是老梁介紹的武漢新朋友，老梁朋友也算是我的朋友了。還是你有其他更好建議？」

「會不會太打攪您了？您沒車，購物方便嗎？要不要先帶您去平時想去，又不方便去的地方轉轉，稍後有空再去貴府？您喜歡什麼口味的水餃？這樣我也省了帶什麼伴手禮的問題了。」

「包水餃也好。我準備熱湯，你帶水餃皮和水餃餡兒來我家就好了。」

「您喜歡什麼口味內餡呢？」

「都好。以你愛吃口味為主。當你開車到了山景城 **Easy Street** 街上，我家門口附近，打手機電話給我。到時候，我再告訴你，車停在哪裏。」

「好的，期待和您會面。」

九月二十六日，星期三，下午兩點十一分。

「忙裏偷閒問候您一聲，今天過得還好？」

「還好。山景城這兒天氣很好。」

「那就多出門走走，別忘了帶個水壺在身邊，多喝水。」

「多謝。」

「出門在外，一個人不容易。當年從武漢過來美國讀書，也是這樣熬過來的。好了，要開會了。回見！」

「回見！」

當晚九點四分，耳際傳來手機有動靜的聲響，打開手機簡訊：

「在幹嘛呢？快睡覺了嗎？剛剛陪兒練琴。」

「我也剛洗完碗，刷洗完刀叉筷子。你要睡了嗎？」

「還沒。您這是晚餐還是宵夜呢？」

「我早吃過晚餐了。剛剛只是忙著清理餐後工作。」

「晚餐吃了什麼？邊看電視邊清理，心情放鬆，活得也快活。」

「素油清炒青江菜、煎半條鯖魚、配點泡飯。你呢？」我敲打著簡訊。

「很清淡的飲食嘛！泡飯是用湯還是溫水？我們家晚上素炒生菜、肉末豆腐、涼拌黃瓜、西紅柿雞蛋汁。小孩子從暑假到現在正在長個兒，飯量比我大。」

「聽起來你們晚餐還蠻不錯。孩子都幾歲了？」

「兒女各一。老大犬子十一歲了，快進逆反期，說話很沖，有時噎人得很。不知道我當年是否也這樣？您呢？有兄弟姐妹嗎？」

「小孩是老天所賜禮物。星期五包水餃的時候，聊一些孩子經。吃完水餃，聊一會兒，你就早點趕回家去看顧孩子。」

「這話聊起來就長了。等到見面再慢慢聊吧，也省得打字了。」

「行！咱們周五見。」

「謝謝。現在兒子有時侯說我煩，他想要有自己的空間和時間。我在想，如何和他做朋友？好的，期待見面。」

九月二十七日星期四，早晨八點三十三分，讀到簡訊：

「早安，要上班了，又將會是一個繁忙的一天。」

禮上往來，我也預祝彼端的黃先生有個美好一天。

近午，十一點四十一分，對方從辦公室傳來：「叫我小黃就好。你抽空出去小憩片刻，天好，氣溫也不高，只是有些曬。如果在外，多在樹蔭下會好些。」
「的確，初秋的天候挺舒坦。」
「一會兒去健身房練瑜珈了。回見！」
「待會兒見。抽個空，我會走在秋高氣爽天空下。」
當夜十點十八分，聖荷西市捎來：「晚餐是不是另外半條鯖魚？我才做完日常家務，練完琴。現在去哄女兒睡覺。一會兒去調水餃內餡，希望不會太難吃。」
「水餃內餡簡單就好，盼沒給你添麻煩。主要是藉著包餃子閒聊家常，是吧？另外，字裡行間能看到你忙著家中小孩種種，你是位好父親。」
「孩子是傳承，和他們一起成長，自己也學到了許多。以前沒有機會從父母角度看原來的我們，現在卻有不一樣的體會。謝謝您的鼓勵。您快睡了嗎？」
「剛洗完澡。過一會兒就要睡了。再聊。」
「無夢而且一覺到晨光。餃子內餡剛調完，一會兒也要去睡了。明天見。」
九月二十八日星期五早上，八點三十四分，出門上班前，小黃寫道：
「今晨微涼，加件外套再出門。」
我回覆：「確實，窗外陰天。我這就準備出門搭公車，去 **Palo Alto** 做義工。」
「回來聽您今天做義工的見聞了。」
午間兩點三十七分，做完義工，剛返家不久，我送出簡訊：「開車時注意行車安全。」因爲想到小黃有兒有女，外出時，還是注意交通安全才好，可不希望任何閃失，以免內疚自責。

「正在開會，還有另一個會議，五點結束。之後，會出發。稍後見。」

黃昏五點十三分，開車上路前：「現在出發。堵車需要大約半小時。到了，給您電話。」

初次見面，互道幸會。

兩盤熱騰騰水餃、熱湯上桌。我以長輩身分勸食一番，同時心想，接下來，他會向我詢問哪些事情？不免擔心我是否能夠勝任，提供給他滿意的經驗分享？

夜幕低垂，互道珍重再見。

不多時，晚間八點二十六分，從山景城發短訊：

「多謝你今晚帶來的水餃餡兒和水餃皮。聊到過往人生片段、家庭生活點滴。」

「謝謝您熱情款待。能有機會暢所欲言，回憶過往，時間不知不覺過得飛快，總是不夠。期待下次再暢聊。」

「周末愉快！」

「估計是個繁忙的周末。祝老師周末清爽愉悅。」

「想笑，每當你講到『繁忙』兩字。同時，為你高興。」我回覆。

「為什麼好笑？真的有那麼好笑嗎？」

過了一段時間，略驚，速回覆：

「我剛洗完今天晚餐使用過的成堆碗筷，現在才讀到你的短訊。『繁忙』一詞，不久之前，我指的是生活上豐富性，一種讓人喜樂滿足的感覺。沒誤會吧？抱歉，真的完全無心之言。」

「誤會倒是沒有，主要是想，我是不是哪裡詞不達意了。您的心思似弦，細密靈動。您書架上有好些文學作品，您的是否也在其中？手邊有作品可以借閱拜讀？」

「我這下可放心了，因爲你沒誤會，否則，豈不失禮？」文學作品一事，我隻字未提。

「兩三天下來，幾條短信，竟然似曾相識，就是這麼奇妙嗎？想當年，我應該學文科的，那麼文風應該是懶散閑暇，清風拂面的。」

「如果當年你選擇人文，肯定會是位出色的文學家吧！」可說是，「即使貴為當今科技界人才，提筆三兩下，你的文采就已經盎然生趣了。」

「能像你這麼灑脫、隨意就好。那些七七八八的，未必能如您這般出塵又入世，似縷青煙。」住在聖荷西的小黃再寫道：「你這般誇我，我是在夢裡嗎？我不是還沒睡嗎？好困惑，如夢如幻，已暈眩在現實中。」

立即回應：「你仍留在莎士比亞筆下『仲夏夜之夢』第四幕第一景嗎？」

對方回應：「還沒出戲呢！？好了，夜了，夢了，安了。」

九月二十九日星期六，早晨八點三十七分，「早安，老師。對我真實的第一印象如何？」

反而請小黃先回答，他對我這位老梁的朋友第一印象為何？對方曰：

「慵懶隨性的外在，下面卻擁有柔韌強大的內心世界。因此，人生充滿矛盾。」

「我的人生充滿不少矛盾，然而更多時候，卻也蒙恩不少。」

幾小時後，早晨十一點五分，小黃跑回谷歌科技公司的辦公室周末加班，抽空貼文：「所以都在紅塵掙扎，煉獄修身？不知是否能修成正果，平安喜樂？」

「紅塵。你是說，滾滾紅塵中的生死過客，可藉由夢想羽翼，穿透平常視野，去追尋閃爍光芒，盼靈魂最終得以安身立命嗎？」

「您找到了嗎？」

我一時為之語塞。

瞬間，掠過腦海，於是敲下字盤：

「簡單、誠摯，去追尋我的命運與人生價值。」

九月三十日星期天，午間一點零七分：「網站是方便了事情，卻也易令人迷失自我。上午整理前院，伐樹修枝，豁然開朗。」

我回覆：「好個充實的早晨。」

當晚子夜時分，手機叮了一響，近看：「今晚陪小朋友看家庭電影《Wonder》，結果陪他們一起淚眼婆娑。感覺真好。」

「今晚，我在家看 ABC 電視台播映的迪士尼卡通動畫影片，Frozen，冰雪奇緣。我都這把年紀了，依舊喜歡觀賞迪士尼卡通影片。」接下來：「你要睡了？明早你還得早起上班？」

「先給兒女啾啾被子，再睡。」

第二天，十月的第一天，早上十點零七分，小黃問道：

「有睡前看的書可以推薦？邊聽音樂邊看書，非專業的書。先謝了。」

「個人覺得，睡前挺適合閱讀唐詩宋詞，歷久彌新。千百年一路下來，經典就是經典，橫跨時空，千古流傳的文化遺產。尤其在夜深人靜，不僅古今無礙地交流對話，更能撫慰現代人心。」

「手邊有嗎？如果有你這位大家的批注就更精彩了，想想就很期待……」當天黃昏，六點三十九分，小黃：「借來唐詩三百首。更想讀宋詞，詞排長短，韵律起伏。」再問：「對渡邊淳一的印象如何？」

「相較於中國古詩詞，對日本渡邊淳一的作品較少接觸。至於像是川端康成、三島由紀夫、谷崎潤一郎的小說，過去曾經淺讀。想來，閱讀世間名家作品，文中所承載的幽微、雋永，總教人低迴再三。作者與讀者交流互動，一抹鮮活悸動如陽春白雪，如潺潺溪流般自在逍遙，最為美妙。」旋即岔題：「對了，現在是你們要給兒女做晚飯了嗎？」

「已經吃過了。讀著短信，拍揉肚皮，精神物質雙富足。」

「人生至此，夫復何求？甚好。」

「只剩這點了。」

「謙虛了！」

「您這麼誇我，我可是會翹尾巴的！」

「你可是經過北京清大、美國賓州大學博士，以及哈佛大學博士後的認証。」

聽到旁人敲鑼又打鼓，小黃忽然不好意思起來，輪到他匆匆岔題：

「謝謝您挺身而出地呵護。今晚繼續陪犬子去音樂學校練琴。希望他不要偷懶，每天有進步。今天您有沒有去做義工？」

「願你兒子琴藝日日進步。本週的星期四、五兩天，我會去做義工。」

「最近這兩天幹啥了？」

「做義工之外，就做些雜事，要不然走到住家附近溪邊散步。漫遊間，耳畔偶爾傳來細細索索聲響。終於忍不住，轉頭探尋，原來是松鼠奔波於樹下的層層落葉堆上。過了沒多久，當再次聽到細細索索聲，下意識暗想：『不就是松鼠吧！』行進間，由於心緒無聊，還是不經意地再度轉頭一瞧，定睛：『啊！這回可是野鳥正輕步在落葉上。』多麼有別於印第安納州秋林傳出震耳的秋蟬鳴響聲，熱鬧喧嘩。加州這兒，郊野，僅落得三三兩兩細索聲的秋蟬，一抹屬秋陣陣禪意。」

十月二日星期二，子夜時分，聖荷西傳來短訊：

「李白詩：長歌吟松風，曲盡河星稀。我醉君復樂，陶然共忘機。晚安。」

十月四日星期四，早晨八點多。小黃短信：「昨夜風雨驟，今晨秋涼緊。出工了，老師。」

我回：「上工愉快。」

十月五日星期五，凌晨十二點十八分，聖荷西那端上傳一句：

「荷風送香氣，竹露滴清響。極富畫面。」

「幽美中國傳統畫的畫面，詩中有畫。」並附帶一筆：

「我剛睡著了，聽到手機叮的一聲，就醒了。」

十月六日星期六，午時兩點十一分：「老師常睡得晚，是時常筆耕嗎？」

「筆耕？要是有你的文思、組織力、執行力的話，就好嘍！」

當晚十點二十五分：「一大早出門，小朋友們要上音樂課、中文課、鋼琴課、聲樂課，加上晚上的表演，忙到剛剛才回到家。周末比上班還忙……筆耕，老師是有感才發，有積澱才研墨；不似我，半桶水就晃慌……」

過了一小時左右，十一點三十八分，山景城寄出：

「很高興你們一家大小過了一個很充實的星期假日。」

十月九日星期二，晨間十點二十一分：

「老師，中午有空嗎？想著，是否方便，我自帶午餐過去你那兒，討杯水，見面聊天？」

我收到信息時，已經午時十二點二十分，立馬從山景城上傳：「剛剛才忙完，告一個段落。方才讀到你的簡訊，延遲回覆，抱歉。見面聊天，是否可以改為明天或擇日的中午？我們家附近有一家咖啡店，**Clocktower**，挺適合暢談的地點。」

小黃從聖荷西城回應：「中午時間對我來說都還好，這時段，主要是去健身房活動一下。見面的時間地點，看您方便。」

「我待會兒得去忙些事。忙完後，再跟你彼此確認地點、時間？」黃昏五點四十六分：「明天中午如何？如果沒問題，就約定 **Clocktower Coffee Shop**，地址為山景城 **E. Middlefield Road** 。如果你要換日期，先告知。現在我知道中午時間對你比較方便。」

「好的。咖啡於我，是催眠劑。」並說：

「明天，我會帶午餐過去，主要是見面聊天。初步約定在中午十二點，如何？」

如約，第二天正午，兩人在咖啡店買了熱咖啡後，挑了靠窗小木桌坐下，聞著咖啡香，閒話家常。當小黃說到文字鋪陳，逕自解釋道：

「自幼受到理科訓練養成，所以都會以手術刀、柳葉刀的角度來看待文學作品。換句話說，身為讀者，我偏愛短文，不愛費腦鑽入長篇贅文。為文，身為作者，則應似珍珠串，閃光。作品呈現主題，再烘托。同時，文章不宜過多精美，過多則不美。閱讀文字過程中，猶如拉鋸狀態，因此，不愛乾澀、刺耳，這會導致一種不圓潤之感。只愛流暢行文，恰如核心珍珠被包裹在文字、語境裏。」當面對著我敲起邊鼓：「定下心來，去筆耕吧！」

偷得浮生半日閒，近一個小時的談天說地，嘎然而止。走出咖啡館。

揮別。小黃駕車趕回聖荷西辦公室，我則反方向，走路回家。行走間，頭頂上，天邊幾朵閒雲飄移。

再過一天，晚間八點二十二分，十月十一日星期四，小黃：「閑暇，勿忘筆耕，期待隨筆……」

十月十四日星期天，午時三點三十九分，聖荷西傳來：「和梁老師約時間去拜訪。以前你見他的時候，需要帶什麼東西去嗎？有啥建議？」

想起上回我們在家一邊包水餃一邊談天，小黃曾主動提起，哪天他開車，兩人一起去探望梁老師父子。欲確定一些細節，於是這回我提筆問：

「首先，你已經跟梁老師約好了，說，我們要去拜訪嗎？」

「提了一下這個建議，不過時間和議程都還沒定下來。」

「見面時間，似乎以他們身為主人先設定為主，是吧？」

「他說，都好，十分有彈性。他可能和我不熟，講客氣呢！」

「印象中，周一到周五你要上班。星期六較可行？

「周六更忙。平日上班請一天假反而可行。以前你們都是如何見面的呢？」

「行！依你方便的時間，但是避開星期五，因為我得去做義工。」

「喏，如何去？大約議程如何？」

「上回，你有提過要開車去，是嗎？如是，就請他把住址留給你。」

「開車方便，但不知道好不好停車，此為一；其二，見面後如何安排議題議程？完全沒底。以前你們見面都如何的？」

「停車，梁老師當會安排吧！至於議程，我猜，不外乎吃飯聊天吧！當然，如果你和梁老師另有建議，就更好了。」

「安好。」

十月十五日星期一，下午三點三十七分：山景城：「星期幾？你決定好了？屆時，我想炒一盤蝦仁毛豆帶過去給大家嚐。你吃蝦會過敏？因為有些人不吃海鮮。」

「梁老師他們父子，你了解多少？好相處？還沒定時間，大約在月底。以前聚會有什麼議題？對於食物，我挺好養活的，沒啥忌口的。」

「他們挺好相處，沒事。」

十月十八日星期四早晨：「二十四號，下禮拜三，方便去舊金山嗎？」

「沒問題。」我回覆。

當天深夜十一點半，小黃說：「看睡前書，用唐詩作枕，古人不知會不會入夢，鞭我手心，怨我辱了文萃精華？」

我回答：「多慮了。古人文豪想必會讚不絕口，會說你，好一個三更有夢書當枕。」

十月二十二日星期一，早晨九點四十八分，小黃：「老師，我大約二十四號早上十點到貴府。預估抵達梁老師在舊金山 **Twin Peaks** 的家，大約十一點左右。下午四點離開，您看可以嗎？」

「沒問題。大夥歡聚。星期三那天早上十點，我會在家準備妥當。」

十月二十四日，早上八點五十：「還在開會，可能會晚一點到，抱歉！」

「沒事。我現在正忙著一道橄欖油清炒蝦仁毛豆這道菜。不過也快起鍋了。另外，我也會帶冰箱裡十來個冷凍蝦仁水餃前去。」

開車至舊金山途中，小黃要我打手機給梁老師確定路線。

安抵目的地，汽車減速，想辦法停靠在馬路邊。

停車位置的對面，正是梁家住宅。梁家面臨馬路的車庫大門全開著。見梁老師坐在被安置於車庫內的一架黑色鋼琴前，彈奏著古典音樂，優美旋律遠傳。

主人喜迎來客，熱情地帶頭，引我們兩人走到二樓的客廳、餐廳、廚房空間。入內，老梁首先介紹二樓的空間設計，接著再登上三樓，參觀主臥室和客房。

從加州州立大學音樂系教授職位退休、喪偶單親的梁老師，身邊帶著正在就讀研究所的獨子，父子倆當下奔波於廚房、餐桌之間。

午餐是紅燒牛肉麵和幾道家常菜餚，配上我帶去的蝦仁毛豆和水餃，還有小黃在自家親手料理的豆沙包。

歡樂暢談時光總是過得如此快，到了要告別時刻，父子倆送客至樓下。

揮別舊金山，汽車駛回南灣，返家。

黃昏，回到山景城的家，安頓下來後，即刻拋出一則簡訊給住在聖荷西的小黃：

「很高興今天拜訪梁家父子。輕鬆自在度過了一個愉快的秋天午後。」

小黃即時回答：「對呀，嘻嘻哈哈一下午。」

風輕，雲也淡。

從那一刻起，無緣由的，聖荷西、山景城兩地，彼此下線，了無音訊。

隔年，二月四日農曆新年除夕夜。

舊金山灣區附近山頭，除夕夜，瑞雪降，帶給居民不少驚喜。意外降雪，起因來自於西北的冷空氣低溫影響，導致海拔一千五百英尺以上山區飄雪。上周末持續至本周一，整個灣區遭到強勁風暴雨量襲擊，尤其東灣地區，泥石流造成巨石滾落而下，砸向公路，泥漿覆蓋了公路。

二月五日星期二，大年初一，本縣聖塔克拉拉縣（**Santa Clara County**）的漢密爾頓山間（**Mountain Hamilton**）天空飄起雪花，粉雪累積達六英寸左右。而當天凌晨三時，舊金山的雙子峰（**Twin Peaks**）亦零星地降落雪花。

雙子峰，不禁令我想到梁老師和 **Brian** 父子倆。此刻，兩人都不在加州，正在大陸老家探訪親友兩個月。雙子峰這場冬季意外風雪，難免地讓我想起那段和小黃短暫對話、見面的回憶。

感念對方常提醒我，勿忘筆耕，於是大年初一深夜，十一時二十五分，主動拿起手機，寫了一則祝福給小黃：

「豬年行大運！諸事順遂。五福臨門。」

「謝謝，祝福您新年平安喜樂！多多筆耕。」

回想，從去年九月到十月，短短一個月，未曾透過電話口語交談，除了三次見面之外，大抵以手機短訊文字往返為主，似乎感覺雙方更像筆友。互動當中，基本上，我常處於被動地去回應對方，以致於後來，不但未曾泛升任何好奇心，我也未加以理會或者過問：

「為何彼此之間魚雁往返突然中斷？」

舌頭固然可以造就一個人，亦能摧毀一個人。自認還謹言慎行，不是嗎？難道我又犯了無心口舌之錯了嗎？

提醒自己，每人都是一個經典，無人能將任何人頭頂上的皇冠奪走。

無需做個完美的人，也別常自責，允許自己人性中的軟弱與犯錯。

三月二日和三日，連續周末兩天，晚冬時節，一場冬季風暴朝向內華達（**Sierra Nevada**）山區。其實，過往四個禮拜，飛雪降落在這座山脈已達二十英呎，創下二月份記錄。初冬一直到冬季尾，太浩湖山區也已飄落下四十英呎的片片雪花。

北加州冬日白晝，我走進溪畔小徑，微觀那兒的光、影、色彩。

靜夜，摸索著自己闖盪的人生。

想了想：「混沌空白的節令、日子、年歲裡，小黃卻讓我靜下心來去思考，有一種遞增的快樂，一種讓我感到真正快樂，那就是，在擁有許多自由運用的時間裡，用心去重新安排一種生活方式，這種方式讓高質量時間（**Quality Time**）在生活中發揮出一種價值。書寫，筆耕。唯有在振筆疾書的過程中，我似乎才擁有那一份活著的厚實感與卑微的樂趣。」

恰如流星閃逝的小黃，無意間遺留下珍珠一顆，指引我在獨自面對未來時，興起了對文字世界的追尋與耕耘。光憑這一點，我還得感謝小黃。

軌道上滑過的汽笛聲

綿延鐵路窄軌。
這條遺留下來古老鐵道，一度曾經肩負起連結北加州東灣地區小鎮、大片農地之間重責大任。今日，這條鐵軌上，懷舊小火車依舊滾動著。
然而，每節車廂內載滿了從外地前來遠足的遊客。
列車，悠閒自得緩緩前行。
列車，環繞著農田四週，穿過一畝又一畝當季農作物田地。
列車，貫穿一片油加樹林。
火車汽笛聲，劃破寧靜鄉野、天地之間。

慶幸

潮聲，如同海狗聲、風聲、雷鳴聲、風雨聲，不像人聲噪音被嫌吵。

晚間八點三十八分，三月十三日，突然間，聽到雨點清晰地敲打在這棟建於一九六〇年代的屋頂上、窗外的水泥地上和青翠的闊葉上。

春雨綿綿。

開門，觀望春夜的降雨。

天降甘霖，雨水夾帶著清涼空氣，此情此景，助我轉向更積極：

「勿虛度光陰。」雨天，自勉。

「世上還有多少比自己活得更辛苦、更不幸的人嗎？親眼看到無家可歸遊民夜宿天橋下、草叢裏，或那些留在醫院深受病痛折磨的病患。有次，將筆紙放進背包裏，出了家門，附近醫院附設的咖啡簡餐店，坐在窗前高椅上書寫。當時，刻意地跑去醫院，無非冀望警惕自己是幸運的，豈可浪費光陰，辜負了夢想？」

落雨，帶來撫慰與鼓舞，猶勝聆聽一席話、閱讀一篇睿智的文章或一本書籍所能獲得。藉由落雨天，獲得開朗力量。

「風雨，就像星光。擡頭望向天際，就不會太在意地上的事，意識到宇宙，體驗到自己是大自然壯觀戲劇演出的一部分。星辰與風雨，不僅是一扇通往驚奇宇宙的大門，也是人們尋獲慰藉的巧門。」

視野開闊，抬起頭，靜賞宇宙銀河、飄雨、繁星。

人在雨聲中清醒，耳畔傳來不遠處火車鳴笛聲，幽幽地劃破春雨來臨的夜空。

火車鳴笛聲最教人神往，尤其在雨夜。

去年九月中旬，由於鐵道附近居民抱怨火車鳴笛聲，灣區鐵路局於是決定減少噪音，因而規劃出一個方案：鐵路局規定駕駛員少拉汽笛。不過當火車經過設置有行人穿越平交道的地段，行進中列車仍可保留過往那種急迫性鳴笛，像是 **San Bruno**、**Belmont**、**San Carlos** 這幾站，但將改善為一短聲，簡單帶過。

慶幸：「還好目前我不住在這三座城市裏，而是住在山景城。」所以我目前待在家裡，還是可以常常聽到火車鳴笛聲。

住在加州火車鐵軌旁

山景城火車站，火車每天南下聖荷西，北上舊金山，來回各有四十六趟。唯有在周末，駛至富豪群聚的社區 Atherton 車站，火車才會靠站接客。平日，有錢人住宅區只想寧靜，可不願載客火車在小鎮停停走走打攪清幽。就算過站不停 Atherton 站，駕駛員依舊會鳴起汽笛，大搖大擺告訴當地居民火車來了。

一

今年灣區，整個二月份都無雨。

待在家中幽閉生活，長期靜悄悄環境，竟然內心全無安寧可言，反而被翻攪到發慌、煩愁。於是二月底那天，近午時分，走到山景城火車站，登上往北列車。

坐在午間車廂內聽聞火車鳴笛聲，雖然不同於我日夜待在家裡聽到由遠處傳入耳際的火車鳴笛聲，但都會讓我享受到那一份懷舊、一絲莫名傷感。

無論行駛中、進站、出站，火車似乎總愛吼叫，提醒沿線居民，勿忘我。

那天，坐在駛向太平洋海灣的雙層列車上層、一個靠窗座位上。

車窗外，樹葉怎麼開始搖擺？道路上的長髮少女髮絲微揚、裙角捲起。詫異：

「何以不同於幾分鐘前火車窗外所呈現風平、水波不興的景像？風從哪裡來？」原來，離海不遠了。海風吹拂下，空氣中才會有漣漪，有波紋。

坐火車聽鳴笛聲，竟然還有一種——渡假感覺。

二

九月，隔壁鄰居興高采烈：「報載火車將減少噪音。這下子，當列車行進於車站與車站之間，會安靜些，耳根清靜許多。」換句話說，火車駕駛會少鳴幾聲汽笛，不似以往，經過行人車輛穿越的平交道柵欄時，總是那麼急促且連續性發聲吼叫，提醒人車要注意交通安全。

還說：「列車行經城鎮像是 **San Bruno、Belmont、San Carlos** 這些車站，除非有行人穿越平交道，否則會改善為鳴笛一聲即止。」

聽後，悵然所失。我會懷念那股懷舊與莫名感傷的幸福感。

三

春天，歸返台灣，搭乘區間火車，望著窗外不同城鎮，尋覓緣份，選擇我最終定居在家鄉哪個城鎮？

萬華，龍山寺、華西街夜市、還有肉圓油粿、油飯、排骨湯等老艋舺美食。

板橋，林家花園名勝古蹟所在地。

早年台灣紅露酒的故鄉，樹林。

鶯歌，陶瓷老街。

台灣引進最多來自東南亞外籍勞工人數的城市，桃園。
中壢，國立中央大學所在地。
觀光景點之一的味全牧場位置，埔心。
楊梅，設有高爾夫鄉村俱樂部。
湖口，知名老街、客家圓樓文創園區、道地的客家菜、湯粄條。
竹北，盛產西瓜、鴨蛋聞名，今更有許多科技新貴住在高樓林立、街道寬敞的宜居之地。
後來，我還是選擇三面環山、一面迎海、秋天會有九降風吹拂的新竹市下車，定居下來。
安居後，搭火車訪友。
不像加州火車，台灣列車的汽笛甚少被駕駛員拉響，總是那麼低調的靜悄來去。

野生動物悄然露臉

居家附近，正在進行一場搜尋美洲豹和幼獸的行蹤。

鄰居太太本身為獸醫師。八月底清晨，原先聽到狗吠聲，但不以為意，直到五分鐘後，六點二十分，木屋內，耳邊突然傳來一隻焦急且緊張小貓叫聲。她好奇地推門想瞧個究竟。

樹枝搖晃得厲害，左鄰右舍三隻家犬狂吠聲，此起彼落。

黎明前的陰暗，她往枝頭方向望去，見到一隻貓科類動物的隻身形影。朦朧瞬間，難以確定真相：

「天際陰暗，無法將一切看清。但是從聽覺上，我相信那是貓科類的叫聲，就像一隻即焦急又緊張的小貓。從獸醫專業角度再仔細聽下去，我分辨出它有兩種不同發聲方式：一種是被衝擊到而發出低沉怒吠，另一種是吱吱叫。」「每年這個時候，咱們住處附近就會有美洲獅出沒的消息傳開。推測，可能是一隻母獅和幼獅，要不然就是兩隻大約四、五個月大的幼獅。」

報警求助。隨後，來了配戴來福槍的警察、數名公園管理員、幾位動物管制人員，再加上天空出現了一架盤旋待命的直升機，浩浩蕩蕩。

頓時，社區人士交頭接耳，議論紛紛。

「二〇〇四年，警察曾在公園附近射殺了一頭體重達一百磅美洲獅。」

「我想美洲獅白天會蹲坐在咱們鄰近地區樹林裏，天黑了，牠們才回歸山丘。」

有些野生動物被收留在專人規劃的照料中心，《北加州半島地區的人道救助收容所》，像是美國灰色大松鼠被送進野生動物照護中心。

受創松鼠的情況包括斷牙、頭部受傷等。

居民於秋末修剪庭院樹木，害得樹上松鼠窩不小心落地而瓦解。

有些情況則是松鼠被貓的利爪傷害。

受傷松鼠經過人類悉心照料約兩、三個月後，即可野外放生。

近日總數約有上百隻嬰兒松鼠被送至收容中心。

如果幼鼠不幸受創，就得親手人工餵食，或借用注射器將含有母奶成份的營養劑打進體內，直到自己可張口吃種籽跟堅果。

黃昏過後的稀客

冷夜，十一月中旬。

拎著一袋垃圾走向住宅 Fernmar Apartments 社區的垃圾收集站。

人靜。幾盞腳前燈亮著。

墨西哥裔鄰居門前的矮樹欉，有動靜。

兩隻毛茸茸、肥嘟嘟動物忽隱忽現，敏捷步履兜繞於綠欉深處。

猜想：「兩隻肥貓吧！」

旋即再思量：「但是有肥碩到這種程度的貓嗎？」

又「貓兒動作沒有這般大動作且急促，貓可是優雅多了！」

走近腳前燈，燈光將人和動物照明，四目相交，看清真相：

「原來是一隻野生浣熊。」

「他們應該來自於籬邊的小溪自然生態環境。」

門前矮欉裡，平日常見隱藏其中大大小小蜥蜴，又進又出，忙忙碌碌。

浣熊，還是我這兩年進駐村子以來頭一遭遇見。

想起靜妹一家，當年，初抵溫哥華定居，租了前後都有大院落的平房。

白天，住家環境清幽怡人，大樹林立，庭園中偶見一、兩隻浣熊現身，驚喜不已：「肥滋滋，胖嘟嘟，好可愛！」

晚歸。沒有圍籬外牆，庭院深深。

夜樹下，小徑上，耳邊傳來某種動物因為驚動而發出巨大振動聲響。

瞬間，靜妹被嚇到。

卻步，巡視左右。

只見一片黝暗樹幹上，有好多雙又大又亮的眼睛閃亮，而被驚嚇到不行，毛骨悚然。匆忙跑進屋內。

不出幾天，毫不猶豫地跟房東毀約，賠上當初繳交數千元加幣定金，搬家到溫哥華市區一棟住宅大樓的第十九層公寓裡。

比利時一家百年老牌咖啡店

花草茶的味道之外，還有薄荷、玫瑰、檸檬果皮和洛神花。

一

冬天，前往鬱金香國度荷蘭第四大城，烏特勒支（Utrecht），參觀大教堂，離去前，友人說，歐洲的古典文學、建築均迎合宗教需要。

在歐洲旅遊，大抵以參觀大教堂古蹟為熱點。

在亞洲遊覽，則以造訪不同寺廟為旅遊亮點。

多年前，前往京都，拜訪純金箔打造的金閣寺。

京都，異於活力奔放的東京，不但擁有古老文化、禪花園、寺廟、皇宮、神社，還有自古流傳下來的傳統儀式。

東方寺廟與西方大教堂，故事雖有不同，但有一共通點，那就是安詳。

風車區、乳酪和木鞋的氛圍裡，我們乘坐玻璃船遊覽阿姆斯特丹運河，巡覽水上人家。

從荷蘭鹿特丹南行，公路上繼續奔往約四個小時車程遠的比利時大城，布魯塞爾。當天早晨八點半，車窗外攝氏一度，天未亮，然而辦公大樓燈火明亮，公路上行車燈火亦明亮，路邊白色積雪照亮大地。濛天雪地，橋下霧水。一小時車程後，入境比利時邊境地區，旅遊巴士停靠公路旁一家加油站休息，見到羊群。稍後，汽車再度返回歐洲跨國綿密公路網，外線道多貨運大卡車，因為歐洲大陸貨物自由運輸，無關稅，藉由經貿以建立歐洲經濟共同市場。歐元，歐洲共同貨幣概念，紙鈔背面為歐洲地圖，其正面的流水號可判別該紙幣原屬何國。

冬季，汽車深入比利時境內，取道A19公路，直奔古老城市，布魯日（**Brugge**），被譽為北方威尼斯，城市內有著運河明媚風光與建築之美。建築之美，可由市集廣場上一排排從中古世紀保留至今的彩色建築物可見，用磚瓦建造出來哥德式建築，貌似薑餅屋。「山牆式」房屋建築受了文藝復興年代影響，前門，由一片向上延伸後形成三角鋸齒收斂的磚牆作為裝飾。

比利時這個中立國，德、法、荷三種語言通用，同時，皇室御用的精緻手工**Godiva**巧克力和修道院釀造的啤酒特別聞名遐邇。車窗外，有人散步、或選擇行船方式、或坐著馬車繞城。

二

下車，室外溫度零下攝氏2度，午後三點半，我聽到身後有人提醒：

「路面上有積雪，濕滑，走路要小心！」

那天，巴士沒有停留在歷史悠久大教堂前，而是一家百年咖啡茶館前，**Simon Levelt**。這家店專門提供給前來顧客各式各樣的茶飲。名茶風味，五花八門。

飽含異國風味有機茶，確實讓顧客眼睛為之一亮，例如有機南非蜜樹茶、印度大吉嶺紅茶、中國薄荷茶、澳洲檸檬茶，加上愛爾蘭早餐茶。

由於早餐茶所指為何？於是詢問店員。

「這款茶，以印度阿薩姆紅茶作為基礎茶，再加入一些肯亞、斯里蘭卡或印尼的紅茶拼配而成。」店員回應。

身在比利時，不意外看到巧克力薄荷茶，因爲比利時巧克力頗負盛名，倒是麻辣茶、辣椒茶跟辣味橘茶比較讓我驚訝。

倍覺親切則屬蓮花茶、烏龍茶、桂花茶，以及茉莉花茶。

這家咖啡茶飲的專賣店，巧克力、餅乾、茶具、咖啡飲具也陳列出售。

店家邀請顧客喝杯熱飲，順道介紹一下東方茶藝與茶文化。

三

走出咖啡店，踏進一家巧克力專賣店，**Dumon**。我買了核桃黑巧克力。

尾隨朋友鑽進專賣油醋（**oil & vinegar**）歐陸食材的小舖，旅人採購了義大利油醋、油鹹的綠橄欖、黑橄欖。

採購當地土產紀念品之後，觀光客想吃點東西，發現市政廳廣場附近有一家美式漢堡店，驚訝，無論入內用餐與否，都得付四毛錢歐元上洗手間。該餐廳也專雇年青男女員工掌門，現金收費。走過漢堡店，我們走進市政廳對面轉角處 **Eiermarkt** 街上一家美式 **Subway** 三明治店，因為入內用餐者無需支付四毛錢上洗手間。我點了六吋雞肉三明治 **2.99** 歐元。隨後在不遠處一家咖啡店喝咖啡。重回街道逛大街，未料咖啡因作祟，又欲使用廁所。重返三明治店，見門前叼根菸的年青男子露齒朝我點頭，打了個招呼。見狀，換我點頭回禮，並提到中午在貴店用過餐，不知可否再借用一下洗手間？對方爽快答應且說：「記得你付過帳，所以我剛才朝你微笑打招呼。」

四

早晨十點五十分，攝氏三度。走在布魯塞爾的石板路上、磚頭路上，陽光晴朗。首先參觀十五世紀建築亦為今日世界文化遺產的布魯塞爾大廣場，地面鋪著美麗石磚，周邊儘是文藝復興和巴洛克式的華麗建築。接著我們鳥獸散，不遠處的巧克力店鋪、比利時鬆餅店、手工餅乾店。

成立於一八二九年，**Maison Dandoy** 餅乾專賣店內設有三張長腳小圓高桌，但無坐椅提供給顧客坐下吃東西，結果我們站在 **Beurre** 街上，吃著現烤出爐的《比利時華夫鬆餅》、水果蛋糕、以及手工餅乾。

午後一點半，大夥回到冬陽普照的大廣場，集結成隊後，走進哥德式建築美學《布魯塞爾市政廳》，廳內至今仍為公務員上班地點。登上二樓，適巧有清潔工作人員正在窗口使用加長的木柄耙子，從上端往下，推走厚重雪堆，雪塊紛紛落地。地面上，一方小院內，兩位玩興正濃的民眾，一手拿著點燃香煙，抬頭，大笑不斷地，用另外一隻手將做好的雪球朝向二樓工作人員丟擲過去。市政廳對面是布魯塞爾城市博物館，一處典藏該城市長久以來的發展軌跡。

離境比利時，腦中浮現清晰畫面，卻只有那家也賣咖啡的百年老店 **Simon Levelt** 茶館。

粽葉飄香五月五，在爪哇島

昨天，大學同窗小茜在社群網站上發言：「我傻呼呼，從印尼時間下午三點鐘，搬了張椅子在院子裏坐著。陽光強力直射著我居住的爪哇島，逼得我趕緊戴上一付太陽眼鏡。」

爪哇島上炙熱陽光立即掀起一波話題，百家爭鳴：

「太陽？記得上次我們在台中一塊兒吃太陽餅嗎？」

「真想念。不過，今年端午節我很幸運，因為有兩位好朋友在家親手包了台灣粽和客家粽。包完後，他們分別送了幾個粽子給我嚐，共有七顆。配上東泉辣椒醬，真好吃。」

「哇！好咧！客家粽。我現在倒想吃沾糖的粿粽。」

「我也好想吃粿粽。前兩天，晨走，華人鄰居說，她嫂子會做紅姑粿。我馬上追問，她會不會做鹹的？記得，有一種鹹粿也很好吃。可惜這位華人聽不懂。」

「晶瑩剔透的鹼粽。」

「鹼粽，我們這兒有，但沒有包紅豆的。沾糖，特別好吃。我也想吃粿粽。八百年沒吃了。印象中，餡兒有蘿蔔乾、蝦皮跟紅蔥？難得回台灣一趟，想去尋找記憶中的味道，很難。記得二〇一三年，我在十五年沒回台灣的鄉愁下，第一次回來。當時大街小巷找遍了綠豆糕，就是找不著用豬油做的。」

「你是說艾草粿吧？綠豆糕，我吃芝麻餡兒的。曾在台北南門市場找到過，還留有昔時舊味兒。下次回來，請住在台北的班代帶你去挖寶。在南門市場，你想吃的幾乎都有。」

「對！對！對！下次回來要去傳說中的南門市場。我在印尼的台灣姐妹淘每次回台北，都會去那兒解饞。你們都是老饕，相形之下，我們這些海歸人士怎能區別什麼是道地的味道？不準了。家鄉味，經年累月在記憶中大概都已經被神化了。也是在二〇一三那年，我想吃燒餅油條。好友說，要吃，就要去阜杭那家店吃。但是聽說困難重重，因為不但要排隊，還得起個大早。其實，我去吃永和豆漿就已經很滿足了。」

最後，高雄美濃的同學上傳了一張彩色應景水彩卡片。圖像裡，一位母親坐在小板凳上，聚精會神地用傳統方式包著粽子，雙手忙著用青綠的竹葉包裹粽子。身旁，留海、短髮的小女兒，坐在有靠背的小木椅上——盤著雙腿、兩手支撐著下巴、瞇眼、面帶微笑，看著母親。母親是那麼歡喜地正在包著粽子。

卡片上，印出兩行字：

「粽葉飄香五月五

濃情端午送祝福」

郵局與蝴蝶

拿出筆紙，將生活中細節與感受，寫出文情並茂的長信，再丟進郵筒，僅留在記憶裡了。

如今，藉由社群網絡及時傳送或接收簡訊，無遠弗屆，天涯若比鄰。

一

八月中旬，大學同窗在群組流傳一張照片，照片中，黃底黑字通知單被貼在透明玻璃門上，寫著：「遷址公告　東海大學郵局營業至二〇二〇年十月三十日

遷移新址：台中市西屯區台灣大道四段 **2147** 號

二〇二〇年十一月二日新址開始營業」

貼文一出，引來不少步入退休、含飴弄孫大學同學們爭先發言：

「懷念的老郵局。」

「腦海中這麼一個溫馨美好老地方又要消失了！」

「想到小蘭那天貼文，說，學校郵局要遷移。回想，當年雖然我只會去到那兒買郵票，但總羨慕那些在局裡租有一個私人信箱的師生，可以天天去開信箱。」

「哈哈，我是那個丟信到信箱中的人。年輕時，在郵政總局上班，每天會丟民眾信件進入幾百個信箱，說來，起碼也有近千封信件吧！現在寄信人少了，信少了，業務收入少，郵局才要搬出校園，為了廣開財源。」

「曾住在東海女生宿舍，常走到郵局內的信箱去取信，那些經驗都是回憶。年紀漸長，東海校園內昔日許多曾經，如今益顯美好。」

「當你在郵政總局擔任分信工作，能辨識出哪封是情書？哪封是家書？哪封是斷交信？」

「我哪有那麼神，分得出來何為情書？何為家書？當時埋頭於工作中，一秒鐘看著信箱號碼，就趕緊丟進去。可不能誤了人家收情書啊！」

「哈哈，班代，您想多了。大二住校時，尚未認識阿德（現任老公）。我那一箱情書，是阿德在外島馬祖當兵時，才真正讓他發揮展現文采的。」

「你們倆當時是男女朋友關係，託郵局做個送信人這段情史，特別浪漫。那種魚雁往返和等待情懷，新生代都錯過了！想起那首 **Mr Postman**（郵差先生）老歌。年輕的我們都曾經度過那段殷殷等待郵差送信來的時刻吧？還有披頭四 **The Beatles** 的歌曲 **Please Mr. Postman**」。

「現在都是看手機上的簡訊。來得快！去得快！」

「少了東海郵局，校園裡又少了一個讓我們回憶的地標。」

「下次回學校，不會只剩下鐘樓吧？」

二

家家戶戶門前的郵箱都被冷落了，嚐到人情冷暖，一個個孤零零地在低迴。

當今，人們使用國際互聯網絡去發信、獲取知識、搭建彼此溝通渠道。

有心之士意識到：

「像是吃了數位鴉片，被麻醉到忽略了身心健康、家庭與朋友。」

「有人迷失在網路遊戲和網路娛樂，結交的儘是速食網友。」

「偶見星巴克咖啡廳內的場景，父母子女難得齊聚，然而老小習慣性地各自把玩手中的手機或平板電腦，跳進網路黑洞，尋找避風港。」

「然而互聯網路對憂鬱、燥鬱等精神疾病毫無助益可言，不降反升。」

「雲端生態造就了自閉人生，而不是一個重新振作活躍的人生？」

數位雲端科技當道之際，人們不再選擇走到桌邊，坐下來，拿出紙張，手寫書信，出門寄信，然後天天在家等待郵差送信來。早年，人和信箱之間關係密切，引頸期盼可是生活中的節奏。津津有味且津津樂道的那段日子終究遠離了，親友間魚雁往返已不復存在。

三

遷走郵局，迎來蝴蝶。

八月十日，老同學小米從洛杉磯線上貼文：

「在家種了盆蝴蝶喜歡的植物，乳草（milkweed）。蝴蝶的卵已經孵在葉面上。蟲卵每天啃著葉片，結果有天成長為一條毛毛蟲，緩緩蠕動爬行。我還觀察到毛毛蟲作繭自縛，最後蛻變成七彩美蝶。一隻，兩隻，三隻。」

再上傳一張照片，兩隻蝴蝶展翅並且停留在小米抬起的右手上，笑臉迎人。

接著再言，「知道很多人都怕毛毛蟲，我也不敢摸，只會欣賞它美麗紋路。聽說，有人摸了之後，皮膚會過敏發癢。」

洛杉磯老同學又上傳一張照片，彩蝶分別停留在額頭上、髮梢。她瞇起眼來，露齒，微笑。

繼續：「人家是頭上插花，我是插蝴蝶。」一時之間，「被蝴蝶青睞，還真有些緊張呢！」

散落在世界不同角落老同學們湧現，紛紛發言：

「特別的髮飾。真勇敢。我除了怕毛毛蟲，也怕蝴蝶。對他們只能遠觀，無法近瞧。」

「真有意思！每個人都有一種害怕的動物。我最怕的是蛇。記得在唸書的時候，看到書本上有蛇的圖片，我都小心翼翼地翻過，避免去碰觸到。」

住在新竹的老同學上傳另一張圖片，並貼文：

「最近拍攝到的蝶兒。台灣的馬櫻丹招引蝴蝶前來，上下飛舞。」

輪到班代發言：「今天的蝴蝶飛舞，讓周遭世界突然變得彩色繽紛！唉！好想跟大家聚聚。蝴蝶髮夾，我喜歡。家中庭園擁有馬櫻丹的話，想必也是群蝶飛舞。」突然間，有感而發繼續分享心情：「為什麼要聚呢？有那麼熟嗎？這幾年下來，我參加了班上大大小小同學聚會。某段時間，會忽然覺得好有壓力，但是在相聚過程中，享受著重回青春的洗禮。畢竟，唯獨年輕時所熟識的同儕才會讓人放下平時拘謹，自然地稍微解放一下。雖然返家後，又是各過各的日子，但是每當回想起來，心中並無留存太多掛礙與負擔，僅留存住美好回憶，也許，參與的本身就是一種分享愉悅與相互欣賞的方式。情感交流，可以是一種不過度誇張的渲染。這是我解讀同學會的意義所在。贊同否？這樣吧！大家上傳近照，說明自己是否安好，如何？」

班代表另一則感想，姍姍來遲：

「就算和孩子住在一起，心理也明白，自己正在一點一點地變老。女生從更年期開始，就是另一個學習的開始，它如同青春發育期、懷孕期，經歷了一個聽聞過，卻未曾親身經歷過的階段，只有把握當下，因為不知道明天會如何？現在參加社區大學一個瞭解地方特色兼吃喝玩樂的課程。有時外宿，就要和不同的女同學短宿幾夜，也會因此增進彼此距離。如果再加上夫婦組的，我就有一群不算很熟，但又有點熟的同學。相較之下，大學同學會，我覺得跟一群相識多年的人去旅行，這就很有趣。比方說，去年和幾位東海男女老同學前往車埕，隨興地漫遊一日，很喜歡。」

遠在雅加達的小茜岔題，上傳了一張在家孵豆芽的照片和文字：

「韓國的涼拌黃豆芽很好吃，番茄黃豆芽排骨湯我也愛。不過，不知道為什麼在印尼黃豆芽不多，我都得跑一趟日本或韓國超市去採購。」

講到吃，又勾起一連串熱鬧發言，騷動一陣子後，再度寂靜下來。

四

時代的巨輪向前轉動不停。
縱使形式有別，從前民眾有勞郵差送信，如今的送信人，轉換成太空衛星。科技交換替代下，這個世界也躍進一個網際網路與雲端的時代。
人際交往互動，說開了，真心誠意最可貴，無拘形式。
於是，寫完信後，把信封投入信箱，很好。
上線貼文，也很好。

落　葉

清掃秋天落葉。

史丹福大學所在地，Palo Alto 小城，每年十月中旬，一直到次年二月中旬，屬於落葉季節。這時節，市政府環境保護局會派員沿街清掃落葉。其他月份，隔週才會出動掃街大隊。

秋季落葉，從未嫌它髒，也不把落葉當成垃圾來看待，反而是我眼中美的觸動。

尤其——

秋地鋪著松果，對我來說，一球一球，如寶。

秋地鋪滿松針，對我而言，層層堆疊，如床。

南瓜

十一月第一個周末，友人開著車送我去舊金山機場，搭機去紐約數日，除了訪友並歡度生日。車窗外，道路兩旁幾家超級市場，紛紛將不同品種與顏色的南瓜傾巢推出，擺攤在前廊上，喚起民眾對感恩節殷殷期盼。

歸程，丹佛市轉機，再飛回家。

當客機仍然在高空中飛行，一股暖流湧上心頭：

「剛好趕回家過感恩節。」

同時，屬秋的味蕾被挑逗起來，人坐在飛機靠窗座位上心喜，想說：

到了家，趁著這個繽紛季節，我要好好讓自己享受一下——

南瓜派、香醇南瓜拿鐵咖啡、南瓜冰淇淋，以及南瓜熱泥湯。

想到秋瓜的剎那間，原本往返東西兩岸長途旅途累積的疲憊，早已不知去向。

秋徑

十月底，二十四節氣中霜降日子，立冬，意謂著天侯會愈來愈冷，然後小雪、大雪、冬至。

楓葉紛落，天氣轉涼，小城居民意識到當地的地中海型氣候變化。「進入風清氣爽，秋季來了。落葉鋪地，燕雀南飛。」瞬間，太平洋彼岸故鄉人，想必忙於「喝酒、賞菊、賦詩、潑墨，」過著雅致的秋日生活？

要不然，捲袖忙於「醃菜、醃香腸、醃臘肉？」憶故鄉，盼未來。

秋冬蕭索：「此刻，如果我要有披荊斬棘之勇氣與力量，從何而來？」漫步溪旁，鬱結情緒稍安，暫且掃開夜不寐、晝失神、心神缺乏滋養的境況。在水一方，心靈恰似一個人在饑寒下，適時地被餵食了北方青蔥芝麻大餅、西北風味麵條，或豆腐煲及火鍋料理，得到滋潤。貼近溪徑之後，重新出發，味覺的想像也甦醒了，因此魚肉蛋米飯蔬果的香氣冉冉泛升；再也不會像之前，足不出戶，心思被糾纏如塵灰，就連美食當前，卻食不知味，完全少了那份食前期待、食後幸福的感覺。

小溪不但協助我揮落一身孤寂塵緣，擦亮被蒙蔽的本性，並且整理一下人生，勇敢地去面對自己，愛自己，滿懷感激心情去生活，去學習如何快樂地吃喝，臉龐常露笑意。塵埃落定，瀟洒揮別紅塵紛擾。

自許，每個季節都要把生活過得像東晉陶淵明的武陵桃源，豁然開朗。

身在溪畔秋徑，光亮靈動，出塵不染，超塵出俗。

南瓜節大遊行

半月灣小鎮，十月中旬，周末，舉行南瓜節大遊行。

多場戶外音樂會也熱鬧登場。

然而，秋季節慶最佳主角，是一個重達兩千三百六十三磅巨大的南瓜。

膳食中，各式熱騰騰南瓜燉鍋料理之外，還有：

南瓜冰淇淋。

南瓜鷄肉香腸。

南瓜麵包。

南瓜薄烤餅。

當天我們在小鎮攤位區，品嚐了南瓜啤酒、南瓜雞尾酒。

幾天後，史丹福購物中心一家咖啡館，我們一行人還嚐了一塊南瓜乳酪蛋糕。

秋林與夏鳥

手稿紙張上，熟悉筆跡。
來自於當初去美國攻讀圖書館系研究所的教授，Dr. Beilke 的筆跡：

「大地悄然地攪動季節的變遷
不知情的秋草，猛然間，就這麼披頭散髮，隨風搖曳
想問，秋天何時結束？
瞧！眼前樹林宛如調色盤，有綠色、有褐色
棕綠相間
彼此混雜，交融著
日復日，豐美的屬秋色彩紛紛調合在一塊兒
陽光照進樹林，樹幹上，光影悄然變化著
聯想，夏天鳥兒一哄而散，僅留葡萄枝藤上閃閃翠綠。」

追憶恩師離世，我出席她的追思禮拜，八年前，一月中旬。
教堂內鋼琴伴奏著樂曲，悠揚迴盪。
開場白，牧師致辭。

親友合唱一曲「簡簡單單過日子，是一份天賜禮物」。

家人代表上台朗誦 **Wendell Berry** 詩篇兩首：

《The Peace of Wild Things》；

《A Navajo Chant》，歌頌美國西南部的那瓦霍（**Navajo**）原住民。

音樂間奏曲方歇，親戚代表上台朗讀 **Max Coots** 作品**《Seasons of Self》**。

好友代表隨後上台，追憶 **Beilke** 教授生前點滴。

隨後，現場出席安息禮拜的友人自由起立發言分享，對逝者美好追憶。

靜默片刻。

恭讀聖經，詩篇二十三篇全文。

牧師做了結語。

現場響起小提琴伴奏曲**《Irish Jip》**，愛爾蘭輕快曲調，四分之三拍的跳躍。

最後，女歌者獨唱一首充滿愛爾蘭、威爾斯、蘇格蘭高地的阿利安族人（**Aryan**）音樂風的曲目**《Come by the Hills》**：

——

「跋山涉谷，來到一片想像、自由奔放之地
眼前，山巔與天空相遇
彎彎河道，最終都匯集於那片無邊無際的海洋
清澈河水，滾滾流淌在陽光下，蕨類羊齒植物益顯金黃
明日的憂慮啊！勿插隊，靜待一旁，今天過完之後，再露臉。」

二

「跋山涉谷，來到一個歌頌生命之地
在那兒，讚美天空飛鳥
風兒吹動，樹林婆娑起舞
明日的罣慮啊！你別急忙上場，靜待一旁，等到今天走完再說吧！」

三

「跋山涉谷，來到傳奇人物遺愛人間之處
此時，過往傳聞軼事不但溫熱了人們心懷，且會流傳下去
故人已逝
面對未來的盼望，緊緊抓住寶貴生命，努力不懈地朝向標竿前進
再說一次，明日的憂慮啊！請你稍安勿躁，靜候通知，直到明日晨光來臨，你再上場吧！」

四

唱完詩歌，愁思黯然，愁未了。
想起唐宋古詩詞，月下笛：
「萬里孤雲，清遊漸遠，故人何處？」

窗外呼嘯而過的風聲雨聲

隔著窗，呼嘯而過的風聲，還有門外傾盆大雨聲，風雨聲。

一

門外傾盆大雨聲，想起陣陣濤聲。
陣陣濤聲，聯想到耳邊傳來天空裡石破天驚的雷聲。
耳邊傳來天空裡石破天驚的雷聲，聯想起夏蟬和秋蟬價價聲響。
夏蟬和秋蟬價價聲響，讓我憶起樹上、電線桿上烏鴉呱呱叫聲。
樹上、電線桿上烏鴉呱呱叫聲，記起陣陣夜蟲天籟聲波。
夜蟲天籟聲波，懷想舊金山39號碼頭海面上海獅吠聲。
舊金山39號碼頭海面上海獅吠聲，想起海面風浪澎湃聲。
海面風浪澎湃聲，聯結到雨季溪流湍流聲，兩種不同水聲。
雨季溪流湍流聲，憶想著大氣中亂流攪動，有聲又無聲。
聲聲入耳，我卻不覺得喧囂或騷擾。

二

夜眠人無法安息的輾轉聲，想起廣播節目正在播放音樂時，雜音，音色不穩。
廣播節目正在播放音樂時，雜音，音色不穩，憶及詩歌吟唱得不是那麼調和。
詩歌吟唱得不是那麼調和，想到音樂伴奏出變調曲目。
聲聲入耳，嫌吵鬧。總覺得這些波長需要調整，音色才優美。
樂器得調音，否則惶惶人心難以安靜下來。

三

人為的發聲現象，常顯露顛倒的雜音。
然而，大自然韻律擺動之聲，無論大小，相較之下，呈現出和睦與平和。

四

地上，任意被丟棄的果皮紙屑垃圾，嫌髒亂。
秋冬季節，落葉滿地，枯葉成塚，或者白雪覆地，雪堆成丘，完全不嫌髒亂。

五

天然，自然景觀就是另一種美。

灰狗巴士停靠在加拿大的一個小鎮上

安息日講壇上，牧師說：

「試探考驗、困難來臨，常深陷其中，無法自拔，又無助。」

「這時候，要心存希望。」

「希望什麼呢？」

「藉由主的愛，恢復自己，有信心地活著，因為所盼望的是一位復活的主。」

「將懷疑、憤怒轉變成信心。知道有天，總會親睹上主的臉面。」

「神人交談，神人同行，彼此說著同樣的語言。」

聽完道，抽象概念，一知半解。

灰狗巴士從卑詩省溫哥華出發，奔向隔壁亞伯達省的首都愛蒙頓市。

趕路途中，巴士停留在一個名為希望，**Hope**，小鎮。

長途旅客魚貫下車，伸伸懶腰。

漫無目的，漫步在冬日陌生小鎮。

不遠處，一家製木工廠傳出幽幽木材馨香，暗香瀰漫在清涼空氣中。

原本疲倦昏沉的旅者，因著大自然裏天然木頭香氣而逐漸清醒般，身心頓時恢復靈動，有了那麼一丁點莫名的希望。

灰狗巴士車窗外，飛逝而過落磯山脈自然景觀，加上我那被挑撥起來的靈魂，整個人於是浸身在歡愉小宇宙。

一開始，牧師抽象概念縈繞多日。

當那天逗留在「希望」小鎮，我體驗、意會到希望的實際與真諦。

聖誕季節的枝葉

北美冬天十二月，大自然一首首田園詩歌正吟唱著：

「木蘭花樹的枝葉（magnolia leaf），紅漿果樹的枝葉。

松樹枝葉，冬青枝葉。

雪松枝葉，黃楊木的枝葉。」

黃昏，散步於社區街道與住宅區巷道時，遇見了——

梧桐樹，木麻黃。

花旗松與紅杉樹木。

臨時起意，穿過Whisman街，走進對街的谷歌（Google）科技公司園區內。

轉角，瞥見矮小松樹綠欉。

留步，彎身隨手摘走一小段刺柏，枝葉間還留有一球果實。

步徑上，我漫不經心揉了揉刺柏，然後放在鼻間嗅聞。陣陣清香撲鼻而來，醒腦開竅，驚喜發現了杜松。手中新鮮枝葉的味道竟然完全跟矮松果實，杜松子，那個被用來釀酒成為琴酒的自然香氣一樣。

第一次品嚐到正式酒味，就是杜松子酒。

一九八一年第一次出國留學，第一次搭乘航空客機。登上美國西北航空波音747巨無霸，機上空服員提供琴酒，杜松子酒。第一口酒入喉，即刻被那股散發出天然樹木酒香給吸引住，像是品酪著那上好的、來自於大地的瓊漿玉液。

夜幕下，繼續前行，捨不得丟棄杜松，手裡仍捏著杜松子。

先後遇到路邊花樹，山茱萸、紅橡木、希臘桂冠樹。

我與樹欉，匆匆相遇，又匆匆告別。

左彎，踏進熟悉巷道內，迎面而來的胡椒樹、榆樹。

最終在三色紫羅蘭前，止步。

推開屋宇側邊木門，穿過植有棗椰樹、翠柏樹的後院，再踏進屋內。

幾天後，家人開始妝扮聖誕擺設，長方形原木餐桌中央有個大圓盤，盤內盛滿杜松針葉和杜松子，然後在刺柏欉裡置入一根肥胖紅燭。

一年容易。一葉葉，就是一首首田園詩歌。

深紅配深綠，告訴世人，在西方，神聖又歡欣的季節已在轉角。

紐約客

「旅居紐約，漫遊街頭巷尾，只為了這麼一點生活的況味、孤獨的自由吧！」

一

卻顧所來徑，蒼蒼橫翠微

牛年開春，二月十七日，星期三，農曆大年初六。冬暖。

下午兩點，相約在新竹國賓飯店頂樓的自助餐廳享用下午茶，嚐美食，茶敘直至黃昏。

這麼多年來，她和我之間，彼此互稱對方為「酒肉朋友」。

如果有人看不開，硬要把交友看待成「容不下一粒沙子」、高標準高期待，難保有那麼一天落得玻璃心碎滿地，無法善終。

君不見，身邊常聽聞，多年好友後來竟搞到不歡而散，老死不相往來？

話說，度過了春雨降臨寶島的三月到五月，相識三十年餘，她和我兩人先後將於七月、八月，從新竹分別飛往美國東岸紐約、西岸加州。一個濱臨大西洋，一個濱臨太平洋。

先說她搭飛機去美國，東岸紐約。

登機前一天，七月十八日，早晨，跑到中國醫藥學院附屬醫院做ＰＣＲ核酸檢測，當晚拿到陰性檢測報告。她說，真是五味雜陳，把原本計劃在一個月辦完的事，卻僅用兩週時間就辦妥。好像在跑障礙賽，一關又一關。剩下來最大兩個關卡，就是最後搭乘長途飛機時，身在密閉空間，是否能不被染疫？另外，入境美國紐約，能順利通過移民局那個關卡。

次日，七月十九日，桃園機場沒什麼人，因此一切順利，很快地出關，來到長榮航空貴賓室。起先偌大貴賓室只有她一人，四十分鐘後，又進來一人；接著有洋人進來，一進來就問，有沒有酒？事實上，目前貴賓室僅提供白開水，沒有其他飲料或食物，離開時，憑號碼牌拿個餐盒在飛機上吃。還好地勤人員告知，長榮客機上會儘量安排梅花座，每一排座位只會安排一名旅客，所以她旁邊沒人，一個人躺了三張座位，睡了個好覺。

飛抵紐約，機場移民官也沒刁難，問完話，還幫她用酒精擦擦護照。

我說，即然人到了紐約，別忘了和居住在當地的女兒，母女倆去品嚐城裡法國餐廳美食、拜訪博物館和觀賞百老匯音樂劇。

總結來說，這趟紐約行十分順利。首夜，夜深人靜，令她回想到前一年的光景

三月十二日那天，她決定飛到紐約，想探望人在當地工作的寶貝女兒，欲揮開每天在台灣看到紐約新冠病毒 Covid-19 死亡和確診人數爆增的隱憂，免除身為母親的心思終日揪成一糰。

然而，在紐約沒停留數日，大約一個星期，三月二十日，亟欲提前返台，因為當時深恐紐約封城，再加上對台灣是否將要鎖國之慮？於是提早「逃離」美國東岸。

華航從紐約直飛台北，班班客滿。基於無法將原先購買雙程機票的回程日期挪前，只好放棄那張回程機票，重新訂購美國航空單程機票返回台灣。

於是乎，一路從紐瓦克、達拉斯、東京，才轉抵台北。換句話說，前後經過四個機場，轉機也換了三個航班。難忘當她飛抵東京時，竟然還被掛點，耽誤多時。這下子，不得不轉赴東京一家機場旅館過夜。平安返抵新竹家門後，回顧這趟歷經了四十八小時旅途，真宛如「出埃及記」。

無法想像自己會和「病毒」及「死亡」如此接近。

抵家後，乖乖地待在家中防疫隔離十四天。期間，兒子天天做飯，再送餐到二樓臥室門口。兒子和老公出門上班，她這才敢開門，下樓，流連在廚房與客廳之間。一家三口不打照面。那幾天，晨起，第一反應，都會擔心自己是否會出現任何症狀？日出，醒來，發現自己沒啥症狀，這才安心，並覺得一個人能夠健康活著，真好！

那都已是一年前的往事了。

二

首夜，夜深人靜。此時此刻，有點不敢相信，她自己已經在紐約了。

願她今年美國之行平安。

隔夜，紐約客：「謝謝你為我禱告，也祝你諸事順心。A friend in need is a friend indeed。」

更願她旅居紐約，過上一段美好退休生活。

紐約客：「沒錯。還有，目前我還是得乖乖的等到八月中旬打完第二劑，然後再過兩週，這才敢到處亂跑。如今只能做到《小規模》慶祝。畢竟現在變種病毒 **Delta** 太厲害，況且紐約百老匯要等到九月才開封，很多餐館座位還會限制人數，以求做好防疫為念。我朋友風聞我要來，已經開始約我一起參加從紐約出發的郵輪旅遊，估計是加勒比海。可是我很猶豫，畢竟美國七月才解封。同時，我也不確定中南美洲那些地方是否安全？就算安全，也要等到九月份以後了。女兒和男友已訂了九月勞動節假期出遊，一週百慕達郵輪之旅。」八分鍾後，再上傳三張旅居紐約住處近照，並稱：「行前，請住在紐約的女兒在他們住家附近幫我租了個小套房。前來紐約前，就已網購家具並安置好一切，所以我一來就有地方住。我誇她和她男朋友準備週到，比六星級旅館還好。女兒的男友送我一台四十二吋電視，還用中文寫卡片給我，用的是《道啟》兩個字。我誇他是小天才。」「我住處望出去，有窗景。住在紐約長島市，如果想去曼哈頓，只需坐一站地鐵就到中城，隔著東河而望。走路大概一個路口，就可沿著河濱公園散步。」

紐約住宅大廈內一間小套房，看起來舒適。網購的家俱簡單又摩登。景觀好、地段佳。打完第二劑疫苗，慫恿她一定要參加郵輪旅遊。上回我從洛杉磯搭郵輪遊墨西哥，至今念念不忘。

「如果待在套房待膩了，還可跑去樓下大廳，要不然在屋頂花園開個烤肉趴。長島市是近十多年以來新開發地區，距離曼哈頓中城（百老滙看戲、時代廣場）只有地鐵一兩站。住家附近這幾棟住宅大樓住戶，以年輕專業人士為主。我們一樓居然還有洗衣部，也就是說，上班族如果把衣服送去乾洗，直接送到樓下即可，不必拎著衣物滿街跑。每層樓都有洗衣機和烘乾機。一樓洗衣部，專門為那些送衣乾洗的人規劃而設立。當初我選房型，本也可以選套房內就設有洗衣機和烘乾機。但是同樣租金，我寧願選擇廚房和客廳之間有個吧檯，而且客廳臥室面積比較大，因為我想，就算將衣服拿到同層樓洗衣房去洗，也還好。心想退休辛苦了一輩子，就在紐約《幸福》一下，用居住在這兒一年作為慰勞自己，也不為過。一年後再說吧！」

本來就是。辛苦一輩子，就該活得更自在，好好慰勞自己一次。

「如果現在不住紐約，等到七十歲時，我也玩不動了。在紐約過日子，那可是需要有好體力，坐地鐵，上天下地。」

七月二十二日星期四。「本來想等到打完第二劑再自我解封。沒想到，為了慶祝女兒生日，破戒跑到曼哈頓的韓國城，陷入酒池肉林裡去痛快了。整條韓國街，店家在人行道上搭起了半透風的攤位。不過前往大嚐韓國烤肉的食客，也可選擇在室內享用，只是不同桌的客人會以透明隔板相隔。雖未到週末，卻已滿座。不過整個中城仍舊比過去冷清。目前很多店家關門大吉，少了來自世界各地觀光客，人潮不到過去暑期的十分之一。」

酒池肉林。韓國烤肉配上大杯生啤酒，人生一大樂事。母女倆和女兒男朋友三人歡樂合照。光是餐廳角落就可以感受到紐約風情。其實置身於大廈林立，紐約任何一個無名咖啡廳，或者異國風味餐館、小吃店，就連十字路口飄香熱狗攤位都會很吸引人。看清楚照片裡他們飯後甜點有一大杯抹茶冰淇淋。

「太好了！你也喜歡抹茶冰淇淋。抹茶加上蒟蒻紅豆，份量很足。即使不吃正餐，光一份就會飽足當晚餐了。我請女兒幫忙吃。女兒的男友點了一客爆漿巧克力乳酪蛋糕，女兒自己則點了爆漿抹茶乳酪蛋糕，兩位年輕人都吃不完，打包回家。」在疫情中，「有時難免恍恍忽忽，有種末日狂歡之嘆！」這幾天，「你大概也要開始忙著從新竹返回加州之事了，也希望你一切順順利利，登機時最好能坐到梅花座。」

人在紐約，千萬別錯過全美有名的紐約巧克力乳酪蛋糕。可以想像，她才從台灣生活步調急速跳進萬花筒，大吃大喝起來。儘情地去享受停留在紐約的日子！至於我即將搭乘聯合航空是否會提供梅花座？不得而知。但是從航空公司寄來電子郵件中得知，他們會把機艙做全面專業消毒，空調設備也會重新換裝成高標準機型，所以我也就安心些。不經意間，馬上換我準備搭飛機遠行了。新竹這兩天，受到遠方颱風路徑影響，落雨聲不絕。

「何時坦克式搬家？有個小建議：行前可往交大校園女生宿舍旁邊的樓梯走上去，餐廳旁的雜貨小舖買個飛機上使用的小枕頭，挑選那種上面還多一層小軟墊，約三百零九元台幣。我搭長榮，他們僅提供毛毯不提供枕頭。不知是否因為疫情緣故？這枕頭伴著我橫躺豎臥皆宜。至於餐廳的燒鴨腿或雞腿便當也都很好吃。」

從大學路上的住處，我走回校園內瞧瞧枕頭，並嚐嚐鴨腿、雞腿便當。對了，後天台灣防疫降級，新竹餐廳有限度開放內用。

紐約客：「聽起來新竹要比台北解封得快。」「外景照片，是我住處走一個街口的河濱公園，散步時隨手拍照。」「你八月一日就要啟程了。祝一路順風！這兩天有得你忙了。」

海灣、摩天高樓大廈，好一幅無敵海岸城市景觀。

七月二十八日，星期三。「美國防疫措施確實鬆散，沒有任何一個地方會檢查你，或過問，是否量過體溫？或檢查一下疫苗注射卡，更沒人會叫我掃 QR code。只有去慶生的那家韓國烤肉店，他們量了一下顧客的體溫。」

昨天跑到新竹校園活動中心地下室去理髮，中心大樓門口，有位工讀生坐在長桌邊，緊盯著進入者，要求掃 QR code。後來我再去女生宿舍餐飲區買中餐，入口處，也有專人駐守監視，是否有人漏掉掃碼，擅自進入？同時，餐飲區入口，也設有一台高架自動體溫機，立即顯示每個人體溫，再以制式化語調報告：「體溫正常」或英語發聲「**Temperature normal**」。想想，光是一個校區就這麼煩瑣，怪不得太平洋兩地走一遭後，讓她感觸到兩地對防疫觀念的差異性。

「確實，在台灣，即使同一棟建築，不同入口，都要你一一掃描。」幾天過去，星期日，八月一日，紐約客：「一路順風。到達加州就捎信報個平安吧！」

輪到了我搭飛機去美國，西岸加州。

出了舊金山機場海關，我拿了行李後，踏入迎賓大廳，右側，公告立牌上面寫著：免費施打新冠肺炎疫苗。

「近日，尼泊爾山區，卡普切冰川湖附近，發生了一場《雲崩》。當時一群人正在湖邊露營，他們冒險拍下了這難得一見視覺盛宴。潔白雪雲，沿山谷奔湧而下、勢不可擋，瞬間吞噬山體、直撲湖面，在藍天和黃褐色山脈映襯下，更加輪廓分明、壯觀絕美、震撼人心。過後，湖邊又驚現一道彩虹，美麗至極！」紐約住家附近有一個公園：「公園長達三公里。公共設施建設得不錯，除了各個年齡層居民都能找到屬於自己的運動場，還提供給寵物狗遛躂活動的場地。設置各種材質和形狀的休閒桌椅，甚至還有鋁合金吧台桌椅。沿著公園小路，有渡船口，居民可坐船到對岸，曼哈頓中城。」「天氣好，鄰河露天吧台就成為我個人天然書房。」八月四日，星期三：「你上傳給我的那張飛機照片，照得好。」

那張照片，是美國時間八月一日破曉時分，聯合航空客機準備降落前，機窗外，日出、機翼和舊金山海灣大片海水的景色。

「從我窗戶望出去，紐約夕陽正美！」

攝影作品裡，夕陽畫面構圖與色彩，彩霞滿天。忍不住，說，變幻無窮的一扇窗景，太教人陶醉，真療癒。窗外景緻，時時刻刻在轉換情緒。

「你的話讓我想起多年前，第一次花上五百元台幣買門票，登上台北一〇一觀景台，卻挺失望。因為一〇一旱地拔蔥，周圍卻沒有與之匹配的地標性建築，所以沒啥看頭。另一件事是，前幾天無意中看見台北五星級文化酒店，在未解封期間，登了一則招徠顧客廣告，號稱已經打折，一晚也還是要價六千多元。內容一瞧，卻只有兩張單人床；另外酒店還有一萬到三、四萬的《正常價》。真不知道他們在貴什麼？像紐約、芝加哥這種城市，建築設計師都想在城市天空留下代表作。我現在住的地方隔著水岸，望過去，建築天際線別具風情。」

建築美學，它讓一座城市增添質感與細緻文化。

八月八日星期天：「剛抵加州。近日一切都安定下來？生活回歸正常步調了？」

時差教人難受，晝夜顛倒。昨晚才好多了。舊金山灣區這兒，加州陽光、清淨空氣，讓人渾身舒爽。聽說洛杉磯就不是那麼一回事了，空氣污染嚴重，交通打結……

「讓自己有事忙不停，是恢復時差最好的方式。我喜歡舊金山勝過洛杉磯甚多。美國我最喜歡的城市，第一是紐約，文化之都；第二是舊金山，陽光城市。洛杉磯是一個大而不當，尤其對沒車代步的外來居住者而言，不太友善，一個不方便的城市。」「你即然對空氣污染有過敏問題，那麼還是安心長住舊金山的好。」

記得否？我們上次去宜蘭吃烤鴨開車途中，跟她提過，剩下退休日子裡，待在加州的時間會長一點，偶回台灣，原由是空氣品質。之前，一度曾經在感性、落葉歸根在新竹安居下來？還是為了健康因素、理性思考後選擇留在遠方加州？兩者訴求下，擺盪。目前，決定夏天八月飛美，暫避一下過敏之苦。

「有呼吸才有生命，不是嗎？」「只是美國花費挺高的。」「我目前雖然計劃在美國待上一至三年，不過還要視實際情況而定，因為常常計劃趕不上變化，不是嗎？然後就回台灣養老了！」「如果以生活享受而言，待在紐約一年就夠了，如果待上三年，時間顯得長些。想想當初，就連我當年在紐約大學唸博士，也不過僅待上兩年半而已。那時候修完課，通過資格考試，立即返回台灣撰寫博士論文。所以目前，我只能說，且戰且走吧！」

三

八月十一日中午，我去山景城 **Target** 店內的 **CVS** 藥妝店去施打莫德納第二劑肺炎疫苗，打完後，拿到一張疫苗接種記錄卡。當時只有我一個人在現場，隨到隨打的景況。

八月十二日，星期四：「是嗎？希望你注射後一切安好。我今早十點鐘去打疫苗。那個疫苗站離我住處三條街，看來是個舊倉庫。上週四上午，我去勘察現場，有些人在打，不知是否因爲紐約打一劑的人可領一百元獎金？昨天，先到樓上洗衣房烘洗了衣物床單，同時，我也把頭髮洗了，因為怕打了疫苗之後，手臂痠痛不能幹活。今早出門前，會先用壓力鍋燉好蘿蔔、馬鈴薯、牛腩湯，稍後好給自己進補。」

進補，讓我想起七月十四日下午，她人還在台灣新竹，當時剛施打完第一劑肺炎疫苗。當晚，她給自己放了一晚疫苗假，不在家中下廚。開車至竹北《菜園餐廳》訂了濃稠乳白的白菜火腿雞湯、冰糖燉蹄膀，除了這兩道菜之外，還跑去超市買了新鮮櫻桃、氣泡水，好好補一下身子。

她說，人生中的計劃與變化，人生莫測。我說，理性與感性相衝突，人生無常。

八月十八日，星期三，夜幕低垂：「疫情期間，餐飲店經營困難。昨天上網查詢，心想下週四就是我檢疫隔離滿兩週、準備出關日子。屆時，想去光顧的餐館，包括我從一九九四年唸博士期間常光顧的。即使離校後，每回重返紐約，我都必殺過去，大吃一頓。不幸，店家全都關門休業了。」紐約客接著點名幾家熱門餐廳，當中包括：

《大旺粥粉麵》飯館，這家「位於唐人街的店，廣東煲粥做的最道地。每次飛抵紐約的第二天，我都會飛奔過去，點上一碗及第粥，再追加一碟白斬雞。店裡有鮮蝦雲吞、燒鴨、叉燒、燒肉，尤其豬排燴飯、牛肉燴飯、海鮮燴飯，都花費不到十塊錢，料多實在，是老美吃飽的那種份量。龍蝦季節，我還會點個蔥薑爆雙龍，兩隻龍蝦，才二十塊錢出頭。」

《Ichiumi》，韓國城一家日本餐廳，「冷熱美食幾十道，隨你吃到飽，午餐三十一元，晚餐三十七元。提供有生魚片、生蠔、蟹腿、各式熱菜、沙拉、烤肉、蒸魚、烤魚，同時餐桌上可開個小火鍋，自己動手料理。」

《Bouley》法國餐廳，「中午吃他們美味飲食，價錢從一九九四年的三十一元，漲到二〇一九年的七十八元，不過還是物超所值。套餐每道菜有三種選擇：冷盤部份，我愛點生拌鮪魚。湯類，我選松露蟹腿蒸蛋。主菜選擇包括牛頰肉、鴨胸、烤魚排，有時候還有小龍蝦供應，任選一道。進食中間，會送上兩道廚師視當天食材而料理的創意菜；甜點時刻，還附送各式手工巧克力，為了讓你配上熱咖啡。某次，吃到甜點時段，聽到隔壁美國女人大聲求饒，說，我們都被寵壞了；離開時，還送每人一盒西點 **Orange Pound Cake**，橘子磅蛋糕當伴手禮。在別家法國餐廳，想要吃到這樣的質量，起碼是兩百美金起跳。」「唉！往日好時光、好食館不再。上天借著疫情讓人類過著清教徒般生活。」「尤其對 **Bouley** 法國餐館美好回憶，可說是往事只能回味。」

別忘了去中國城，買些不同口味月餅給女兒和她義大利裔男友嚐嚐，八月二十一日，我在加州提醒紐約客。藉著中秋節，可望打開義大利青年另一種東方味蕾體驗。北加州灣區中國超市早已把台港名家月餅堆得比山高，然而我卻獨衷舊金山中國城一家歷史悠久餅店所推出的各式月餅，伍仁月餅也很好吃。店前，總會湧現大排長龍慕名而來的中外顧客。

「我喜歡美心的奶皇流沙月餅，不過美國賣太貴了！往年中秋節前夕，台灣Costco大賣場會推出這種月餅，往往才上架，不到一週就會被搶購一空。我會找個時間去一趟中國城買盒奇華的白蓮蓉雙黃月餅。」

昔日大學同學說，每當去茶樓飲茶，絕對不會忘記點上一客奶黃流沙解饞。話說雙黃月餅，有一年，我特地搭火車去中國城買了三個白蓮蓉雙黃月餅、兩個伍仁月餅和一個紅豆沙月餅。不過台灣的綠豆椪，我也很喜歡吃。

四

八月二十三日星期一：「上週五晚上，前往長島市住家附近一家餐廳吃阿根廷餐。**Salsa** 莎莎醬香腸、法國麵包、綜合烤肉（血腸、香腸、雞、牛排）佐酸辣椒洋蔥，加上牛尾煨義大利麵。」週四，「疫苗注射滿了兩週，才要搭地鐵到曼哈頓和唐人街大開殺戒，嚐盡美食。日前，除了幫女兒慶生，我都不搭公共交通運輸，限制自己在十公里範圍以內，走路活動。」

照片上阿根廷美味，叫人食慾倍增、賞心悅目。我得等到星期三，也就是後天，疫苗第二劑注射才會滿兩週，出關那天，會去 **Palo Alto** 市中心一所教堂做義工。紐約，我對它最初印象，得追溯高二那年跑去西門町紅樓戲院看電影「第凡內早餐」。劇中兩位大明星，奧黛麗赫本、喬治比柏，再加上主題曲「**Moon River**」月河，都從未從我心版上磨滅掉。星期四，八月二十六日。一早搭公車去做義工，搭檔的是一位年輕人、仍在 **Smith College** 唸大四的韓裔女大學生。教堂迴廊上，我和她兩人合作包裝食物，再配送一袋袋營養午餐遞交給低收入老人們手中。因為疫情關係，食堂仍未開放內用，一律改為外帶。午餐開張營運前幾分鐘，我們兩位義工專注地忙著事前準備工作，分別把手邊每份牛奶、主食、沙拉、甜點裝進一個個塑膠袋內，準備派發給來客。忽然，一位七十多歲來自上海的大姐打斷我手中工作：「你回來加州了啊？好久沒看到你！」我抬頭笑著說：「回台灣有八個多月了。」說到這趟返鄉，嚐盡台灣美食。然後兩人再從台灣聊到上海，大姐：「有一回，在加州待了兩年後，才從加州灣區返回上海。上海變化大，都不認識了。」當對方聊到上海，我忍不住讚賞上海菜及當地點心小吃，大姐聽到這兒，忍不住爆料：「上海男人每個都會做菜，各個愛做菜，而且還不錯。」我疑惑：「你們家也是？」對方：「當然啊！年輕時候自我嫁給我老公，他就天天在家做菜。」我更疑惑：「你在家做什麼呢？」她理直氣壯：「清理善後啊！」又說：「上海女人不做菜的。」我不解地問：「那麼她們做什麼呢？」她微調聲量，上揚：「咦！打麻將，跳舞啊！」

紐約客：「的確。我在上海遇到的男人都會做菜，甚至包括計程車司機。有位計程車司機告訴我，周末就是幫老婆上菜市場買菜，下廚做飯。」

想必也包括曹路生老師？

「Yes！」紐約客以英文單字爽快簡答。

想起當年喜歡旅遊的舞台劇作家、曹路生教授。二〇〇八年春季，他特地從上海藝術學院來到新竹交通大學做交流訪問，展開為期兩個月訪問學者行腳。那次能夠成行，乃是由中華發展基金會、教育部五年五百億計畫、交通大學教務處共同規劃促成。藉由校園演講，曹老師能與交大學生交流，並啟發學生創意想像。那年四月二十六日，曹老師接受 IC 廣播電台專訪，早上十點至十二點「愛上新竹」節目專訪。他在空中透露，出生於上海浦東，文化大革命時，曾下鄉到蒙古地區，並自我調侃說，當時可是他一生當中吃肉吃得最多。後來進入上海戲劇學院就讀。日後，遠赴美國紐約大學就讀表演研究所。現任上海戲劇學院教授，同時擔任上海《戲劇藝術》期刊編輯與副主編。尚未與曹老師見面前，她就已在交大校園跟我提及，曹教授曾改編白先勇的小說《玉卿嫂》為越劇，即紹興劇。當初，白先勇一直認爲《玉卿嫂》不可能改編成舞台劇。戴平，也曾經撰文「談越劇《玉卿嫂》對原著的改編」。文中指出，白先勇曾早在一九八二年就點明了，《玉卿嫂》寫的是一個熱情洋溢女子，如此題材不易搬上舞台，如果欲改編成戲劇，只有電影一途，但絕不可能是舞台劇。然而藉由曹路生『知難而進』的勇氣，發揮創意與豐富想像力，終於成功地完成了這項改編劇本的壯舉。戴平觀察到，曹老師改編可貴之處在於，他將故事的敘述者轉換成了一個角色上場，徐徐地展開小說中孕育的那股尖銳性格衝突，並輔之以越劇抒情手段，使之更集中、更具有強烈的感情色彩，因而更震撼觀眾。回想二〇〇五年十一月舞台劇首演，白先勇觀後讚譽有加：「把桂林的玉卿嫂變成了浙江玉卿嫂，這是編劇的獨到之處。」回過頭來說，曹老師訪問台灣期間，有天，她打電話到我研究室，邀我做陪，跟曹老師當晚一起開車去竹北一家客家餐廳晚餐。我們一行四人，包括一位博士生，從交大校園出發前往餐廳途中，曹老師表示，他之所以喜歡舞台劇的原因之一，在於它具有獨特無限可能之外，同時具有小說中或有或無的人性、心理衝突、心路歷程，層層鋪陳。接著表示，他先後來台灣共四次，其中兩次都是參與台北戲劇節，另外一次是參加台灣藝術大學的學術演講，以及這次前來交大擔任住校訪問學者。曹老師認爲，台灣是一個文學之島、詩歌之島。他以親身在台灣的在地觀察，認為兩岸旅遊特色景點當推台北故宮、兩蔣行宮墓園；自然風光部分為花蓮、台東、阿里山、日月潭、太魯閣和傳統地方小吃。同時就他個人深刻印象，還包括台灣溫泉，例如北投、烏來、關子嶺，還有露天溫泉與溫泉博物館。台語電影的文化，尤其台語電影主題曲感染力、宗教自由、原生態和多元性也都讓他印象深刻。總體而言，曹路生最愛台灣處處充滿詩的氣息、在地鄉土文化、以及溫泉。

五

紐約客附上一段錄像後，說：「聽出來了嗎？總統普丁的鋼琴演奏，哈！」好奇心驅使下，打開上傳的錄像，真的是普丁在彈鋼琴，曲目竟然是中華民國國旗歌。

沒多久，紐約客又言：「今天出關，跑去唐人街扛了一堆獵物食物回來。重點不光是這些獵物，而是我如何左右各肩扛了一個超大環保購物袋，手上還拎著一個《大班餅店》送的環保塑膠袋。我上上下下搭地鐵，走了八層的樓梯，約 5.8 公里，這才把這些獵物食物扛進家門。吃的喝的，加上調味料，鋪滿了一整桌。」

加州中國超市內，魚蝦種類多，也不貴。今天週六午後，六月二十九日，我就煮了一鍋鮭魚、豆腐味噌湯。再過幾天，我會與幾位舊識相約外出吃一頓美味大餐。人生幾何，能享受就抓緊機會，莫待老來空折枝。

「太好了！酒肉朋友很重要。」

如此，生活才有趣味，日子過得才帶勁兒，人生才美好。

「吃大餐，除了享受美食，還有相聚的溫馨感。」

九月二日：「昨晚，大風大雨。我在家，就用從唐人街買回來的大蝦做了一道雙色蝦：一味用蔥、古巴蒜粉和鹽爆香；一味用蔥、醬油和紹興酒爆香。」上傳幾張「前天拍照的戶外照片：**Hudson Yards** 蜂巢塔，由於前陣子有位少年從高處跳樓自殺，此塔現已封起來，禁止進入；九一一後重建的世貿大樓；花了三年拆掉重建17號碼頭。心想，這些輕生者破壞了建築美學。紐約大學圖書館原本有個氣勢宏偉、十五層樓高的中庭。後來有學生跳樓，結果中庭，每層迴廊全用鐵柵欄圍封起來。鐵柵欄設計得還挺藝術性，要不然豈不像一座監獄？蜂巢塔，英國籍原創建築師如果見到自己作品亦難逃被這樣對待的命運，想必會十分扼腕吧！」「此外，紐約所有 **Century 21** 的門市店都關門大吉，走入歷史。」另外，地鐵淹水，「不只河南。紐約昨天暴雨，地鐵淹水。我很懊惱，今早沒有早一點看電視新聞，以致於無法預先轉告女兒，害她化好妝，出門上班去。她坐了一站到中央車站，看到地鐵停駛，才再折返回家去。貼心男友已幫她沖泡好咖啡，讓她安心在家上班。」

照片中，蝦子被她烹調得猶如出自大廚之手。出遊照片，呈現她退休生活過得正面且自在，享受生活，活出一種自愛、自樂、自信。

「謝謝你的鼓勵。希望自己退休生活儘量活出正能量和正磁場，雖然不能百分百做到，還是要嚐試自得其樂。恰如張愛玲所言：長的是苦，短的是人生。想到前來紐約之前，人仍然還在台灣的時候，住在太平洋彼岸的德州和加州幾位親戚，對於我要來紐約很不以為然，甚至於勸我放棄，一致認為沒必要冒著染疫危險。如果勸說無效，他們吩咐我女兒看住我，阻止我到處亂跑。他們自己在德州和加州的生活也已經被封鎖了一年八個月。生活就剩下家裡、超市，以及每天去附近公園散步。我正在考慮，如果打了兩劑疫苗，還是希望帶著口罩到處探索一下。我的想法是，疫情目前看來不會消失，甚至，未來五年，我們總得和疫情共存，總不能坐牢坐五年吧！就像我們以前談笑過的，如果一個人禁嚐所有美食，清湯寡水，僅為了延伸壽命，那麼即使能讓你如願以償活到一百歲，那又何苦來哉？不過各有各的生活哲學，難判對錯。假如我因亂跑而染疫，我豈不成了負面教材？願上帝保佑我！」

當初決定從台灣飛來加州，我二姐也十分不解，頻問，所為何來？

「我想你在美國比較安然自在。」

雖然上回在宜蘭吃烤鴨時就聊過，每回返台，住上三個禮拜後，就會深受空氣污染而引發過敏性反應。不過話又說回來，說不定，明年我又從加州返回新竹。

六

「紐約也有廣場舞。」

果然，相片中黑人、白人、亞洲人，在水岸邊，隨著音樂翩翩起舞。

九月七日，星期二：「前天，女兒、男友和朋友們來我住的大樓之屋頂花園烤肉，然後，再去女兒家玩電動遊戲。」次日：「夕陽下，河濱，有一場現場樂隊演奏爵士樂的音樂會。」

居住在紐約，樂享音樂飄飄，處處聞。

「買了四個小南瓜。猜猜一個多少錢？它們讓我想到草間彌生的雕塑。」

瓜果放在陶盤上，韻味十足，意謂著秋季腳步就在轉角了。我猜每個一塊錢。

「可算猜對了。一個九毛九。」「我這個嘴饞的，上週五跑到 East Village 去買了迷你水果塔和巧克力起士蛋糕。這家 Veniero's Pasticceria & Caffe 糕餅咖啡店很有歷史，一八九四年就開店了。把整顆草莓帶蒂淺浸在巧克力濃汁後，再拿起來，塞進嘴裡吃，妙不可言。奇異果、蘋果、水蜜桃、藍莓、桑椹、櫻桃。」星期二，九月二十八日。

水果塔、巧克力起士蛋糕，太可口。現在也很喜歡吃喝，美食讓我最有幸福感。尤其旅遊，我也熱衷。換句話說，目前最鍾愛休閒活動就是搭遊輪出海暢遊世界各地。尤其愛遊輪上二十四小時美食供應。如今只要相較一下過去的出遊經驗，遊輪假期，我完全不必匆忙地拿著行李搭飛機、早起、飛奔至不同旅遊景點，或沒日沒夜地在不同旅館穿梭，又忙於辦理住進與離去的手續。前思後想，現今還是比較屬意搭遊輪、浪跡天涯。

「想起你曾經說過，你的墨西哥美妙郵輪經驗。真是遊輪同好者。因為正巧，女兒和男友他們倆已於週日出發，坐遊輪去百慕達一週。」

郵輪旅遊，只要一試，就會沉迷其中。

隔天一早，加州時間五點二十八分，她從紐約捎來：

「八卦週刊又刊登有錢名人的諂媚文章來博點閱率。這次我忍不住了，留言，放小砲。」

星期四夜晚七點五十六分，提醒她，加州明天十月一日開始施打年度流感疫苗。人在紐約，可別忘了要去施打。

隔天一大早：「也和新冠疫苗一樣，到處都可以免費打嗎？藥房也可以打嗎？在美國哪裡可打流感疫苗？需要健保卡和收費嗎？」

不知道紐約那邊如何？北加州這一帶，無需健保卡，如果沒有健保卡，就算是當事者全因移民身份爲非法居留，或者本身移民身份雖然合法，但基於某種因素，而暫未持有健保卡等等情況下，個人只需赴藥房，付現金二十元即可接受施打。至於南加州那邊情況如何？就不得而知。那是因為即使雖屬同州，但各地規定有時會有不同。其實，就算在北加州，隸屬於不同郡縣，相關規定有時也會互異。記得否？上回提及，去年新冠肺炎疫情爆發的二〇二〇年，六月三十日，我特地從灣區南邊的 **Sata Clara** 縣山景城，搭加州火車去 **San Mateo** 縣同名的 **San Mateo** 城市，**Revolution Hair** 理髮店，享受半年以來，先前因爲防疫苦無店家開張、頭髮未剪的困擾，就此一掃而空。即使那天預約時間為夏日黃昏七時，又理髮價格比往常貴四倍，四十塊錢美金，加上來回火車票的花費，我都驅之若鶩。因爲我終於可以好好理個髮，神清氣爽。當時我為什麼不在位於同屬舊金山地區、南灣的山景城當地理髮呢？那是因為我居住城市屬於 **Santa Clara** 縣，縣內所有城市疫情仍持續延燒，未見減緩，警示燈號仍停留在危險燈號之故。然而位於灣區西邊的 **San Mateo** 城，屬於另一個不同的縣政府，同名的 **San Mateo** 縣，警示燈號因為疫情減緩而降級，因而一些店家可以有限度開放，但仍需謹守防疫措施，像是採取預約制、全程帶口罩、保持安全社交距離等規定。對了，還有，我今天去 **Palo Alto** 做義工，碰到一位來自大陸的大姐。她說，住在低收入戶的老人公寓，沒有選擇跟兒孫一起住，因為認為，距離就是美。大姐每星期跟兒孫見面一次共進晚餐，行之有年，十分快活！

「理想選擇。加州老人公寓是很好呀！」

十月二日，紐約客再上傳圖文：「突然看懂畢加索的畫了！」原來紐約客上傳一張男女坐在戶外餐桌椅邊的合照，由於角度不同，竟然女方側面左眼重疊男方右眼，男女連結在一起，形成了一張天衣無縫怪異臉龐。接下來，是一幅畢卡索彩色名畫，畫中同一頂帽子下，男女各半張臉、各擁一隻單眼和各自的鼻子，但共擁一張紅唇有趣畫面。

恍然大悟。馬上回覆紐約客，原來如此，攝影角度竟造就了一位曠世藝術家。這下子，我也終於明白畢卡索那幅畫作的靈感了。

七

過了兩天，星期一早上，紐約那端傳來兩個視頻：

一是《名人書房》節目，專訪跨越文學與電影的小說劇作家朱天心：何以解憂？唯有閱讀，但比閱讀更重要的是……

另一是《張大春泡新聞》，主持人訪問作家朱天心談新書《三十三年夢》，以京都為場景，不同架構的旅行書。

「我想你還在持續寫作。也許你會對作家心路歷程感興趣。」

寫作一事。我個人始終喜歡紐約客的文學創作至今，擲地有聲，機鋒連連。如今，鑾喜歡閱讀林文月的散文，這位她讀台大外文系時曾經教過她的老師；也喜歡周夢蝶的詩與七等生的小說。

隔天星期二晨起，十月五日：「很難得你也喜歡七等生。」「七等生不像某些作家，靠著有人幫忙拉抬，然而終究曲高和寡，懂他、喜歡他作品的人不多。」「你提到的這幾位作家，我也很喜歡。」「介紹朱天心的《三十三年夢》給你，作者寫得真好，主要是她心思玲瓏剔透，勤益做筆記，誠實而有勇氣。當然，多年筆耕練就的文學技巧也不在話下。你可在豆瓣網免費閱讀第一章，另外，易云網可免費閱讀更多。真是讀來樂趣不少 **Pleasurable！**」

在她推薦之下，我上網淺讀。

我沒向紐約客說明，目前自己是否埋首筆耕一事？

其實心情挺茅頓，**To be or not to be**？繼續寫？還是就此封筆？

今年夏初，未來加州前，我還在新竹，當時基本上已趨向停筆不再創作。但是夏日八月，歸返舊金山灣區後，由於一張小小 **Panda Express** 熊貓快餐店的幸運籤，紙條上簡短勉勵字句，以及再觸思到「正念療法」，我又再度斷斷續續地提筆寫作。時間讓我逐漸明白，埋首創作，它引發一個人懂得去欣賞自由、嘗試自由。

話說「正念療法」，即儘量保持一種有意義、不加批判的態度，對當下環境，開始注意、覺察，一種體驗的覺察，採取好奇、開放、接納等心態。這種正念內涵就是一種活在當下的藝術，一種生活方式，一種減壓手段。

放棄寫作，過著自我流放日子一段時間後，如今迷途知返，領略到，唯有透過毅力與熱情踏上書寫之路，勿被旁枝側節給絆倒而心灰意冷。書寫成為生命一部份時，方能意識到身旁新事物，塑造自我新身份，並與讀者在人性上相遇。逐漸去暸解人性特有侷限、缺失、或不完美。陶冶過程中，陣陣漣漪都將成為個人成長的故事。

重拾筆耕。許願，有意識地把注意力轉移到當前，大腦不再被生活瑣碎給綁住，例如對過去的悔意、未定之事、未來關心議題而裹足不前。

經過三思，沒有考慮作畫，我選擇回到寫作。

適巧前段日子，大學同窗小茜遠嫁到印尼雅加達，在那兒安居已多年：

「昨晚還在說，印尼的阻雨巫師還蠻靈的。因為我們住在球場，每逢周末，若是雨季，球場會雇阻雨巫師來作法。據說巫師作法期間，不能尿尿，好留下空間給阻擋的雨。」

當冠狀肺炎肆虐全球，小茜接著自我解嘲：

「我和老槓子頭，夫妻倆在疫情期間，可比以前平和多了。為什麼？因為大半時間我們老夫老妻切實在力行規定，保持社交距離和戴口罩啊！」又問大家：「你們呢？每天宅在家裡作什麼消遣呢？男生好像比較不追劇。不然就可以交換觀劇心得。最近比較偷懶，覺得坐著吃零食看劇，比拿起畫筆或書法毛筆可要容易多了。不過我們還是有晨走，而且改在早上九點鐘左右，曬曬太陽，增強免疫力。」

落腳洛杉磯多年的小米也貼文：

「每天一大早起床，不管是讀報或看新聞報導，只要看到新冠肺炎病毒染疫的人數不斷升高，心情多少都會受到影響。這段期間需要自我提升個人智商。聽到小茜在雅加達，平常還能和熟識好友們晨走、聊聊天、開懷大笑，還真不錯。有天，我和老公去公園走走，遠遠看到一對相識的夫妻，大家只能隔著一條街互相嚷嚷著，噓寒問暖一番。所以真羨慕有一班相熟朋友能相聚排遣時光。近來我與老公也在家追劇。老公因為打球的高爾夫球場都關閉了，只好自己在後院架設個迷你球場，揮揮桿，活動筋骨。」

午後，我在灣區陋室回覆兩位大學同窗：

「被你們問到，我宅在家都在做什麼消遣？剛好也就在昨天下午開始，難得坐在窗前一張大餐桌旁提筆寫作。目前出版業不景氣，因此我寫作活動僅為自娛。至於寫什麼呢？想了一會兒後，暫且定名《岸青》吧！因爲想到家後那一彎小溪。」

八

九月十六日，午間，紐約客透露：「前天，我去辦了一張六十五歲以上長者半價地鐵票卡。如果低於十元儲值，還會自動從信用卡轉帳。以後我就可更常到處趴趴走。刷一次卡，1.35 元。以前刷一次 2.75 元，而且如果三十天內消費達六十三元，多出來的部份就不用付錢，這等於是不限次數、來回搭乘月票的概念。不過我想我應該不會每天刷四次。昨天，跑去辦了駕駛執照，這等同紐約居民身分證。」女兒「上班的大樓 **7 World Trade Center**，聽說就是多年前被燬掉的世貿中心大樓重建部份之一。女兒不願入鏡，我只好來充當模特兒。另外，那座白色教堂般的建築是她公司附近地鐵站，它應是世貿大樓翅膀的地下部份。」最後幾張照片，「分別是九一一紀念碑，被建成水池的設計，然而黑色大理石刻上罹難者姓名。新建的世貿中心翅膀形的內部為商場、瞭望塔和地鐵站共構。我在華爾街的綠化生態購物中心的挑高中庭內，吹冷氣並吃我從二樓美食街買的午餐。」

居住紐約，她如魚得水，歡喜自在。居住在大千世界紐約，小天下。上回，我們聊到舊金山的感傷。幾天前，我起心動念，一早從南灣搭火車北上進城去了。逛完街後，接著走進舊金山市中心一家咖啡店喝咖啡，凝視著窗外，都會街道、街旁加州州旗「加州共和國」隨著從海灣輕襲而來的海風正款款擺動著，還有來往行人與車輛，全然像一位局外人，心無所恃。視線拉回到咖啡館內，環顧四週，兩面牆壁大書架上分別都塞滿了書籍，瞬間，覺得歲月冰心玉潔，踏實一點。

紐約客：「這家咖啡館很有氣氛。**California Republic** 的加州州旗很有趣。九月十五日，加州的罷免民主黨州長投票，未通過。」

Newsom 州長鑾好，幸好他繼續執政。

次日一早，紐約那頭：「好在哪裡？」「我會這麼問，是因為台大同學群組有住在加州的同學痛罵他，主要有兩點：不斷加稅，卻不促進公共建設，又放任遊民佔據公共空間而不處理；因為監獄不夠，竟然通過修法讓偷搶九百美金以下的人除罪，因而加州治安急速惡化。話說如此，但是還是有人喜歡他。這是加州第二次舉辦罷免他的公投，依舊沒有成功，表示支持 **Newsom** 的人還是多數，所以我想知道他的優點在哪裡？另外，從銀幕上看，他很帥。」等一下，「我會拿銀髮族半價票卡搭捷運，前往法拉盛一家上海館子吃中餐。這家上海餐館假若以紐約水準而言，**CP** 值還不錯，菜色也多。我準備點一道上海薺菜餛飩、小籠包或蝦餃、三黃雞、夫妻肺片，這些菜都是小盤的冷盤。用完餐後，會幫女兒外帶鹹蛋黃青團，外皮是綠色麻薯吧！我沒吃過。我除了去老 **China Town** 中國城採購食物，從來沒有在老中國城那邊吃過飯。幾次中午去那兒，只看到餐館裡面安安靜靜，沒什麼客人光顧，加上戶外搭的棚子像臨時工寮，就打退堂鼓，全無興趣了。現在如果想吃中國菜，就會搭地鐵去法拉盛，那兒比較明亮，有人氣。」

印象中，現任州長對加州民眾因爲面對突發事件而影響到生活經濟，此時，都能挺身關心並且大方撥款，例如現今疫情大流行，州長都能夠對急待援助的家庭、年長者等弱勢群體伸出援手。紐約法拉盛的中餐價位挺公道便宜，南北不同口味大小館子、飯店非常多。星期天晚間，九月十九日，看到一張她上傳照片，位於曼哈頓、紐約市排行第四的高樓 One Vanderbilt 大廈，其最新、全透明玻璃電梯，以及從外觀看去，好像玻璃盒的觀景台，近期將開幕。我則從加州上傳了一張中秋佳節賀卡。

星期二，一大早，九月二十一日：「也祝你中秋佳節愉快！」「傳給你的兩道菜餚上桌的照片，可是功夫菜。前幾天，跑去法拉盛亞洲超市買的（加拿大五花肉）。昨天，先以壓力鍋煮水蓋過五花肉，加入滷香包、李錦記醬油，煮到冒蒸氣，關火，餘熱燜肉，使其浸泡入味。重複兩次。今早，把肉分切小塊，換淺鍋，加入李錦記蠔油和適量棕櫚糖（使其焦糖化），表面再鋪上適量蔥段覆蓋，微火燜焗一小時，關火，繼續浸泡入味。肉香四溢。我為了不讓熱氣散掉，隔著鍋蓋先照一張照片。時機成熟後，再揭露這道菜的真面目。」另一張是她下廚烹調的美食照片，「豬腩三層肉拉麵」，麵碗內的拉麵上面，鋪有青江菜、荷包蛋、肉塊和紅辣醬。「青江菜和五花肉，都是在法拉盛亞洲超市購買。那邊人山人海，什麼東西都有，很多只有台灣才有的青菜，又新鮮又便宜。青江菜比台灣 Costco 大賣場還鮮嫩。美國中秋節不放假。我女兒和男友準備晚餐吃五花肉過中秋。義大利年輕人愛吃五花肉，他有半個亞洲胃，而我女兒有半個義大利胃，兩人湊成一對，一個亞洲胃加上一個義大利胃。」照片上所看到「這紅紅的，是義大利 dried tomato 乾番茄，用水川燙一下，沾點滷汁擺盤。」亞洲市場「甚至還有蓮藕和吃火鍋的大白菜。本來想買蓮藕燉排骨湯，但那天買的東西太多，怕抬不動，只好等下次啦！」

女兒和男友一定很開心她這位長輩目前待在紐約，才能經常有好吃好喝的中式家常菜。看來功夫菜、家常菜，她都做得很好，色香味俱全。

「其實這些功夫菜是我在台灣多種家常菜之一。在台灣，我是天天做晚餐的人。我們很少出門吃餐館，因為老公和兒子下班時間不同。由於兒子午夜一點鐘才會下班到家，所以都會留飯菜給他。在台灣，各種作菜用的工具、食材齊全，比方說有個威力十足壓力快鍋，想做滷菜高湯，只要加熱二十分鐘，然後再以餘溫燜熱幾個小時，就會清水變雞湯。那時候家裡還有一個加熱秒速的火鍋。當時我也常常大火快炒。目前紐約這邊鍋小盤小，因此也就不敢做鑊氣大的菜，深怕煙霧偵測器會警鈴大響。」一般來說，「美國餐廳和美食街的熱食都太鹹，口味太重。」

確實，連美國點心糖果類也都死甜。感覺上，她所料理家常菜和工夫菜，可要比一般專業廚師都來得好吃，目前待在台灣的老公、兒子想必常常懷念她的廚藝吧！今晚，在加州給自己燉了一鍋熱湯，豬肉塊、豆腐，毛豆再添加味噌醬。

星期五，九月二十四日：「大概是我老了！世事滄桑，看多也看淡。對很多事情失去了熱情，唯獨對旅遊和美食熱情不減。」

我也喜歡雲遊各地旅行和吃美食。有年，在台灣，報名參加旅行團「聖地巡禮之旅」，踏足埃及、以色列、約旦。朝聖之旅團費價格很貴，但是我可一點都不猶豫。另外一年，去印度，團費也很貴，起先因為人數始終湊不齊，幾度沒有組成團隊而無法成行。有天，當旅行社告知印度之旅可以成行了，本人照樣毫不遲疑，二話不說，立馬繳錢報名。對了，今天晨間，依照往常，前往 Palo Alto 擔任義工服務，這天剛好是芭芭拉過生日。當忙完午餐供應，我們義工夥伴坐在圓形餐桌邊吃飯，並為芭芭拉歡慶生日，唱生日歌，吃蛋糕。相片中戴口罩穿灰色毛衣是經理、瑪麗魯絲；站立高壯男子為墨西哥裔廚房主廚，由於他西班牙名字又長又難記，於是偷懶自創暱稱，以 Candle 來稱呼他，直譯就是蠟燭的意思，然而對方倒也不以為意。

「一張張相片，很溫馨的畫面。你們之間的情誼多麼難能可貴啊！」

也就在這天，經理瑪麗魯絲還給我一個東南亞風味的月餅，內餡包括芋頭、榴槤、蛋黃。相片中跟我一起手握著月餅女子是來自香港的茱蒂，身兼 Palo Alto 市「營養午餐計劃」副主席。

「可愛的月餅照，而且月餅口味特殊。」

九月二十八日，星期二。我把吃到 Ben and Jerry's「巧克力咖啡布朗尼」冰淇淋大加讚揚一番，並說，只要含巧克力任何食物，都喜歡。

「你和我女兒的男友很像，他也是個巧克力迷。」

隔日，黃昏，天氣變涼。涼秋！一年容易。

「我這個嘴饞的，上週五跑到 East Village 去買迷你水果塔和巧克力起士蛋糕。Veniero's 這家糕餅店歷史悠久，一八九四年就開張了。」

十月十一日，紐約客：「不怕你厭煩，載圖臉書上一篇有關於光顧米其林日本餐廳貼文。這人是我在臉書上最愛看的美食文章作者，他本人其實是位華裔加州工程師。像高檔壽司這樣講究原味美食，最難描述。然而此人憑著敏銳味蕾和細緻文筆，傳達了那種幽微的色香味之微細千變萬化。讀其文，彷彿自己也品嚐到那一道道東洋美味，不得不佩服作者品味。」

好奇心驅使下，我立刻閱讀美食文章、觀看日式美味圖片。閱讀過程當中，確實津津有味！文筆流暢之外，更好奇加州灣區工程師怎麼懂得這麼多日本料理食材來龍去脈？工程師作者說，他終於找到位於聖馬刁市（San Mateo）不甚起眼的 Sushi Yoshizumi 店家；坐下來，吃了九成魚貨都由日本空運而來、味道最道地日本江戶壽司晚餐，並一一記錄下整個飲食過程。經由工程師細膩描寫，我也像似品嚐了第一杯來自奈良縣「風之森」Alpha 清酒；接著就是真鯛生魚片；然後上層為鮭魚卵，中間夾一層海膽，底部是少許炊飯；再來一碗茶碗蒸；跟上來的燻烤鰹魚，青花魚（Saba）手捲；烤鰈魚，加上鮟鱇魚肝。閱讀完畢，忍不住對紐約客說：想起以前在交大課堂上，來自文理工商各科系男女學生齊聚在通識課堂。此刻閱讀灣區男工程師的美食文，憶及當年校園內，少數理工科男學生，文思與文筆都鏗鏘有聲，完全不亞於文科生。講到文筆，順道詢問紐約客，今年諾貝爾文學獎花落在一位非洲作家身上，而非連年呼聲挺高的日本作家村上春樹。幾年前，我當面問過她，何故村上春樹一直未被評審青睞？她簡答：「他就像瓊瑤。」當下，我懂了。台灣一直以來都有大批日系作家粉絲。村上春樹和川端康成，兩人在讀者心中被觸碰的漣漪不同。

隔天，紐約客：

「如果現在連美國歌手 Bob Dylan 幾年前都得了諾貝爾文學獎，村上也沒有道理不得啊！」

願村上春樹有志者事竟成。可不？時空不同，有些設定也會隨之改變。對了，北加州這兩天開始冷颼颼，有時還刮著風，秋意更濃。想必紐約也開始變冷了？

「紐約還蠻溫暖的。白天仍有攝氏二十度上下。葉子仍綠的。」有空，「打個電話給我。」

星期日當天黃昏，十月十七日。紐約、加州兩頭第一次在美國本土利用 **Line** 講電話，一講就是一個半小時，聊到女兒的男友私下跑去找紐約客傾訴，想向女兒求婚，願常相廝守。於是暗地裡，紐約客和義大利裔青年，兩人設計了一個橋段，盼求婚成功。結束聊天時，已是加州晚間八點。講完電話，立即上傳一張照片去東岸。相片中有我今早搭巴士去山景城衛理公會教堂，帶上口罩，手持剪刀，低頭專注於裁剪、製作毛毯，準備送達兒童醫院給院內病童，送暖。

隔天清晨六點三十八分，正欲起床，聽到手機鈴聲，一看，簡訊：

「哇！厲害！這麼大床的毛毯。」

當晚，冬季紐約窗外一場暴風雪。

隔夜，北加州凌晨三點，十月十八日，聽到門外，自入夏以來第一聲雨水輕敲著屋頂、屋簷以及樹葉上。雨點細緻優雅地紛落在城市裡，攝氏九度。

幾小時後，醒來，看到她留言：「從紐約高樓住處的窗外望出去，天際線真是最好的晴雨計。昨天傍晚，下了場夕陽雨。今晨黎明，天空又被染成了一片玫瑰金。」

看完紐約三張照片，我真覺得這些照片可以做成明年新月曆的圖片。

「天空的顏色確實美不勝收，而且完全未經編輯。」

尤其那張從屋內，透過玻璃窗上點點雨滴，望向城市一幢幢高樓大廈，有味道。

「哇」了一聲，她接著說，「你看得好仔細，我也喜歡窗上的雨點。」

她這位攝影家，有創意。

「過獎了。」

審美角度可是教不來的，是要有那麼一點天份。

「同意。幾天前，我和一位好友也談到這個問題，她說，我們兩人有位共同好友參加攝影社，到哪裡都忙著拍照，技術雖好，但總覺得拍出來的照片缺乏意境。」接著又說，「七月底從台灣寄來的三大箱秋冬衣物，終於在上週六安抵紐約。要不然，還得傷腦筋專程外出一趟去買衣服。」衣箱裡，「有離開台灣登機前，塞進了兩本小說，好陪伴我在紐約的日子。可謂千里迢迢。我精挑細選。一本是《往事追憶錄》，**Remembrance of Things Past**，**Volume 1**，**Swann's Way**，作者是普魯士 **Marcel Proust**；另一本是作者喬伊斯 **James Joyce** 的作品《尤利西斯》，**Ulysses**。」

法國作家普魯斯特，是意識流文學的先驅。

《尤利西斯》這本愛爾蘭小說，是英語意識流文學的奠基之作。

法國意識流作家普魯士的名著，《往事追憶錄》，是一本緬懷似水年華、追尋過往的一段時光，被視為勇於對現代主義哲學嘗試的代表作之一。書寫中，普魯士捕捉自我身份認同、社會階級、性別、宗教和美學等主題。不同世代讀者在閱讀過程裏，感受到自我啟迪，還有存活的時間、客觀的時間這兩者彼此關聯性。這本小說在法國人精神生活裏，三個面向：

其一，現實的本質；其二，這本書和當時十九世紀末期頹廢的法國社會氛圍轉型有著密切關聯；其三，作家藉由追求自我啟蒙過程中，闡述記憶、時間的意義。

十月二十五日星期一早晨，紐約客：「好像小學生遠足，訂了一張含入場券的巴士票，去有名的戶外雕塑公園，**King Storm Art Center**。一路上，希望能欣賞到楓紅。」

首先，佩服她把看似平凡退休日子、無奇的空間與時間，紛紛賦予新意，就如雕塑家羅丹把常人眼中習以為常的人體身軀賦予新意，呈現出令人震驚的現代人身體結構。東岸楓紅，秋分後第一個周末，幾處山間秋葉悄悄散發首道秋光，泛著金光的白楊樹林。東岸紐約，秋色在十月中、下旬最壯觀，秋楓聞名暇邇。早年在印州讀書，就有人向我分享過那種視覺上的喜悅，尤其當人們將汽車開上蜿延高速公路上，沿途秋景秀麗幽美。在東岸，每當山中樹葉泛著秋意，意謂著大波士頓郊區、市中心、山間小道、麻州西部山區，還有新罕布夏州、佛蒙特州、緬因州北部地區、康奈迪克州、羅德島和美加邊境的森林秋景，正美矣！山區小道旁，農舍，秋意亦正濃。

「上傳照片是 **Storm King Park** 公園內秋天繽紛顏色、不少雕塑作品陳列。」外出搭公車時，隨身背包內，我都會塞進 **T. S. Eliot** 詩人艾略特的早期、中期詩集。等待公車空檔，偶翻閱一下，靜默閱讀或出聲朗讀幾行，唯有如此，好像才不會辜負了好時光。

紐約客：「艾略特也是我喜歡的詩人。」星期五，十月二十九日。

出門去做義工，午餐提供給長者的菜色，這一天，算是提早歡渡月底的萬聖節吧！除了正餐雞排，還包括沙拉、水果、水煮蔬菜，還附送冰淇淋，外加一小盒牛油，以及一包M&M糖果。一位顧客老太太、經理 **Mary Ruth**，她們兩人都各自給了我應景的棒棒糖一支，老奶奶還自製一張含有橘色南瓜的卡片，並用粗黑簽字筆寫上：**Happy Hollowen**。

「可愛的糖果和南瓜。」十月三十日，星期六。

星期六中午，義工酬謝聚餐設在 **Palo Alto** 市的《香港小館》舉行，快樂吃喝。回家前，他們叫我把剩下三分之一蛋糕帶回家。天氣雖說大抵陰天，幸好無風，還算怡人舒爽。

十一月四日星期四：「我應好友之邀，坐火車南下到巴爾地摩、維州、華盛頓首府，轉了一圈共六天，戲稱那是一趟美東追秋之旅。」

二十二張追秋旅遊合照、獨照。早年椰林大道上台大老同學今相約踏青同遊，讓我也感染到那份溫馨。同學會意謂著同歡笑，同回憶。

第二天，紐約客再補傳兩張十八位台大男女老同學合影照片，並說：「當年同窗都成了老先生老太太，不過依舊健朗活潑，令人開心。這些照片是和好友，芮娜，在維州旅遊時，順便參加華盛頓特區台大校友的 **Shanondoagh** 國家公園踏青活動時，大夥一起拍照。」

年紀大了，仍維持健朗活潑，這比什麼都好。人人看似暫時拋開家務，偷得浮生半日閒，加入同學會活動，散發著濃濃青春再現。另外，女兒的男友偷偷告訴紐約客，他準備於十一月十二日那天，向女兒求婚。

十一月十七日，星期三：「求婚，改期至本週六。幾週前，義大利裔青年一大早來我公寓和我老公視訊。那是我老公第一次見到這位年輕人。兩人相談甚歡。老公問的問題和我差不多，不過用詞比較文雅。他問，你在什麼關鍵時刻決定準備向我女兒求婚？年輕人回答也得體，大意是說，認識兩年，如今又再遇到疫情大流行。很多人因為朝夕相處反而分開了。但是他卻越來越愛她，每天都想跟她在一起。在這兩年期間，男方換了三個工作，然而每次換工作，都會先尋求女兒的意見。會談前，老公跟我說，本來還想問求婚者，對跨文化的看法？不過終究還是沒問。視訊完畢，我問年青人，會緊張嗎？他說，不緊張，還說，很少為任何事情緊張。不過對於幾天後，他要在對方毫無預警情況下，準備向女方求婚，這反而會讓他緊張。」

次日，十一月十八日。灣區收音機已經開始鎮日播放聖誕歌曲直到聖誕節午夜。一首接一首，綿綿長長一個半月無盡期。現在連十一月感恩節都還沒到哩！不過，享受這種日夜分秒都在過聖誕節的氣氛。

當晚九點五十五分：「上週去看布魯克林博物館的 **Dior** 服裝設計展。看完展覽，可以想像，男女服裝設計師當初如何滿腔熱情地，設計編織一件件精緻高雅的時尚，愛不釋手。然後，一件件作品都被賦予了獨有的靈魂。」

服裝設計在紐約也有自己專業博物館，頗訝異。錄像中，挑高的中庭展示廳氣派非凡。現場螢幕不斷播放時裝模特兒走秀表演，人衣融合一體，賞心悅目。

紐約不愧是人類近代文明的靈魂之都。

「我去博物館現場觀賞，也是這麼想，哇！這就是紐約。讓人感動，不僅是精緻手工和豐富的創意，就連展場佈置、策劃都是世界級。你所看到我傳給你的錄像，也只能顯示博物館的一部分。另外設計師原創的設計圖手稿、相關的時尚雜誌封面、歷史照片、裁縫師的原版打樣、編年史的整理，以及時尚模特兒攝影風潮的結合，無不注重細節、美崙美奐。這是布魯克林博物館的一項特展，十月到二月。另外特展還包括歐巴馬。除了特展，博物館還有自己的館藏常態性展覽。」

憶起當年，印第安納州一位友人拿到美術系平面設計碩士學位後，留在美國工作並成家立業。事業有成，決定返回大陸山東老家，並在大學校園教學生有關創意設計的課程。教學時，鼓勵學生們何不去看看美國各式各樣酒瓶的設計美學，來啟發學生更多創意視角。如此說來，更遑論紐約服裝博物館在整體規劃上所呈現藝術品味了。

十一月二十一日星期天：「你剛看到青年向我女兒求婚的錄像，是我躲在餐館的玻璃門後面偷拍。所以只有畫面沒有聲音，背景聲音是顧客推門進出的聲音。」

恭喜！家中有女要出嫁。願意與女兒的男友配合，共同規劃一齣求婚場景，未料自己多年來，先在紐約大學攻讀並取得戲劇系博士學位，然後成為一位文學與影劇教授與評論專家，退休後，如今竟親自下場演起一齣戲來。巧合也許，今天下午一點半左右，正在房內聽收音機、閱讀。耳畔響起無數聖誕歌曲。忽然聽到節目主持人說，還有什麼比在聖誕季節求婚來得更浪漫？

紐約客：「這 DJ 未免也太靈了吧！謝謝你的祝福。當攝影師將正式畫面剪輯出來後，看看能否 Line 一份給你。本來兩位年輕人走進餐廳時，我照事先約定，會立即視訊分享給我在台灣的老公，卻餐廳內收訊不良。後來，兩位年輕人走到餐廳外頭跟我老公視訊。老公唸了他自己寫的長長兩段英文草稿給他們兩人聽。我女兒激動得哭成一團。猜想，我老公一定也很激動吧！走回餐廳，代表老公和我自己說了一段祝福話，接著代表我們夫婦倆送了個小禮物給未來女婿。這份禮物，早在十月初就訂製了，專門為未來女婿這位球迷打造，也就是一尊身穿紐約 Met 球隊棒球裝的大頭公仔。這禮物本來要在聖誕節送的，但在這節骨眼上更有意義。餐廳內交出禮物，並當面祝福小倆口在未來能擊出漂亮全壘打。當晚求婚餐敘，未來女婿請了八位至親好友來見證，並全數買單所有食物與酒飲開銷。」

訂婚禮物籌備的巧思，不落俗套，尤其身為母親對兩位情侶祝福語。我還聽到錄像裡在座親友們都大表讚賞，並笑聲連連。

紐約客：「我當時還在想，送啥好？他們該有的，好像都有了。未來女婿早在我初抵紐約，就送了一台電視給我。我總不能再送他什麼 3C 產品。但是這個大頭公仔，別人可想不到吧！為了這個大頭公仔，我當初可是寄了他正面、左側、右側照片給賣方，來回兩次，我這才點頭認可。他們製作完成後就寄給我，看了看，那神色和笑容真傳神。」「全壘打，這個詞，還是我出門赴宴前才想到。」「我故意用魚子醬的購物袋來包裝大頭公仔禮物，誤導他。當然也是臨時找不到禮物袋，也沒時間特別跑一趟去買。想起上次魚子醬的購物袋和公仔盒子，都是白色，大小也剛好。結果他就一直猜我送他訂婚禮物是食物，太好笑了。」「我女兒回想敘述，戶外求婚攝影過程中，有兩件趣事：一是，她怎麼覺得好像看到玻璃門裡有個像她老媽的女人，在那邊晃來晃去；一是，當男方拿出婚戒的第一時間，她以為只是個道具。因為事前男方騙她說，遊戲競賽得獎因而得到雙人免費晚餐。」末了：「感恩節快樂」。

距離感恩節星期四還有兩天。期待這個團圓歡慶的節日，當然包括聖誕節、元旦、農曆春節、元宵節、端午節、中秋節等。無論東西不同文化，每當濃厚過節氣氛漫開，想到家家戶戶萬家燈火就會感動不已，因為當中無處不流露著人情溫暖，領悟到，在世為人的意義與夢想。可想像，我喜樂心情會從現在一直沿續到元宵節。感恩節前夕，我去 **Palo Alto** 做義工，疫情關係，當天中午僅提供火雞肉大餐外帶，結果送出兩百三十份午餐盒給低收入戶長者。忙得不可開交之際，四家電視媒體也來湊熱鬧，專程前來現場採訪報導，兩家西班牙文電視台與兩家英文電視台，第二頻道和第四頻道。忙到下午快一點鍾，我們工作人員才坐在餐桌旁吃午餐。

「本週一，十一月二十一日那天，我就已經從紐約來到了德州休士頓參加家族感恩節聚會。下週二才返回紐約。家族團聚日子，加上大吃大喝了一整週。外甥女家的主場派對，尤其難忘十七磅烤牛肋排，足足餵飽了十八位賓客的胃，也喝足了主人家倒入整瓶勃艮第紅酒、花了六個小時的文火慢慢煨燉，勃艮第蘑菇濃湯。」

德州跟紐約，截然不同過節風情。星期四當天，我們提供給低收入長者營養午餐內容有鮭魚、生菜橘子沙拉、牛奶、一顆水煮蛋、糙米飯和一個新鮮柳橙。喜歡從德州傳來照片裡那長長一整條帶骨的排骨牛肉，尤其她把生的肉塊、烤熟後的美味牛肉，之前與之後，生與熟，都拍照起來，前後對照，十分生動有趣。餐桌上佈置擺設不但隆重，而且充滿歡樂氣氛。

「你和我都愛美食，真是心有戚戚焉！外甥女的兒子路加，小學一年級，特別和我投緣。我住姊姊家，家離她女兒家的距離，開車五分鐘。我逗留那一週，路加也正好學校放假，因此我們每天見面。每回離開他們家，路加都會問，什麼時候再來？當我準備要回紐約時，他也依依不捨。我於是對他說，你來紐約，我帶你出去玩。他回答，**Covid** 肺炎大流行，所以不能坐飛機，那麼你下次什麼時候來德州？」

聽起來，路加很窩心，長得一副小帥哥模樣。

「你說得對。路加的小軀殼裏確實裝了個老靈魂。」

十二月二日是猶太光明節，Hanukkah。這天，照樣參與了長者營養午餐義工服務行列。每年此時，經理 Mary Ruth 都會將食堂大廳佈置起來，以資慶祝。吃完午餐後，經理吩咐我，前去廚房多拿一份餐食回家當晚餐。

「沒想到你們加州那兒也慶祝猶太光明節。猶太人在紐約勢力龐大。近年，還配合光明節的到來，有幾處大規模花燈展覽，展期延續到二月，儼然成為一種傳統文化。令人莞薾在於，聽說該慶祝活動創始人之一還是個老中。每年也有老中參與策劃，所以紐約史坦頓島花燈展覽，看起來很像我們在台灣或大陸的元宵節花燈展覽。」

光明節慶祝活動竟然有老中參與規劃？今天十二月三日星期五，早上去做義工，董事會給我們義工每人一張聖誕節賀卡。同時，其中一位董事 Ingrid 還送我一盒巧克力當禮物。晚上六點半，走路去離家不遠教堂聆聽聖誕音樂會。現場有十人樂隊演出，包括小提琴、喇叭、大小鼓和鑼、吉他、口琴。台上演奏了一些民眾所熟悉的聖誕歌曲、教會傳統聖誕詩歌。旋律有抒情悠緩，有搖滾熱情編曲。主唱者演唱了兩首曲子，一是已故貓王的「Blue Christmas」，另一首是「I'll be home for Christmas It's only in my dream」，由於唱得情真意切，引人陶醉。末了，搖滾版的「Joy to the world 普世歡騰」，緊接下來為壓軸聖誕歌曲「I want to wish you a merry Christmas from the bottom of my heart」。夜間八點十分結束活動。

「很溫馨熱鬧的耶誕音樂會，選曲也顧到不同年齡群。董事送你個人一盒巧克力，表示你的貢獻令他感佩！」說到耶誕節，「上次，離開休士頓前一晚，外甥女家兩個小寶貝，說起來應該是我甥孫，已經幫他們爸媽把感恩節的佈置，即刻轉換成耶誕佈置了，只差耶誕樹還未運到。那天晚上，我被邀去觀禮，外甥女叫外賣，點了生魚片大餐一起慶祝。她很會點菜，點了不少平時少有的菜色。我最喜歡是鮪魚腹（otoro）上鋪了海膽魚子醬。」

照片裡日本料理晚餐，每盤看起來都很可口，尤其那盤她最喜歡的鮪魚海膽魚子醬。德州室外夜間聖誕燈飾擺設，濃濃聖誕節氣氛。提到聖誕佈置，相信當她歸返紐約時，會見到大街小巷更多爭奇鬥豔。

紐約客：「Rockefeller Center 洛克菲勒中心的聖誕樹已點燈了。」

洛克菲勒中心廣場上聖誕樹點燈，世人目光焦點，火樹銀花，巨形耶誕樹傳遞給世界一個神聖與平和的訊息。北加州這兩天周末，十二月十二日這天，早晨天氣寒冷約攝氏三、四度，下午來到十度，整天淒風冷颼颼，陽光加州，冬季也會出現短暫寒冬景況。年紀越大，越愛親近陽光溫暖。忽然想起以前居住在加拿大數載，當地隆冬氣溫常逗留在攝氏零下二十度、三十度。如今實在無法想像，當初我是怎麼熬過來。

「紐約目前倒是暖秋暖冬。接下來一、二月份會是如何？則未知。不過再怎麼暖，都會比加州冷。」「你看到我寄的相片，分別是我白天拍照的洛克菲勒中心、聖派屈克天主教堂。夜晚景色才美。看來我得找個機會晚上去拍照。」

九

看完紐約客傳來羅大佑的《隨筆憶當年》，很有畫面，而且溫情洋溢。年輕歲月中，他和身邊朋友共同探索藝術、分享美學創作心路歷程。

「當年我們在麥迪遜讀研究所，人間副刊主編高信疆曾帶羅大佑來我們家小坐。當時在我們家做客的還有詩人羅智成、作家古蒙仁、詩人楊澤、紅鞋專家周策縱等人。我還和高信疆一起去愛荷華州聶華苓的家。」「最近我在臉書發表了五篇美東追秋回味的小品文章，圖文並茂。很希望和你分享。你有臉書嗎？」妹妹「在十一月初，掙扎了很久，最終在兒子勸服下，決定在兒子華盛頓的家過耶誕，再和兒子及女友搭特快列車 **Amtrak** 來紐約我這兒玩四天，二姐和二姐夫也被說動，會跟著一起來。我們早在十一月中旬，就已經把三個晚上想吃的米其林星級餐廳都預訂好了。她兒子對她說，媽，妳已經虛耗兩年了！意指疫情封閉在家。不過現在 **Omicron** 疫情蔓延，他們可能隨時會取消行程。」同時，「我，這個城市漫遊者，在瘟疫蔓延下，仍舊在紐約四處遊蕩。當然，不無恐懼，只能儘量全程帶口罩。」有時，「不免想起《魂斷威尼斯》：一位中年男子，為了迷戀一位美少年，在其他人紛紛撤離後，仍舊流連忘返於威尼斯，最後魂斷異鄉。」這部小說「彰顯的主題之一，乃是殉美。」心想，「如果我會在瘟疫蔓延下魂斷紐約，自問，那麼我是為了什麼以身相殉呢？」我想，「就是為了這麼一點生活的況味和孤獨的自由吧！？」十二月五日，星期天。

加州這裡已有數人染疫 **Omicron**，首例為一位帶原傳染者剛從南非返回美國。說到手足之間兩代家人能齊聚紐約平安團聚，聖誕同歡，想像那該會是美好畫面。至於二十一世紀大蘋果紐約漫遊者，她，讓我想到歐洲中古世紀吟遊詩人。想像著她安靜地一個人窩在紐約，活出自己的節奏與旋律。她天生就具有小說作家氣質。我咀嚼再三她那句話：

「就是為了這麼一點生活況味和孤獨的自由吧！？」

紐約客：「聖誕夜，紐約長島市今年的初雪飄降！」「集合了自己在紐約拍照的耶誕街景，再經過臉書編輯製作耶誕卡。由上往下，你看到照片分別為：我住處附近街口碼頭的耶誕樹、眺望曼哈頓天際線、Brookfield Place 廣場、聖派屈克大教堂聖壇旁、洛克菲勒中心。」

元旦前夕十二月三十一日，「Hudson Yards，他們在這個購物中心裝了兩百萬個燈泡，這部份由 Wells Fargo 富國銀行贊助，連電梯也都裝了燈飾。由英國建築師設計的蜂巢建築，也是 Hudson Yards 景觀一部份。興建時，所有模組會先在義大利製作，再運來紐約組裝。可惜後來發生青少年從樓上跳下來自殺，結果遊客被禁止上去。幸好去年還開放期間，我曾一度走到最上層。」

燈火輝煌，星光閃耀，恰似繁星滿天又滿地。此刻，我正等待 CNN 將在紐約時代廣場現場做實況轉播，新年倒數活動，迎接新年到來。

「你們加州疫情如何了？」一月七日，星期五。

教堂從上個星期天開始，就完全改為居家線上崇拜，取消實體在教堂內崇拜。前幾天，全美國單單一天確診人數已經高達一百零八萬例。

「紐約最嚴重。我家的姐妹們本來計劃耶誕節期間，十二月二十六日至十二月二十九日，要來紐約團聚，而且我共訂了六頓米其林星級大餐之外，還精心安排他們去看幾個新的景點和燈會。不過就在耶誕節前一週，眼看情況不妙，叫他們取消旅程。觀察到耶誕節那週疫情直線上升，從耶誕到新年期間，美國已經取消了國內外約一萬多個航班。雖然覺得可惜無法團聚，但慶幸姐妹們也因為我的決定而避免掉很多麻煩與風險，像是萬一飛機航班取消而被受困於機場，或旅途中可能因群聚而染疫。幸好感恩節我到德州，有了一個家庭團聚，見了所有住在美國的兄弟姐妹和他們下一代。經此一想，就無所謂的遺憾了。」

十一

紐約長島的冬日，破曉時分的雪景。
城市天際線，因爲四季而呈現不同風姿。
冬日多麼不同於春天、夏天和秋天。
冬雪，城市映象，
每棟建築物的姿體
愈顯素淨、高雅。

「我自己也很喜歡這些雪景、雪人。尤其那張藍天白雲、長長雪徑、街燈下厚厚白雪覆蓋的休閒木椅、一片清晰明確高樓天際線的照片，看起來非常超現實，好像我不小心闖入了一個夢境，又像我從外太空無意間窺見的異域。既夢幻又科幻。」「齋藤清曾經說過，我從白雪覆蓋，沒有多餘景物，單純化了的自然中，真正感受到了美。被觸動的心弦，歸鄉的喜悅，促使齋藤清連續不斷地去描繪《會津冬季》系列圖像。讓人聯想到美國歷史學家、哈佛大學教授 John Boswell （一九四七—一九九四）曾說：冬季，一個揮之不去的季節，期間，我采集黃金時刻、著手進行一趟多愁善感的旅程，同時也歡喜地享受著每一段空閒的時光。」

日本版畫藝術家齋藤清，把家鄉冬景以黑白畫面呈現，大地沉靜之美。

一月十九日：「紐約第五大道上，大流行的肺炎檢測站是三步一崗，五步一哨。於耶誕節和新年這段期間，總要排隊排上好幾個小時才輪到自己。現在那些檢測站還在，但幾乎沒什麼人排隊了。我想過節期間，大家要坐飛機回家和親友團聚，需要接受檢測才上得了飛機。現在沒那麼大需要吧！而且很多人都會在家自己做快篩。」

一月中、下旬，北加州入夜氣溫冷得只有攝氏六度、七度，然而一到午時，室外溫度十五、十六度，加上陽光普照、暖洋洋，誤以為是什麼小陽春呢！早晚溫差大，有時挺令人困惑。再過一個多星期就是農曆新年了。

「聽來，十五、六度正適合出門散步。紐約這邊偶爾下雪，不過天晴的日子居多。裝備齊全，走在雪地上也挺詩情畫意！」「疫情擋不住美食誘惑。買龍蝦回來自己在家焗烤之外，約女兒女婿跑去韓國餐廳吃烤肉吃到飽，照片裡，你看到一桌豐盛食物僅為前菜。週六午餐，每人 29.99 元。我們一起點了十九盤不同的肉。哈哈！好一個美食萬歲！民以食為天。」

生活樂趣在於打開自己心房，勇於營造且勇於享受。喜滋滋？還是苦哈哈過日子？一念之間。父母選擇當一位智者，兒女們也跟著快樂。

「是我跟著他們快樂吧？！明天紐約要下雪了！下雪天，吃火鍋和肉骨茶。」

父母，兒女，彼此是互相快樂的泉源。她顯然已為女兒立下榜樣：不要辜負生命之旅。吃吃喝喝當中，照樣可以樂觀又進取。千萬別自虐如那些看不透的人。

「說得好。我要常常這樣提醒自己。」

一月二十三日星期天，逛華人超級市場。成堆年糕、禮盒，提醒我農歷新年只有一個禮拜之遙。腦海中，回味著母親生前身體還健勇時，會先將切片年糕裹上雞蛋麵糊，然後再用菜油炸得金黃的紅豆年糕；燉煮一鍋熱騰騰紅燒獅子頭；炒熱一鍋素十錦；熱火鍋。

「想來你也辦了些年貨。買了些什麼呢？」「女兒女婿在耶誕假期後，已經都改成在家遠距工作。平日我偶爾會搭地鐵，坐幾站，去血拼或補貨。由於天冷加上疫情，地鐵裡的瘋子和流浪漢又變多了。除此，每天無論陰晴雨雪，我都一定會到河濱公園散步，最少一小時。平坦的河濱步道對我很重要。變換的草地景觀，或延伸的碼頭，或更遠處曼哈頓天際線，或幾座遠遠近近跨河大橋，在在對我而言，都是正面磁場，讓我從中汲取正面能量。」

無巧不巧，目前我也是每天會散步一小時以上。如果時時刻刻窩在家裏面，大門不出二門不邁，整個人準會發霉、會生病，這對個人心理也是可怕負能量，整個人會被曲扭成不成人樣，不瘋癲才怪！就連早年我在新竹過日子，亦會拒絕鎮日悶在屋內。總會找理由出門，就算走它一趟傳統菜市場也好，買菜買水果，吃上一碗熱呼呼的麵，然後張羅一些零食，像是兩條包葉水煮的玉米、豆花、紅豆湯，拎著回家，日子過得滋滋有味。

一月二十五日：「昨天早上，跑去打了一針莫德納追加劑。這兩天在家休養。這次左手臂比前兩次痠痛。前兩次是由專業護士來施打，然而這次是位日本女人，不知道她是來實習的還是啥？以前都打在左臂較低處，現在這位則是打在近乎肩關節處，這可讓我舉臂維艱。不過我仍忍著不吃止痛藥，睡一覺醒來，疼痛減緩。」

前不久，我去印第安納州探訪友人。當時，身邊兩位朋友也都去打莫德納追加劑，她們兩位反應都是發冷，結果一個六十歲，一個三十歲，回到家後，皆往浴室跑，身淋著溫水以保暖。我目前心情是，只要打了第三劑疫苗，整顆心就會稍安。希望疫情大流行很快降溫，恢復正常生活秩序，如此，本人就可以參加遊輪旅遊了。

「說到郵輪，我四月就要和女兒女婿來一趟七天巴哈馬郵輪之旅。女兒請客，付了兩千多美金。本來她也請我老公，不過他礙於疫情，不願坐飛機坐船，返回台灣後，還要被隔離十四天，幾經考慮，決定不參加。」

一月二十九日星期六，灣區這兒，早晚又冷又凍，午後竟如春。

紐約客：「一位菜鳥警察在執勤時被歹徒開槍擊斃。死者未婚妻在喪禮中發表感人悼詞，她提到檢察官 **Bragg** 先生，就是主導紐約對於罪犯輕、從不起訴的關鍵人物，主張小罪例如偷竊搶劫等由犯罪 **crime** 改成輕罪 **misdemeanor**。自從《黑命貴》運動以來，民眾對警察敵意日增，讓警察執勤時綁手綁腳，甚至對歹徒採取視而不見，任由紐約治安急速惡化。今年一月年初以來，月底，紐約就有七個警察被槍殺身亡。」「今晚聽說大紐約地區將面臨四年以來首次冰風暴（**blizzards**），所以我已備足食糧應戰：一鍋麻辣香漫的麻辣火鍋，鍋內會有雪花肥牛片、鴨血、大腸、百葉、魚片、鮮蝦、魚餃、蛋餃、川丸；一壺台灣阿里山烏龍茶；一盒西西里起司蛋糕，這款蛋糕有加入義大利新鮮的 **Ricardo** 起司、醃漬水果、萊姆酒；然後，當然，佐以窗外漫天風雪，俱足矣！」

一月三十日上傳幾張紐約冬景照片，美！總覺得，只要是雪天，飛雪漫天，或雪停，眼前一片銀白冰霜，讓任何所謂醜陋的人或物，瞬間，變得美麗起來。大白話，即白雪大地能遮掩天地間所有的，醜；有了冰天與雪地，一切都顯得詳和、寧靜。

「聽你所言，憶及一位作家曾說，白雪，像仁慈之心，它美化它所能涵蓋的萬物！」「老人與狗。對面公寓老人牽著狗，每早固定時間出現，另一手還拿著鏟子，老人大概已經無法彎腰撿狗屎。但願我能像他在這麼老的時候，也能每天持之以恆，出門走動。」

一月底，我請朋友幫忙開啟臉書帳號，如此就可以讀她的紐約遊記與生活雜記了。並順道祝福農曆新年的除夕平安。次日，在臉書上看到她上傳不少生活照片影像、文字敘述。

「你看到我臉書了？藉著臉書，整理自己的心情日記，免得以後什麼都不記得。」

二月三日星期四，特別搭巴士去史丹福校園逛一下。

「現在仍然採取遠距上課嗎？人多不多？」

現場直擊，教室內，師生實體上課。校園內，人來人往，但人人戴著口罩。圖書館僅開放給校內師生職員。為了防疫，學生中心的飲食區也撤了不少桌椅，加大了社交距離。

「原來如此。這跟我想像中的一樣。所以你也不能進圖書館？」「上週一，我打了加強肺炎疫苗，也就是第三劑。現在已經豁出去了。一月三十一日，女兒幫我繳了全額郵輪旅遊的錢，而且又將艙房做了升等。現在很期待四月三日至四月十日巴哈馬郵輪之旅。前天晚上，我和女兒女婿一起到法國餐館大吃一頓，慶祝農曆新年。此舉，我覺得多少也是對於眾姐妹在耶誕期間取消紐約美食之行的一種補償心理吧！」

退休生活方式，開心地去吃法國大餐賀新年、升等郵輪艙房，實在是大智慧。我眼中，她這半年時間最美妙的境遇，就是多了一個頭銜，丈母娘。日子從此過得更有意義、更多樂趣。

「哈哈！我現在學習去做一位慈祥老人。本週日，我將陪女兒和她的兩位閨蜜去選結婚禮服。我向女兒及她未婚夫開玩笑說，我會儘量閉口不多話，除非穿上身的禮服看起來太醜！昨天，我和大學時期老同學海倫閒聊，說，當我建議去法國餐廳 **Jean Georges** 吃飯，女婿從來不願吃這家餐館，因為餐館座落在川普大樓裡，他討厭川普。老同學是川普的狂熱支持者，於是建議我應該好好開導他一下。我回覆，幹嘛要去教導他呢？他不喜歡川普，也不喜歡拜登。想盡辦法去教導年輕人，只會逼他們遠離我們身邊。」

年紀漸長，如果仍在年輕人面前倚老賣老，那準會把自己原本就寂寞歲月推進一個更、更寞落的深淵。何苦這麼想不開？晚年孤苦，才是真正孤苦。年紀漸長，改頭換面，只做個慈祥和藹長者，智者也。

二月五日：「現在各地都有慶祝中國新年的活動。無可諱言，這和中國崛起有關。紐約也有大大小小慶祝活動，而且不限於華人圈。大都會博物館也不例外，雖然活動規模不大。鄰居美國小孩還來敲我門，送上親手做的紙燈籠，祝我新年快樂！很多台灣人對北京冬季奧運會酸言酸語。撇開政黨，但我卻看到冬奧排除萬難，風光開幕，也為中國人驕傲。」

三天後，加州這兒早上攝氏六度，下午十九、二十度。溫差大。

紐約客：「一天就過完四季。」

二月九日：「我在臉書分享了美食報導。歡迎你點閱。」

二月十一日星期五，午餐後，看完她傳來視頻，非常同意：網路正義發聲能激發龐沛力量，人人有責，這股力量可以大到，匡正任何一種歧視與傲慢的暴力。

「紐約也有幾宗白人因為對西裔種族歧視，大聲咒罵，過程被拍下來，被肉搜，結果丟掉高薪工作。肇事者是位美林投資顧問的資深理專，那天，在手搖飲料店內，對西裔店員潑飲料。因為他幫兒子買手搖飲料，交待過不要放花生醬，店員沒照做，害他兒子過敏急救，差點岔了氣，因而跑回店家去理論，大罵店員是落魄差勁的移民。我覺得這個人真笨！他要做的，絕對不是大吵大鬧，反而應該搜集就醫証明、飲料店的收據，再向飲料店提告賠償。以前有位老太婆因為在麥當勞喝咖啡被燙傷大腿，一狀告到法院，獲得上億賠償。自此以後，我們在任何麥當勞店都只喝到半溫不燙的咖啡。」對了，最近幾天，「陽光普照，以紐約標準而言像春天，同時我又在一月中旬已經施打了疫苗加強劑，於是開始到處亂跑。昨天，去林肯廣場 AMC 看電影。一九九五年，我在這家電影院遇見李安，正巧他的《理性與感性》正在放映且深獲好評。我對他說，我要去看。李安建議我，一定要去林肯廣場電影院欣賞，因為聲光設備最好，最能表現他的電影質感。從那時候開始，只要在紐約，則一定會去那邊看電影。下午四點鐘前買票，可打七折。今天我花了十一塊錢購票，下午一點鐘進場，前後看了三場電影，晚上八點半才走出戲院。這家電影院因為每層樓有四間放映室，搭電扶梯到了每層入口就有員工查票、查疫苗注射証明。過了這關就長驅直入，如入無人之境，可以在同一層樓放映室來來去去。觀眾寥寥無幾，有些是白髮老先生老太太，買了爆米花、可樂，就耗在電影院消磨時光。紐約老人，包括在下，真不愁沒事做啊！」

次日星期六早晨，二月十二日，「從住所大約一個街口的碼頭，搭渡輪，航向華爾街的南碼頭，曬曬太陽。稍晚，我要去吃龍蝦，那家餐廳的龍蝦是無限量供應的。」兩天後黃昏：「我的龍蝦大餐原本約好一位朋友於一月中旬去吃的。但是她問題多多，曾在去年得了小中風，現在走路走不快，而且她要上班，所以只能周末吃。後來又說，要等她弟弟一起去，因為我倆吃不多。當日期將近，她又說，因為植了五顆牙，深恐吃龍蝦上火，於是將約會延至二月初或二月中旬。眼看二月初，仍未見她有任何動靜，但這下子我也不好再主動邀約了，怕增加對方壓力。你看看，我們兩個在台灣，酒肉朋友一吆喝，就成行。酒肉朋友其實不好找的！上週五，我不管三七二十一，自己乘興而去，不囉嗦。海鮮吃到飽大餐每位七十五元，加龍蝦則每人一百元，我當然選後者。為了防疫，餐點是現點現做，無限供應，而且上菜快。活龍蝦，新鮮豐碩肥美，滿滿的都是蝦肉。有三種口味可選：椒鹽、蒜味奶油、起士通心粉。我點了兩隻蒜味奶油龍蝦、一打生蜆 cherry clam（這邊 little neck 的特產，中間露出櫻桃般粉紅脆嫩的肉）、半打生蠔、椒鹽蟹、鐵板牛排薄片，總算解了饞。好懷念以前韓國街上一家 buffet 吃到飽餐廳，中午一個人三十一元，周末及晚上三十五元，裡面沒有龍蝦，但幾十種冷熱甜鹹任你選：生蠔、生蜆、各色生魚片、壽司、帝王蟹腿、自助火鍋食材、各種烤肉、現場熱炒、清蒸等。這家歷史二十年，生意鼎盛的日式自助餐飲食，其實綜合了日、韓、中式的餐飲。不幸遇到疫情，如今永遠歇業了。」「我的功力平平。本來計劃吃四隻龍蝦的，但兩隻大蝦加上調味配料就把我擺平了。我旁邊那對非洲裔食客吃七十五元的食物。只見他們光是炸全魚澆不同醬汁，點了三回。那魚可是酒席菜的尺寸啊！煎干貝、煎大蝦，他們也點了很多回。最賺的應屬一對大陸年輕男女，我看他們至少點了十隻不同口味龍蝦，桌上型垃圾筒都已裝不下他們的龍蝦殼。當然他們其他菜也沒少點，各種蝦蟹、鐵板牛等，唯獨沒點生蠔、生蜆。」

冬季風暴，疾風與暴雪，兩者交相結合於一月二十九日，襲捲東北部十州。因此從維吉尼亞州到緬因州，全被冬雪掩蓋，涵蓋了紐約州、羅德島與麻州。暴雪，乃風暴挾帶降雪或吹雪，風速超過每小時三十五哩，能見度不及 0.25 哩達三個小時或以上者也。雪落地，又被強風吹起，能見度驟降，這時候當前景像就是吹雪了。紐約長島該晚降雪逾二十二吋，紐約中央公園也至少積雪 7.5 吋。而紐約客早在前一晚即已聽說了，一場暴雪或冰風暴將會登場，大紐約地區四年來首見。

當紐約客上傳貼文時，我難得早起。看到美味大餐多張照片，精神為之一振。記憶中，我們酒肉朋友之前在新竹，只要一吆喝，廢話不說，立即奪門而出，大吃大喝一頓，有時候還外加遊山玩水。除了新竹國賓飯店自助餐，還有像是九份一日遊、宜蘭吃烤鴨，春遊大背山看螢火；南寮漁港吃海鮮並沿著海岸線，每人各自騎著一部單車兜風。

十二

等待公車前往 Palo Alto 做義工，佇立巴士站，邊看著手機上紐約客上傳的美味照片，固然勾起兩人過去在台灣吃喝的回憶，無意間，也勾起我對她、王文興和王德威當年的回憶——

她曾在二〇一〇年春季，邀請我參與學術演講，五月二十四日午後近黃昏，搭上她申請到的公務車，從交大校園駛上高速公路，北上中央大學，出席由中華民國人文研究學會主辦，並由中央大學人文研究中心和交通大學協辦的「演繹現代主義——王文興國際研討會」。會議地點設在中央大學文學院一館三樓的國際會議廳。當夜，主辦單位在現場除了陳列王文興的作品，紐約客早年出版的小說、詩集、劇本也一併擺設在展示長桌上。與會者吃完便當，稍事休息，不久，圓桌論壇在主持人康來新教授的致詞下展開。紐約客是當晚被邀出席的主講人之一。現場高潮則屬小說家王文興教授朗讀自己的作品。

一個星期後，五月三十一日，下午三點半到五點半，交大特別邀請中央研究院院士王德威教授來校演講，該演講活動由交大外文系主辦，交大教務處協辦。電子資訊大樓國際會議廳擠滿慕名而來的師生，聆聽「雷峰塔下的張愛玲：論迴旋與衍生的美學」。六月二日星期三，整個上午，由於無需教課，我趁空檔出席了王德威教授十點至正午十二點主講的：「往事（並不）如煙：『後歷史』以後的歷史敘事」。二十世紀末，王德威表示，西方學界出現一系列有關「後歷史」的辯論。以此為背景，觀察到中文小說曾在二十世紀初被視為建構歷史的指標，也在世紀末成為解構歷史的利器。值此二十一世紀，王教授反思小說：

是否終結歷史？

或被歷史所終結？

能夠提出什麼樣的方案，持續啟動敘事，再現歷史？

會中，王教授提出多年研究觀察後的獨到見解。從莫言到朱天文、從陳冠中到駱以軍，王德威檢視中文語境裡的「後歷史」如何被呈現、思考、批判，以及「後歷史」之後的歷史成為有意義話題。演講完畢，紐約客從聽眾席起身走上講台，代表交大做個結語，盛讚王教授是學術界稀有動物，彌足珍貴，並感謝他曾為她的新書寫序。當天下午兩點至四點，王教授講演內容：「從『情教』到『情本體』：現代性的批判與抒情傳統」。不巧因爲要去課堂教課，因而我無法躬逢盛會。不過當晚，紐約客一併邀請我和校內其他幾位系所老師，前往離校不遠的煙波飯店與王德威教授共聚一堂，聯誼並晚宴。那夜，席間有一位，我和紐約客共同舊識已久的H，教授中國文學課程，她後來成為我們聊天的主題之一。

十三

元宵節那天二月十五日夜間，我搭乘聯合航空從加州返回台灣，一下飛機，立即入住台北防疫旅館《凱撒飯店》一星期。

難忘二月二十日星期天，紐約傳來臉書一則訊息，出自於大學校友會的刊物內《相簿訊息》一欄，透露消息：「道別下午茶：H老師，謝謝您。時間：二月二十二日、二十三日，中午十二時至下午二時。資訊技術服務中心三樓，學務處會議室。讓我們用音樂、故事、手寫卡片，來告別與思念永遠的H老師。歡迎獻上您對H老師的懷念與祝福。」附上H老師相片，相片中，H胸前還有兩朵盛開向日葵。看完轉載給我的簡訊內容，接下來，紐約客留下簡單幾字：

「學生傳給我的。」

H老師也要退休了？好快。猜想應該會是屆齡退休吧！

紐約客：「這則貼文出自校友會刊物小編之手，在貼文上寫了RIP，引起某些收件人一場虛驚。**RIP**哪能隨便亂用？太沒文化水平了。」

經她提醒，我再回到那則貼文細看，果然在貼文上方有大寫的英文字母 **RIP**（**Rest in Peace** 安息吧！）次日，子夜時分，紐約客傳來一張訃聞。眉頭微皺，我好奇且困惑著細看內容：

「我們所敬愛的母親H女士，於 主後二〇二二年二月十七日（星期四）上午九時二十分蒙主恩召，安詳地回到天父的懷抱。距生於主後一九五五年十二月九日，在世旅居六十八載。」

看到此，震驚不已，直呼不可能，認為這是一場惡作劇。由於實在不敢相信H離世之詞，立馬追問紐約客：上列是真的訃聞嗎？我還是搞不清楚狀況。到底是什麼情況？晚間，紐約那一端簡答：

「是訃聞！」

瞬間，覺得一切變得很不真實。很想參加新竹教堂H的追思禮拜。

「我也不相信。我在想，一直沒聽到她生病消息，身體看來健康，保養得宜。去年五月，爬山途中，遇到他們夫婦倆，她還顯示出強烈企圖心，一直說她要延長退休計畫。而且好像夫妻兩人都想一直教書到七十歲。她先生不是城府那麼深，如果老婆羅患癌症或久病纏身，一定會對常常打球的球友傾訴。我也沒聽到他球友的老婆A說起，不過A提及，H老公曾透露，H於上週一開學日，要去學校辦理退休，其他就一無所知。」

三天後，二月二十六日星期六，紐約那端上傳了別人傳給她的一張照片，即追思禮拜當天早上，教堂舉行悼念會的實況。同時，上傳H女兒懷念母親追悼文給我。

第二天，我回應紐約客，說，女兒對母親深情追悼，文中，觀察入微，細緻感人。H女兒把我近日淡淡哀思更推向對H濃濃追憶。彷彿，時光滯留在早年的竹湖畔，那些年，我和H兩人研究室面對面。那些年，因H，終年——

湖水溫暖，就連冬季的狂勁竹風，亦益顯善感動人。

今天，故人已遠行，思念……

過往交流點滴，輕盪在我目前的生活節奏裡。

有時，忘卻了自己眼前鮮活的，流金歲月。

「真是如此。我和H相處時間不如你多，也沒那麼深入。但是她選擇離開，十分意外突兀，身為朋友，我們都很難過，來不及道別。她一生奉獻給我們這所大學，師生對她的懷念是可以想見。你的記憶力，尤其對微細事物的記憶，讓我可以了解你當下感受。希望我們能儘快從悲痛中走出來。希望如此。」

三月八日星期二：「最近成了跛子，禁足在家體驗殘障人的生活。由於二月二十三日和二月二十四日，這兩天好友R來訪。我陪她在紐約曼哈頓上天下地，每天行走一萬到一萬三千步之間。其實早在她來的前幾天，我早已在城市晃蕩得手疲腳軟，只是不能不捨命陪君子。R離開紐約後，我覺得自己狀況不妙，於是決定在家休養，偶爾才外出，在家附近走走或買菜，頂多走個五千步到七千步之間。上週五，感覺身體狀況尚可了，就拉著女兒到法拉盛打牙祭，順便逛逛那邊的百貨公司。未料，人才到法拉盛，一出地鐵站，我的右膝後方可能扭傷了筋（我連自己何時扭到傷，都一無所知），結果每走一步，就戳痛一下。勉強撐著，一直達到目的地，走進餐廳，點了一堆美食解饞。餐畢，女兒不但幫我買了內用、外用藥品，還叫了Uber車把我送回住處。打開房門後，自此就札實地居家禁足三天，倒是趁機還了我手邊審查稿的稿債。昨天，走向垃圾間倒垃圾，可能轉身的角度不當，害得右後膝原本已經緩和的拉傷再度加劇。走回家，休息一會兒，動手組裝了從台灣寄來的登山杖，然後一拐一拐過街，走到對面藥房補充一些止痛消炎藥、鈣片和雜貨，再一拐一拐地歸返住處大樓。先在一樓乾洗店取回鴨絨外套，再搭電梯上三樓。明天是我的生日。兩週前就已經訂位，準備好和女兒女婿於今晚，生日前夕，進城吃日本懷石料理。看來短時間內無法搭地鐵了。今日傍晚，只好和他們一起坐Uber優步車去那家餐廳。原先買好了生日當天，即明天下午的百老匯音樂劇門票，想結伴女兒一起觀劇。昨晚，寄了一封電子郵件給售票單位，詢問可否退票？天啊！殘障生活最少還得再過上一個禮拜。」

首先，生日快樂。人在紐約慘遭禁足，相較於遠在台灣的我，她應該還算好吧？記得當我從加州返台那天，也被禁足待在屋裡，哪也不能去，足足兩個禮拜之久，因爲配合政府防疫政策，對入境者要求居家隔離。三個星期過去了，今天三月九日，我完全自由了！光電系一位退休老師和機械系一位資深職員，兩位請我上館子吃牛肉麵、蔥油餅。我這趟回台灣，卻失去再見H一面。難忘返台那些天，遵守台灣疾病管理局規定，我札實做了四次核酸檢測、三次 **Covid-19** 快篩檢驗。

「H的事令人遺憾。。」

悲劇發生，身旁親友都難掩傷痛，緬懷過往。願H安息父神懷裏。至於你傷到腳，是否該換一雙好鞋和舒適的鞋墊？

「謝謝你的建議不過我穿的就是 **Skecher** 專為腳不好的人所設計，一雙氣墊防滑鞋短靴。大概是過度走路，而且不小心拉傷後膝和小腿筋肉吧！」

十四

兩天後，三月十二日一大早：「記得嗎？我帶你去過苗栗南庄的神仙谷？電影《賽德克・巴萊》取景地點。」據聞近日有「戲劇製作公司取景拍攝時，攝影師與助理落水身亡。」

記得出遊那天，她還跟我講，早些時候，她和她兒子倆開車東繞西轉才找到神仙谷，同時又說，台灣本島有不少角落，山水與風土民情都非常值得探訪。

又過了兩天。「你即然回到台灣，不如報名旅行團去阿里山賞櫻。高山氣溫低，所以三月中旬應該還有櫻花可看。」

淡淡三月確實為賞櫻季。憶起我曾兩年春天參加旅行團搭飛機去京都賞櫻。不到兩分鐘。「紐約這邊有感一抹春的氣息。風和日麗，陽光普照！」

上傳照片裡，紐約天空無雲、藍天、摩登大樓林立、海灣、海濱步道，還有那一道陽光。

「今年冬天還好，只下了幾場雪，很快就融化了。」

一個人若能靜靜地觀景、身心感受一下四季分明的更迭，一樂也。

醒來，三月十六日大清早，紐約客：

「美食客改不了本性。生日前晚，我拄著拐杖和女兒、女婿搭 Uber 計程車去曼哈頓區吃懷石料理，吃完美食，再坐 Uber 返家。孩子們在一家名為 **Kaiseki Room by Yamada** 的日本餐廳為我慶生。這家餐廳去年九月一日開張，即刻引起紐約饕客的矚目。日本主廚 **Yamada** 擅長懷石料理，原本在京都一家米其林三星餐廳 **Kitcho** 學藝，後來在家鄉 **Fukyoka** 自開餐廳。二○○六年，他被紐約著名法國餐廳老闆兼主廚的 **David Bouley** 挖角到紐約來，兩人從此合作了多年。二〇一八年，**Bouley** 吹熄燈號，**Yamada** 則繼續留在紐約闖蕩江湖。去年九月，**Yamada** 終於如願以償，開了一間自己理想的懷石料理餐廳。餐廳在中城一家旅館大廳的一角，空間不大，商請知名設計師將天花板設計成蠶蛹狀。客人必需預約，以便主廚備料，最多只能容下十八位客人，吧台區只容十二人。每晚分為五點和八點兩場進餐時段，統一出菜。每道菜都由 **Yamada** 親自操持料理。慶生會那晚的菜單：

開胃前菜為生干貝、橘色蛤蜊、魚子醬，佐以柚子果凍，上灑紫蘇汁。爽脆鮮甜的貝蛤薄片透著清新微酸的果香，令人胃口大開，蓄勢待發。

茶碗蒸，北海道海膽、鵝肝浸泡在日本高湯裡，上鋪黑松露絲。這三味極鮮相遇，昇華，彷彿舌燦朵朵蓮花。

綜合生魚片，依魚肉滋味濃淡分別搭配海苔醬油、昆布柴魚醬油、柑橘薄鹽醬油，濃妝淡抹突顯出魚鮮各自風味。

軍艦壽司，壽司米飯上鋪著鮪魚腹薄片、海膽、鮭魚卵。另在鮪魚腹薄片上鋪了帕瑪森乳酪絲。主廚特別囑咐我們，把鮪魚薄片鋪在軍艦壽司上層。一口咬下去，鮭魚卵輕輕迸裂、海膽膏漿流溢、鮪魚腹脂香味揚起，激起華麗的交響樂章。

鮑魚雞湯麵線，我一向對日本湯麵不太感興趣，但是這湯麵讓我刮目相看。感覺上有濃濃中國風。乳白色濃郁卻不油膩的雞湯，配上麵線、流心蛋、鮑片、鮮蝦、木耳絲、紫蘇，再灑上些許芝麻。一小碗吸滿湯汁與鮮香的麵線滑溜入口，好像小時候媽媽的味道，五臟六腑都熨貼了。

山珍海味籃，籃子內放進烤鱸魚片佐芋泥、迷你蝴蝶小卷配蘿蔔絲、長島鴨胸肉配蘑菇醬、鱒魚卵海膽。這些風味殊異的山珍海味，隔著精美食器，相互勾串出一片心馳神盪山海風景。

燒烤的美食，和牛片，佐以柚子醬和胡椒粒，下墊筍片。侍者再三強調，這種牛是被餵橄欖養大的，細嚼肉質裡的橄欖味，還說全世界只有兩百頭這種在日本餵橄欖養大的牛（姑且聽之）。不知為何，我腦海浮現了旅遊西班牙南部時，不斷從車窗滑逝的大片大片艷陽下的橄欖林，頓時真覺得嘴裡的和牛片的肉質，鮮腴多汁，又透著似有若無的橄欖香，餘韻猶存。

土鍋飯，上鋪鮭魚卵之外，內有小卷絲、韭菜、香菇絲、日本墨魚。尤其經過前面華麗講究的視覺味覺之旅，這道收尾的土鍋飯，溫潤如玉，有如鄉間小徑，通往舒緩撫慰的露天溫泉。

甜點，玉子豆腐澆上草莓醬，再上鋪烤蛋白霜，而焙茶布丁的上面鋪著巧克力碎粒。素淨不甜膩的甜點，以不卑不亢之姿道別。」

隨後她再透露：「散步時，遇到探頭探腦的鬱金香」。日本料理在她生花妙筆之下，打開了味蕾，無限嚮往。除了文字敘述，又輔以拍攝當晚生日宴上一碟碟東洋美味照片，食指大動。另一方面，看著傳來拍照影像，心中想著：一家餐廳由於主廚用心烹調並將食物精心排列、並在大小容器裡略加裝飾，於是展現出一種美感，一種東洋禪味的視覺藝術。紐約的野外鬱金香，冒出頭告訴民眾，紐約春天已至。從此，季風不再緊了。

「說得好。低調奢華的室內設計與主廚魅力。今早，當我看到一欉欉紫色鬱金香從枯枝敗葉中冒起生命，覺得它可真是天賜禮物。」「現在看到美國電視台沒日沒夜播報烏克蘭和俄羅斯之間的戰爭，以及難民畫面，想到以前和婆婆一起出遊台南赤崁樓。當天風和日麗，婆婆一直重複一句話：沒有戰爭真好！」「雖然我很佩服烏克蘭人民的勇敢和骨氣，但想到烏克蘭為了加入北約，成為俄羅斯入侵的最後一根稻草。如今有難，北約沒有一個國家願意出兵幫忙或提供高端武器，早知如此，何必當初。現今數百萬難民潮，流離東歐，不知誰來善後？」「回顧台灣海峽，看來應不至於有即時的武力相向，倒不是因為軍事原因，而是經濟因素。大陸如遭封鎖孤立，國內已處急速惡化的經濟會如冰風暴般瓦解，自我內爆，屆時無論誰是領導，下場都會很慘。因此，還不如和台灣維持目前曖昧關係，美國也不會讓台灣獨立或在國際上擁有（國家）位格。烏克蘭在國際上是個獨立國家，所以他們和西方進一步關係都會讓俄羅斯如坐針氈。而台灣親美已經半世紀之久，且在國際上不具備獨立國家的國格，這種情況我想未來半世紀都不會改變，只要不改變，就不會讓老共有武攻的藉口和迫切性。好笑在於，很多鼓吹台灣獨立的大老們都擁有美國公民身分，平常叫叫嚷嚷巴不得兩岸開戰，然而一旦發生戰事，台獨大老們會第一個坐飛機跑掉。我朋友舉例二〇一二年台灣總統大選前夕，他當時從夏威夷搭華航回國，在貴賓休息室看到一位知名台獨大老，他正由孫子推著輪椅，大老也正準備要搭乘同一班機的頭等艙返回台灣，對統獨和候選人的政策說三道四。」

歷史上，國家陷入殘酷的家破人亡戰爭，大都由於領導人、政客野心，或在偏執的意識形態驅使下，製造莫須有的仇恨，害得全國人民被拖進水深火熱死傷裡。

星期六，三月十九日：「這位臉友寫日本退休的足球明星，寫得真好，與你分享。我平常就愛讀他的貼文。」

臉書貼文，文筆真好。閱讀起來即流暢又津津有味。她開口推薦就是品質保證，像是朱天心的「三十三年夢」。當初由於跑進幾家書店購書，但都因沒有庫存而落空，只得跑去交大圖書館借書。閱讀中，發現作者會使用很長很長的一個句子。昨天星期五，三月十八日，特地跑了一趟台北長春國賓戲院觀賞文學記錄片「願未央」，一窺朱西寧、劉慕沙夫婦倆文學路。

紐約客：「那本書，三十三年夢，裡邊提到人物，我多半認識，因此，多了一層感觸。」

接著，四月二日：「我剛才去做了免費快篩，因爲後天要搭飛機去邁阿密，然後搭郵輪參加七天六夜巴哈馬之旅。」

四月十八日：「洋女婿的外婆初見我，眼睛睜得大大，說，怎麼這麼年輕？又說，你們母女倆看起來反倒像姐妹呢！不過老美本來就不會猜亞洲人年齡。我在住家附近藥房買啤酒，還常被要求出示身份證明。」

照片中，她和女兒快樂地融入女婿的大家族，歡樂聚餐。來自不同種族文化兩個家庭，如今入座並共享美食。凝聚起來那一份濃情與溫馨都呈現在視頻裡。女兒女婿翩翩起舞。紐約客整個人看起來很年輕又有活力，我想乃來自於自信與正能量。

「上海封城。網路上流傳著被困在家中以防疫的上海人，因為搶物資的亂象而製作了《搶菜歌》錄像帶，改編於《上海灘》，真是諷刺。上海灘，這部電影乃是影射杜月笙壟斷上海碼頭的青幫故事。上海灘主題曲乃由黃霑作詞作曲。後來大陸改編成電視劇，由黃曉明主演，收視率直飆。上海灘唱得最好聽要屬費玉清。想當年八年抗戰，全中國都在挨餓，唯有上海十里洋場紙醉金迷，燈紅酒綠。杜月笙周旋於日本鬼子、國共兩黨之間，連蔣介石都要讓他三分，和他拜把兄弟。如今上海因疫情開始擴散而採取大規模封城，可能是百多年以來上海最黯淡日子。整個上海像一座鬼城，鬼哭神號，十天半月不知肉味，大家都在搶菜。」又「一趟郵輪回來，在臉書上發現一位台灣友人，已經在上海被居家隔離防疫已經二十九天了，心中有說不出百般感慨！」「上海何時解封？目前似乎看不到盡頭。想想看，一個城市，兩千五百萬人被關在鴿子籠裡一個月，或更久，還缺糧……不因疫情而死，也會因抑鬱而發瘋。」

剛才台灣電視新聞報導，如今封城的場景切換到北京城了。

「事實上，我參加女婿家復活節聚餐時，他們那邊親戚百分之八十五都得過新冠肺炎，從最嚴重的第一期到 **Omicron** 都有。女兒和女婿兩人去年耶誕節前，染疫

Omicron。當居家檢疫休息五天後，檢測結果為陰性，馬不停蹄地高高興興前往多明尼加渡假一週。大陸現在清零，其意義值得商榷，是否應該趁著 **Omicron** 症狀不嚴重之際，達到全民免疫的流感化效果？」星期三，四月二十七日：「這幾天，想想覺得奇怪：我的退休生活，也不是每天都在興頭上，有時候無所事事也覺得蠻無聊。照理講，我應會懷念以前在大學三十多年的教師生涯。但是目前為止，我好像並無眷戀。曾經嘗試回憶，大學校園裡有沒有什麼讓我懷念的人事物？好像也沒啥太鮮明記憶。系裡就別提了。唯一讓我想起來還有一絲暖意，只有兩位老師和一些特別有緣份的學生；此外，想起來，就屬當時擔任行政主管時，和教務長、副校長、國際長共同吃便當一起為校務打拼，或彼此開玩笑的片段，但也很模糊。而且現在人已散，亦未刻意互相聯絡。校長曾經在我們都淡出行政後，仍舊對我很照顧，父親生前，校長曾經親自請託國內眼科著名醫師多加照顧老人家。H每次看到我就說，校長對我很不錯。但是我跟校長真是君子之交淡如水啊！我疑惑：為何對一個我奉獻了三十多年的大學，我竟拼湊不出清楚鮮明的記憶圖像？是我得了失憶症嗎？還是我仍然處在退休第一年的新鮮感當中，拒絕往回看？我想知道你的退休記憶圖像為何？」

退休後，我數度萌生何不重返校園？每學期兼它一門課重溫教書樂？之後，一直未付出行動提出申請，因為時代不同了，疫情大流行之際，動不動就得規劃線上教學。我哪懂得操作或製作那些需要用現代科技來設計課程地圖、講課教材？況且，期盼能夠與學生在課堂上面對面教學相長，而非冷冰冰線上教學。至於退休後印象深刻至今，就屬H。那時候，她會打電話跟我聊天，或敲我研究室的門，進來串門子。跟她聊天很舒服，無所不談。記得一個深秋，兩人早上都在研究室各忙各的，午後，H

捎來電話，約我跟她一起從六樓坐電梯下樓，漫步校園。她穿著寶藍色的風衣將整個身子裹著，淡語且若有所思。另外，讓我懷念的是學生在作業簿上、讀書心得報告裡，主動寫出自己的隱情或人生經歷，縈繞心頭至今。今日，我選擇住在學校附近，常有機會返回校園逛逛，看著來往師生，讓我認清人事已非，並且，所有的人都可以被取代，無需神化自己與神化別人。退休後，刻意家居在大學附近，天天來去在校園與住處之間，讓我有種安身立命的假象。

紐約客：「雖然人事已非，然而住在自己熟悉的地方還是比較方便，住在大學校園旁，也可以兼顧生活品質及機能。線上教學一點也不難。你如果有興趣開課，真的可以試試學校有各種軟體。你可以連絡校內數位內容中心，雙方約個時間，個別指導一下即可。你可以預錄課程，如此即可避免任何臨時突發狀況。」如果，「我目前還在教書，日子可順遂多了。可自願選擇沒人願教的，像是美國文學史二。每週播放一年多前春季學期所預錄的教學影片。當年，三月中旬，從美國返校，自我隔離期間，不想耽誤時間，時差尚未調整過來，就投身錄製線上教學影片。當時大部分教師還在教室內現場教學。記得為了三個小時教學內容，我得花上整整兩三天時間，比方說一至兩天備課及出題，一天預錄。錄影時，一不小心講錯，就得一切重來。想到是在錄影，因此不容許自己出錯，留下證據。三個小時的課，花上六至十二小時來錄製，可說是家常便飯，而且教學影片或投影片，也製作得特別詳細。另外還有文本導讀這部分，我得預先找到 PDF 電子檔。先用黃線畫重點，再配合播放頁面錄音詮釋。幸虧那時候，我有個一位不錯的助教，幫忙上傳錄影、考題。學生二十分鐘分組口頭簡報部分，也是錄影上傳。年輕人對技術學得快，對他們而言，這些都不是問題。那個學期學習成果遠勝於現場學習。期末學生對我做了教學問卷，得點高，反應很好。很多學生更愛線上教學，理由是他們可配合自己的時間來學習，而且如果有不了解，還可重新播放。」「我還蠻喜歡教書。只是不耐系裡有些人愛攪局和鬧事，再加上小教授為了升等，噤若寒蟬，學術殿堂污染成一灘臭水。任何單位只要有這種人，就臭不可聞，令人掩鼻，不想待下去。」

看到她對教學與研究的敬業精神與熱情，想起王德威，難怪兩人都如此成功，享有今天在學術上非凡成就。

「我真不能和王德威相比。他當年比我用功多了。每天早上八點鐘，跑到圖書館報到，午、晚飯才回家吃。他居然連住處都選擇住在圖書館對面的教堂旁。風雨假日無阻，讀書到午夜，圖書館關門才回家。我最近在臉書看到他線上演講的近照，瘦了很多，不過看來還是很精神。這回我來紐約，也曾和他聯絡。他說，我什麼時候去波士頓？要請我吃龍蝦，就是去那年他請我和丁守中吃龍蝦的同一家餐廳。那年二〇一六年。那時候，丁守中選台北市長失利，於是前往哈佛大學擔任訪問學者半年，而我剛好到哈佛開學術研討會。」「丁守中不愧是政壇打滾過，政壇少數正人君子。用餐過程中，他高談闊論，近晚上九點，侍者前來暗示，該是點甜點的時候了。當他知道餐廳快打烊，於是就用五分鐘把兩整隻龍蝦連剝殼、帶吃，吃得乾乾淨淨。」「那一年春天，美國龍蝦很便宜。一客兩隻緬因州活龍蝦好像才三十五元。」「世界肺炎大流行，到現在兩年的疫情、中國美國兩強對峙，美東龍蝦不能銷往龐大市場的大陸，很多養殖業者停養，造成今年價漲。日前，我在唐人街買一隻二十七元，一磅價格17.99元。自己回家焗烤活龍蝦，沒啥吃頭。下次想吃，還是花個一百一十元，到一家，隨你吃到飽的，海鮮餐廳過過癮了。」四月底那天，「我建立了相簿，和親朋好友分享。你看到的是紐約布碌崙植物園的櫻花，昨天四月二十九日拍照的。逛完植物園賞花，搭地鐵到大都會歌劇院購買六月份巴蕾舞表演的票。一共走了一萬六千多步。照片中，有兩張不甚起眼的照片是植物園《莎士比亞花園》。園方人員把植物和莎翁劇中的台詞，對照呈現，很有創意。他們應該多搞這種對照，可惜僅有兩處。我想起以前旅遊日本平安神宮，花園中，他們把各種花草樹木和《源氏物語》以及《枕草子》中提及的植物，對照著與其情境的隱喻呈現出來，別具匠心。」

不僅春天櫻花，同時我也看到紐約的鬱金香、大理花。「這次拍攝春花，比較像似我的心情影像記錄，順便和親朋好友分享。不然將來連自己去過哪些地方都不記得。」臉書上的「賞櫻貼文，你可以去看看。」不多時，我跑去紐約客的臉書上，留下文字——

繽紛櫻花季，在紐約的春天。
訝異，鮮紅日本神社的建築鳥居、現代冷色摩天大樓天際線，
雙雙點綴、烘托著自由女神眼皮底下的櫻海，別具風味。
此景，讓我憶及多年前另一場花季。

繽紛櫻花季，日本京都，四月天。
千年古都城內，鮮活的櫻樹、櫻林依偎著
悠久古寺、古亭、古井與木質的迴廊。

旅途上，一路觀賞到：
谷崎潤一郎小說《細雪》所描寫的櫻花，
夜櫻，於春晚，
雨櫻，於濛濛春雨裡，
山櫻，於郊野行駛中的車窗外。
無處不飛花。
繁花片片。

唯有雨後晨櫻，王子飯店外三兩株，
僅枝上稀落幾朵花瓣。
路過，說不清的不忍，
我竟佇足。

花好月圓。
今春，紐約長島市滿眼櫻紅，
啟示我，
熱愛生命。
人生多美好！

五月三日星期二：「女婿穿著 Met 球衣，因為他是球迷，今晚要去看棒球賽，害他開心了一整天。照片裡他手中捧的公仔，它是我去年根據他的臉訂製的大頭公仔，作為送他的訂婚禮物。其實本來是送給他的聖誕禮物，既然他們訂婚了，我就改成訂婚禮物。」當日白天，「女兒和義大利裔青年攜手去區法院公證結婚。當了台灣女婿後，他會和女兒於九月一起回台灣拍婚紗照，前提是入境台灣，無需入住防疫旅館被隔離起來。明年五月，在紐約舉行公開婚禮。」兩天過後，紐約客再言：「我訂了高級生魚片和女兒共享，慶祝她結婚。這家公司只有在週四外送訂貨到紐約，然而這一天，女婿恰巧去加拿大多倫多出差。相片中的鬱金香是結婚證婚人，瑞秋，送給新婚夫婦的。她也送了代表美國某部份人士傳統婚嫁四樣物件，象徵結婚的四種意義：新的未來、兩人各自家庭老傳統、生命中各種助力、純潔和貞潔。至於生魚片，包括鮪魚、鮭魚和鰻魚。另外，我也為我們母女倆燉了一鍋豆腐味噌湯。」「吃完晚飯，出門時，我對女兒說，這三個月有薪假（美國金融界對跳槽員工的迴避條款，即薪水照付，但三個月後才能開始展開新公司的工作，以免洩密）應該是妳到美國以來最快樂踏實的日子。以前，即使旁人正在放假休息，妳也都得憂慮去拼學位、拼轉行、找工作、找男朋友、買房子等等。現在妳什麼都有啦！可得好好維持下去。從十八歲來美國打拼，十年下來，不容易。靠著勇氣、冒險和毅力支撐下去，才有今天。」

眼看著生命瓜瓞綿綿，最教人感動。台灣明後兩天，五月十四、十五日，梅雨季節來臨，會降下大雨且降溫。這時節正是荔枝上市。

「替我多吃些荔枝、芒果。這兩樣是我最愛的水果，而且果季短，收成期各為一、兩個月。在台灣期間，我都去水果專賣店買上一大堆。」「最近一則新聞，一對退休老夫婦整年在遊輪上旅遊度日，花費竟然比付房租便宜，十分划算！」

我最愛郵輪上提供無限量的美味三餐。

紐約客：「上次，遊輪上，我每天喝好幾種雞尾酒，喝得醺醺然！」「五月二十九日星期天，我和女兒女婿三人去吃麻辣火鍋。《重慶老灶》這家火鍋店，是女兒的朋友大力推薦，說是法拉盛地區最好的，而且不接受預約。我們下午四點半現場掛號，然後去逛街，六點入座。女兒認為什麼都好，就是沒有鴨血、豆腐，因此有點失望。她說，《太和殿》那家店的鴨血是最好的。不解何以《重慶老灶》的麻辣火鍋只提供豬血。籽粑，它像煎堆，澆著黑糖吃。很多客人點了臉盆大的生肉，上面淹滿了鮮紅跟鮮綠的辣椒末。食客連辣椒帶肉片，直往鍋裡涮，看起來很壯觀豪氣。我和女婿功力太差，沒有點這一道嚇死人的麻辣太極牛肉。以後我老公來紐約玩，他和女婿可以吃吃這道菜。聽說，最能吃辣的高手來到這家餐廳，也會被逼得涕泗縱橫。這家餐館的餐桌下，都是厚厚餐巾紙，隨客人自取。我喜歡那種氛圍，滿屋子的花椒、辣椒香氣，鄉土懷舊的佈置。雖然上樓前，有一個小水池和水庫，但我確定水池裡沒養魚，否則都被辣味熏死了！店內顧客群大抵為年輕的大陸留學生和上班族，大聲嚷嚷說話，大口喝酒，大口吃肉，彷彿真到了四川重慶。估計我是裡面最老的，女婿是唯一的白人。女婿不介意我把腸子、牛舌丟到同一鍋裡涮。不過他主要吃牛肉、年糕、炸肉條、魷魚、蝦餃、扁尖筍。本來我還想點豬腦，但已點太多菜了，因而作罷。」

對那種鄉土懷舊日常氛圍，很感興趣，像是記憶中，掛在農家牆上串串風乾的辣椒或玉米。照片中，麻辣的紅綠兩色生鮮辣椒，視覺上，充滿飲食文化的樸實美感。

六月二日星期四：「白牡丹花，兩朵先開了，三朵還含苞著。一把五朵，九塊九毛九。」象徵「富貴、長長久久。」

好一個花開富貴，整室生輝，頓時整個空間雅典起來。

六月六日：「女婿二十九歲生日。他媽媽、媽媽男友和三個弟妹，都從長島開車來女兒的公寓幫他慶生。我們在公寓後院烤肉區吃外賣韓式炸雞。他媽媽和妹妹做了生日蛋糕。飯後，大家玩丟布袋打板、堆積木遊戲。準備了一張生日卡片，代表我和老公的祝福。另外我也送了一條印著紐約街景的時尚圍裙給他做生日禮物。」兩天後，紐約客再言：「女兒每次換工作，薪水就三級跳。她今年三月跳槽，原來的老東家有一則規定，即離職後三個月內不得為競爭對手公司工作，期間照付全薪。新公司也同意等她三個月。也就是女兒等於渡了三個月有薪假。昨天是她第一天到新公司 **Citadel** 上班，也是為新員工介紹工作環境的一天。有趣的是，他們不急著分配工作給女兒，反倒是告訴她一堆好康好吃好玩的員工福利。這家公司福利，好到我下巴都快掉下來了。免費提供早餐和午餐，誘導員工回到辦公室上班。而且午餐是每天找不同餐館提供 **catering** 外送酒席的餐飲服務。公司還派了一位學長給她。結果這位學長很盡責，比方說，早上十一點，跑來告訴她，十一點半至下午兩點是午餐時間，食物已經出來了，趕快去拿。快到下午三點，又跑來相告，蘋果派出來了，快去拿。我對女兒說，你們公司是開慈善機構嗎？你可以午餐吃撐一點，下班後，去公司前面的健身房運動，而且公司提供一百元健身消費券。回到家，打一杯高蛋白飲品，如此一個月的伙食費都省了。公司還提供每個月五十元地鐵票津貼。如果因公務出差，一天伙食費一百元。公司勤辦活動，像本週邀請了奧運會金牌泳將 Michael Phil 來演講；年底還將會招待員工及配偶和雙親旅遊迪士尼樂園，應該包括機票和酒店，要不然誰會要去？她的直屬上司遠在德州奧斯汀上班，天高皇帝遠。女兒採用女婿的醫療保險，這是他們急著去公證結婚的原因之一，如此夫妻倆都不必付保險費。女兒前一陣子，做了幾百種過敏原的測試，連醫生都大嘆，她的保險福利太好了，因為做了這麼多測試才自付十元。醫生還還開玩笑地對女兒說，可以當她婚禮的隨侍醫生。我說，這下子妳可好好存錢了。她下週就要去芝加哥總部出差啦！下個月，又要再去一趟芝加哥。可惜她已去過芝加哥，而且認為沒啥好玩。」

母女和女婿家族成員和樂融融地相處一室，旁人心情也大好起來。

「謝謝你的祝福。看到女兒幸福，感到很欣慰。不指望她將來養我，只期待她婚姻、家庭與事業都圓滿順利。」

紐約客上傳有關歐洲國家社會福利的視頻，讓我想起丹麥，一個我很想去旅遊的國家，因為該國讓我想到早期維京人、英語語言發展史、莎士比亞的戲劇。

紐約客：「回想，我可真托了台灣科技部的福，由於研究經費補助，影片裏這些歐洲國家都在我退休前，參加國際學術研討會的時候造訪過。每個國家各有其特色。不過社會福利太好，許多人變得不願工作，又上班族抱怨，繳完稅後的淨所得，比領社會福利金的人還少。還記得有年訪問瑞典斯德哥爾摩大學，有個美國人湯姆在該校國際處上班，年紀四十出頭。娶了個瑞典老婆且歸化瑞典籍，就是看上瑞典社會福利，老來不用愁。」

六月十三日星期一：「玫瑰花樹竟然長得跟一般樹那樣高。」「三月中旬至四月中旬，紐約櫻花、桃花、李花季節。四月至五月中旬，鬱金香季節。五月中旬至六月底，玫瑰花季節。」

紐約入春，果真是一個花季接著另一個不同花季，紛紛登台，爭奇鬥豔，一幅彩畫。然而此時的新竹，就拿今天黃昏來說吧，忽然間，蛙鼓蟬鳴飄進窗內，稀奇！

「我喜歡聽蛙鼓蟬鳴。曾經有朋友從台北來，住在我新竹的家。次日清早，客人說，晚上青蛙叫聲讓她睡不著覺。我說，這是天籟啊！」

好一段時間，我一直以為蟬兒鳴奏在夏季。哪曉得有年秋天，從加拿大飛去印第安納州探望 馬文、**Elsa** 老夫婦。當夜，他們將汽車從機場駛返家門口，而當我推開車門，正準備要拿行李進屋，卻聽到戶外蟬聲乍響，大鳴大放，熱鬧喧嘩。當下，頓悟。因為想起一首校園歌曲《秋蟬》。

「秋蟬，而且是夜晚，好詩意。」三天後，星期四，紐約客繼續：「你猜，我昨天晚上夢到誰？」「H！」「還是一樣，頭髮染得黃黃的。笑容可掬地向我走來。我暗想：妳還健在？至於夢中場景則記憶模糊，大概是校園場景吧！」

「我以前總覺得，每次見到H，她張大了嘴笑，那笑容有點虛假。現在回想起來，虛假的笑容不是因為虛情假意，而是下面藏著巨大的悲傷。」

巨大的悲傷，如此印象，真不愧紐約客這位小說家觀察入微。對了，前天夜晚，六月十八日星期六，我去台北信義誠品六樓大禮堂出席林懷民新書《激流與倒影》發表會。書中敘述不少台灣文化界、藝術界、文壇舊事；又，作者如何面對難關，以及義無反顧地面對美學的激情與追求。由於擔心當晚歸返新竹的時間太趕，所以行前，已在台北兄弟飯店訂房，準備住上一夜。次日清晨，搭電梯去頂樓享受一頓自助早餐，兩種感受：一，享受著台灣傳統早餐，熱騰騰地瓜稀飯佐以鹹鴨蛋、花生麵筋、新鮮原味豆腐、醃漬白蘿蔔、鮮炒高麗菜、肉鬆；二，台北兄弟飯店用餐環境，天花板，好像一個人只要跳得高一點就可以搆得到。不像我們以前常去的新竹國賓飯店，頂樓挑高雅緻的餐飲空間，真是個舒服用餐天地。

「哇！為了林懷民而去住兄弟飯店。也為你吃到熱騰騰稀飯而高興。他那本新書叫好又叫座。雖然是舞蹈家，畢竟還是有文學底蘊。」「說到中國腸胃，還好紐約這邊有唐人街和法拉盛地區可讓我買到中國菜，不然紐約的生活一定遜色不少。」

這次回台灣前，當時我人還在加州，那時候，最快樂莫過於周末兩天，前去灣區**Cupertino**市一家中國餐廳，點上一客燒餅、油條，再配上鹹豆漿，或特地跑去隔壁的上海館子吃紅燒獅子頭。

「女兒和女婿很愛吃我做的紅燒五花肉。有一次，女婿出差，我帶了一些給女兒送去。女婿還特別交代女兒，別忘了要留一點五花肉給他吃。最近在家則是常做《香菇腐竹滷雞腿》給女兒打牙祭。有時候，也會紅燒牛腩及牛腱心給她吃。滑蛋牛肉粥或魚片粥，也是我常做的。前一陣子，我還包了韭黃鮮蝦水餃，一次包很多，然後冷凍備用。買回來一包水餃皮，可以包一大堆呢！」

有次返回台灣，腦中浮現她曾提到家鄉味廣東粥。結果下了飛機不出兩天，我跑去吃一大碗熱呼呼的廣東粥，再配上一根油條，妙不可言。

「以前每次下飛機抵達紐約，第二天，就去唐人街喝廣東粥，立刻讓我忘掉飛機上可怕食物。女兒女婿愛吃我的紅燒和滷味。其實有個秘訣，就是在傳統的滷包、蔥薑蒜和醬油之外，添加蠔油、紹興酒和棕櫚糖。」

紅燒五花肉真是好吃。不要全瘦肉，要肥瘦才美味。前兩個星期，我去新竹城隍廟吃焢肉飯、滷白菜。年紀越老，越愛吃肥肉，可謂自暴自棄。

「五花肉本來就好吃啊！後來發現，韓國烤肉店裡五花肉也是熱門菜色。」幾天後，六月二十三日：「外面賣的牛肉麵，我看不上眼。自己買了上好的牛腱心做了紅燒番茄牛肉麵，當然還加進了青江菜。」「我剛才吃完。好吃。牛肉比麵多，火候正好，牛肉軟嫩入味起膠質，才合乎我的標準。現在吃飽了，準備要去逛 **Hudson Yard & Sky Line Park**，也就是延著舊鐵道建構的空中林園步道，從34街到14街，走它一遭，散步去。」

六月二十七日，看到她上傳了紐約同志大遊行實況，有照片與現場錄影。好熱鬧的嘉年華會。這兩天，大法官重新解釋了擁槍權、墮胎權，因而搞得全美翻天覆地。台灣媒體報導說，處此節骨眼上，同性戀團體開始擔憂，大法官是否會下一步也要重新解釋行之有年的同性婚姻法？

「昨天六月二十六日大遊行，隊伍浩浩蕩蕩從第五大道和25街的廣場出發，一路到克里斯多福街的石牆紀念碑，再折返第七大道的聯合廣場附近。沿途萬人空巷，歡呼震天。然而今年大遊行活動卻籠罩在極右派反撲陰影下。也在昨天，最高法院推翻了在一九七三年通過的合法墮胎法案。唇亡齒寒，許多同志因墮胎法案被推翻，擔心下一波被開刀會是同志權利的法案，例如同婚權、同志伴侶公民權等，因而大力聲援墮胎合法化運動。大遊行展現了紐約的多元、活力、自主、創意。遊行隊伍中還有年輕夫婦拉著蹣跚學步小孩、推著嬰兒車；來自台灣的年輕人在紐約路邊揮著大旗；來自中國大陸的年輕人舉著簡體字的標語，寫著，性別是語言的魔魅。紐約六月天，天邊彩虹。」「我唸紐約大學那些年，很多同學和教授是同志，我這種亞洲異性戀女性才是系裡的少數。後來做紐約同志劇場研究，也認識不少同志藝術家，因此對他們更能感同身受。」

聽她這麼提到當年紐約讀研究所情況，讓我回憶當年在印第安納州讀英文系語言學博士班上課情形：系上規定，必修學分還得包括：電腦程式設計、統計學、圖書資訊處理，以及三門英國文學、三門美國文學課程。文學領域方面，我先後選修了十九世紀英國小說、二十世紀英國小說、二十世紀英國詩歌、十九世紀美國文學、二十世紀美國文學，以及美國短篇小說。當時，坐在美國十九世紀文學的課堂上，一學期下來，聽課聽得，竟然心中《什麼？》的驚訝聲接二連三。因為講課講到愛默生，**Habich** 教授說，他是一位同性戀；講到梭羅，老師說，作家是位同性戀；講到惠特曼，他說，詩人是位同性戀。當時我簡直不敢相信自己耳朵，頗為震驚！

「哈哈！真有趣！想必你的教授也是同性戀。」

Habich 教授結婚了，我想應該不會是，除非他是雙性戀。期末，老師邀我們班上同學去他家吃點心，喝咖啡。

「那個年代，很多同性戀都結婚了。也許你的美國文學教授只是個同情者吧！」懷念那段又緊張、又瘋狂、又快樂的異國求學生涯。

「當學生的日子，除了念書，好像沒太多煩惱。」

修課期間，每天掛念著都圍繞在一個報告接著一個報告，能夠按時交卷，就很慶幸快樂了。

七月二日星期六：「前幾天，我去中央公園露天劇場觀賞免費莎士比亞戲劇《理查三世》。早上先去排了一個小時的隊伍，索取免費門票。我排銀髮族隊伍比較短，而且是在樹蔭下坐著排隊。一位老太太說，以前他們還在開放取票前三、四個小時就開始排隊了。晚上，星空下、山嵐霧氣間，觀賞莎翁名劇很有氣氛，一千八百個座位幾乎坐滿。」

夏夜。想當年，我家居溫哥華，城市濱海沙灘上，英吉利海灣 **English Bay**，每年夏天都會推出莎士比亞戲劇之夜，其中一定包括經典劇作《仲夏夜之夢》。

「如果想去大都會歌劇院觀賞《天鵝湖》，就得購票入場。看過不同版本的天鵝湖，像是聖彼得堡舞團、莫斯科芭蕾舞團、紐約舞團。每次看，都很著迷，覺得它是芭蕾舞編舞、考驗芭蕾技術的極致。」

「天鵝湖」的芭蕾舞韻律和音樂，勾起觀眾內心深處，起起伏伏。

「一九八五年，第一次在紐約看巴蘭欽編舞的天鵝湖。彼時，我還是北美世界日報的窮記者。買了昂貴的門票，坐進大都會歌劇院。當下，想到居然有機會在世界一流的藝術之都觀賞一流的舞者表演，感動得流淚。」

她那次欣賞世界級芭蕾舞表演，夢想成真。世界日報可說是海外華人媒體的標竿。未忘，早年，她還曾被錄取為當時金字招牌《台視新聞》記者。

「不過還是當教授好！」紐約客又說：

「現在想想，當時破釜沉舟投資時間和金錢來紐約攻讀博士是正確的。即使從金錢的角度來看，二十四年下來，每年科技部都提供研究經費，早年約五十萬至六十萬，近年七十至八十萬，還包括每年兩次，每次七至十五天的出國研究或開會。因此可以跑遍幾十個國家和許多城市，增長見聞和經驗。當時的投資附加價值很高。」

紐約客一路走來，確實有異於常人的抉擇、視野、勇氣與毅力。

七月四日星期一：「門前清：這些紐約街景是從我住處窗戶照出去的。今晚紐約國慶煙火就在我住處隔一個街口的河邊施放。昨晚深夜，一直聽到警察廣播，呼籲居民不要停車。今早一看，河岸街道兩邊、住處前的馬路上，一部車也沒有，而且執行交通管制，只允許住戶可乘車進來，但是下了客，車子得馬上開走。」

美國國慶煙火施放，就在高樓住宅大廈的窗前，爆開，閃爍。

十五

七月十日上午，我去新竹教堂做禮拜，早到。靜待時，感覺有人走過來並坐在我身旁，打聲招呼。抬頭看，原來是數學系退休、戴著口罩的陳老師。對方主動單刀直入，跟我提到H，並問道：有參加H追思禮拜嗎？我回覆：很想，但是無法參加，因為當時二月，我才從加州返回新竹，進行防疫隔離，履行政府規定的7＋7＋7防疫政策：七天住在防疫旅館、七天居家自我隔離、七天自主管理。得知H的悲劇發生，我人恰巧待在台北凱薩飯店防疫旅館內。至於教堂為H舉行追思儀式，當時，我雖然已經回到新竹，但仍然處於在第三個七天，自主管理的狀態下，依據政府規定，可以戴口罩外出，但是禁止參與聚會活動或搭乘公共交通工具，因此無法出席追思禮拜，為此，相當惋惜與懷念。陳老師直言：H她生前體貼待人，向旁人敞開自己心胸，傾聽別人，樂於助人脫離難處。至於她自身問題，卻選擇不向旁人敞開自己心胸。做完主日崇拜，我獨行，返家途中，臨時起意，轉向H生前特愛流連駐足的荷塘畔。同一個角落，我看著夏荷、田田荷葉。凝想一會兒。

七月十一日，星期一。紐約客：「樹之蔭。水之湄。我的晨間運動聖地：離我居所、過了一條街的 **Gantry Park** 河邊公園。在那兒，走上幾百公尺，有個小坡，坡上三三兩兩的木頭平台，安靜角落。左邊，蓊鬱樹林；面對著東河、華爾街世貿大樓。在那兒，可免於路跑者和遛狗主人所帶來的干擾。只要天氣許可，我每天都會在這裡運動、靜坐，吸取芬多精與正面能量。河邊公園是我正面磁場的泉源。河邊公寓大廈租金是貴些，但是為了身心健康，還算值得。」

教人不禁羨慕她在紐約的晨間運動聖地。真巧，清晨七時，我走進交大校園，健走約五十分鐘，沿著竹湖、環校道路。下午，搭公車2路進城去，跑去戲院看一部四十多年前的老電影《少年吔！安啦》，一部講述台灣早年黑社會的故事。影片製作群當中，有三位，紐約客都認識：侯孝賢，監製；羅大佑，在影片中，他與搖滾樂團、林強一起唱歌；詹宏志，策劃。

「的確，這三位，我都認識。」瞧！「我在河邊聖地混了兩個小時，近中午十一點十七分。其他平台，太陽炎炎。我的平台，蔭蔭涼涼依稀。」

從照片裏看得出來，她的聖地真是炙夏中挺舒服的角落。樹蔭底下，打坐，同時，也是閱讀寫作、遙望藍天，甚至，靜觀河水的小天地。

「其中兩張照片，我躺在草地上，以不同視角拍的。」

仰角觀看週遭風景，確實是很有創意的欣賞角度。早上，我去校園散步，來到荷花池，於是照了幾張交大的荷花，上次，我也有上傳幾張清大的荷花照片去紐約。

「這張好看。」

她覺得好看那張照片，不是其他三張翠綠如蓋的田田荷葉：白色或淡粉色那些含苞、半開、全開的荷花；不是亭亭的粉綠蓮蓬頭；也不是如鏡的塘水，反而是池邊久年褪色的粉牆，牆壁上被畫匠畫上荷花池全景圖，栩栩如生，並有白底黑字的中文與英文雙語並列的校園景觀名稱：

《荷塘月色　交通大學景觀地圖》。

七月十三日星期三下午，天熱，忍不住，跑到第二餐廳二樓去吃了一碗大豆花生刨冰。

紐約客：「沒想到，交大還賣刨冰。」川普「前妻死了，七十三歲，從樓梯墜樓。警方正在調查。」不敢相信自己的眼睛。「剛才看到新聞報導，拜登確診肺炎了。可能在授動給越戰老兵的時候，就已經確診了。」兩天後，再言：「昨天，我們去米其林二星餐廳，為女兒慶祝生日，是韓國創意菜。我告訴餐廳，她是壽星，因此餐廳多給她一道菜，海苔粥。韓國人過生日，要喝海帶湯。另外，她的甜點多了Happy Birthday 字樣。第一次吃韓國創意料理，感覺很新奇。他們的墨魚、切薄片的大蝦、鱈魚，都烹調得很鮮嫩。四片薄如紙的牛肋排切片，還很肥嫩，但偏甜，這就如韓國烤牛肋條也偏甜，有點像我煮的五花肉。他們每道菜都有醬料，蠻特別的，帶點似有若無的辛辣。最後上了一道《西瓜》這道甜點，他們端了一個整個切了開口的小西瓜上來。我以為，這和我在亞洲很多國家看到的餐廳一樣，那就是什麼西瓜、鳳梨、南瓜連著果皮當容器，裡面是果肉入菜或果肉入甜品。沒想到，正當我對眼前的西瓜發愣，猜想裡面是啥？店家催促我，把上面一根拇指大小的西瓜冰棒拿走，然後整個西瓜就被端走了。」昨晚「回家，分手時，我對女婿說，你是我女兒最棒的生日禮物。從二月以來，女婿因工作關係，幾乎每週搭飛機往返猶他州和紐約。為了參與這頓生日宴，他從猶他坐午夜班機飛回紐約，清晨六時。小睡片刻，九點半又敢緊起床，在家遠端線上工作直到下班時間。下班後，一起去吃生日宴。可說是馬不停蹄。」八月四日，星期四：「最近還好吧？美國國會議長裴洛西飛到台灣去，海峽兩岸因此可說是雞飛狗跳：這下子，台灣被封島，飛彈穿過中央山脈，一百多家廠商的農產品和食品被對岸封鎖，原已蕭條的經濟更是雪上加霜。」

新聞報導，裴洛西從台灣飛到韓國首都首爾，沒鋪紅地毯，沒官方高調接機。

紐約客：「七月中旬到八月下旬，紐約餐館週。很多餐廳共襄盛舉，提供特價餐。上週，連吃了四家。法國餐廳 **La Grand Bouchere** 享有盛名，付四十五元，兩道菜。我點了白酒烤肉、松露小紅椒煎鮭魚。這家餐館裝潢風格很有名，號稱《在紐約復刻巴黎》，而且是十九世紀末、二十世紀初的《美好時代》、《新藝術風》。挑高拱廊二十英尺，掛滿了畫。彩繪玻璃頂、戶外拱廊有三層樓高、拱形玻璃圓頂。戶外用餐區可容一百五十人，號稱紐約最大戶外用餐區。」

飲食空間要是挑高，整座餐廳就很有氣氛與味道。天窗，自然陽光灑瀉，會讓整個空間更生動。想起大學同窗，日前，告訴我，每天想到要吃什麼美味，這就是她整個人過日子的原動力。

紐約客對我說，以下，是她在美酒佳餚當前，胡鄒亂湊的——

「知我者
謂我心憂
不知我者
謂我何求
良禽擇木
繞樹三匝
何以解憂
唯有杜康
何以解憂
唯有佳餚
（杜康，美酒之轉喻）」

簡潔痛快，寫得好，我說。

「活於亂世，苦中作樂啊！」

喜樂是良藥。

八月二十七日：「最近好吧？有一陣子沒連絡，希望你一切安好。」

剛從台灣新竹再返回加州灣區。現在期望自己，隨時隨地，自由來去新竹、加州兩地，無牽無掛。想來就來，想回就回。沒有什麼理由或說法。想必她也如此？年紀漸長，難得任性又何妨！無需太在意停留在某地的時間，長乎？短乎？

「我正在猜，你回到灣區了，果然沒錯。祝早日恢復時差。

今早，教堂做完禮拜，**Mere**，一位來自斐濟的姊妹，不僅開車來回接送，並在返家前，請我在教堂附近 **La Boulanger** 咖啡店吃鮪魚三明治、炸薯條及喝咖啡，愉快的午餐。講到吃，想起登機返回加州前一天，八月十三日，以前教過的學生柯秉志，偕同新婚妻子特別從台中開車來新竹，請我在竹北吃了一頓美味的無菜單日式料理。夫婦倆今都是律師。

「這樣有人情味的學生很難得！這位學生好有感情，也很優秀。」

九月四日。我說，紐約餐館週，的確教人大開眼界。她臉書撰文，生花妙筆，配上食物、餐館建築設計的影像，加上她雍容自在的身影，以及旅遊照片，真是一本心靈、視覺與想像的好遊記。尤其她點的奶油波菜湯、烤鮭魚、牛排，光是看起來就已經很好吃了。今天，北加州炙熱，結果我在餐廳點了 **fish poke**，夏威夷的生魚丁沙拉，有鮭魚、鮪魚、蝦肉。天寒季節，我愛吃火鍋。

「你是知我的酒肉朋友啊！七月下旬我吃的美食，最近整理出來，當作自己的影像札記。」昨天，「我到長島參加女兒朋友的生日派對。後院烤肉。食物不怎麼樣，漢堡、熱狗、薯片、甜甜圈，但是人情溫暖了我的心。吃撐了！回家後，晚餐只吃根香蕉，讓腸胃休息。」

九月五日星期一，勞工節。灣區九月，仍然豔陽高照，熱到坐進汽車內的座椅上，發燙難耐。中餐，我們選擇了一家廣東飲茶餐廳，吃蝦餃、燒賣、芝麻球、炒豆苗、牛肉粉條、叉燒包，配上一壺菊花熱茶。餐後，開車再去喝一杯波霸奶茶。

九月七日：「這兩天，微雨。紐約，秋涼。今天，只有攝氏十八至二十二度，好舒服。」

這幾天，灣區熱到不行。華氏一百度以上，部分地區停電，影響五萬戶居民。

「聽說北加州許多地方野火、山火，因氣候燥熱。」

沒錯，野火，都怪高溫惹的禍。天氣預報，今天還是會熱到爆。知否？勞工節那天，灣區氣溫高達華氏一百一十七度，北加州史上最熱的九月。

「天啊！創記錄。記得當年，我到威斯康辛念碩士，第一次入境美國，一九七九年。落地後第一天，前往居家在柏克萊大學的三姐家，並計劃待上幾天。當時，八月中旬，我穿上薄長大衣，北加州還是冷颼颼。現在的氣候都很極端反常。做夢也沒想到舊金山灣區氣溫有華氏一百一十七度。」九月十二日星期一：「週日，好友R從巴爾的摩來訪。我先請她到我喜歡的一家法國餐廳吃飯，然後去她一位朋友新買的房子參觀。傍晚，R請我和一位畫家朋友到酒吧喝酒吃輕食。」

R真懂得生活情趣，以酒代茶，三兩好友喝酒、談天說笑。畫家的加入，更有話題可聊。

「對啊！都是些輕鬆的生活話題。」

讓自己快樂地過日子，現階段人生，這比什麼都來的重要。否則豈不自找愁苦？何苦呢？

「這位畫家，我第一次見到她。照片中，你絕對看不出來她已經七十多歲了吧！看起來很有靈性，也善解人意。她旅居西班牙，又回台灣，再從台灣來紐約，住在女兒家。母女兩人都是離婚的女人。女兒自己帶著一個十歲兒子在身邊。女兒本來年薪十五萬，因為疫情而失業，不幸患上嚴重憂鬱症。畫家母親付房租。女兒最近有兩次要衝上樓頂，跳樓，被她兒子連哭帶喊，從樓梯拉了回來。最近像中了邪般流年不利，畫家在室內滑倒，手肘骨裂縫，另外，女兒穿涼鞋打網球，扭斷大拇指。說到此，我們三個在酒吧喝酒聊天的女人，感受到氣氛漸漸沉重起來。」

得知中年母親兩次要衝到樓頂，跳樓，實在教人心情沉重與不捨。

灣區開始秋涼，九月十一日，我搭飛機飛往印第安納州訪友。

「在那裡待多久？中西部這時應該秋涼嘍！」

待上兩個禮拜吧！重溫另一種生活步調。

餐桌上，印州朋友家擺著一個陶盤，盤中滿滿的乾燥莓果和枯葉。

「很溫馨純樸的一家人。」印第安納，「它和加州比較，各有什麼不同的體驗、感受？」

一個是中西部農業州，多大豆玉米田；一個是西岸科技重鎮。

「你個人的感受和日常生活情境呢？」

現階段，身處不同的州，我只覺得都是在過日子。因為年紀的關係？

「多年前，念碩士的中西部大學城，麥迪遜，有四個湖，還有一望無際的平原、起伏的小丘。威斯康辛州有酪農業之州的稱號。那邊四季分明，活在其中，有一種緩慢寧靜的詩情，感覺到歲月的綿延更迭，**continuity and change**。有時倘徉在大自然裏，有種錯覺，彷彿倘徉在英國浪漫田園詩人華滋華斯，**Wordsworth**，以及**Coleridge** 的詩篇。二〇一八年，趁著去芝加哥出席學術研討會，順道回訪當年的大學校園。人文社會學院的校園景觀可說是三十年不變。理工學院則因為畢業校友捐款，新蓋了幾棟大樓。過去觀看足球聯賽的體育館全面翻新，天雨，還有自動屋頂覆蓋，躲雨。」

印第安納州校園，畢業後的三十多年下來，具歷史意義的建築景觀不變，例如四周有美術館、系館、行政大樓等建築物圍繞的四合院。至於被打掉重建的建築，質材與設計更具摩登流線造型，加上一座新建聳直入天的鐘樓。多路線的巡迴接駁校車，連結著分散四處的宿舍社區、購物中心，忙碌穿梭接送學生。學生還是以白人居多，約佔百分之九十，連非洲裔都不多。奇怪是，空氣中瀰漫的氣流、日夜聲聲入耳的蟲鳴、雀鳥吱吱喳喳，卻還依稀。

「有變，也有不變。就這麼在延續中更新，這就是流過的歲月靜好。」

九月十九日，星期一：「昨天，二〇二二年紐約生魚片、壽司美食大展。花了美金一百元購買入場券，可無限量品嚐美食。我們還觀看遠從西班牙空運來紐約、四百磅重的藍鰭鮪魚《外科手術》。魚身分解後，由壽司達人手做壽司，分享給現場觀眾。除了品嚐稀有魚類，我把配額全留給了黑鮪魚、鮑魚、海膽，連殼一整盞的，還有松葉蟹腿、飛彈和牛、柚子冰淇淋、柚子藍鰭鮪魚壽司、牡丹甜蝦、鰻魚。」第二天：「秋高氣爽。今天的雲，很美。忍不住照了幾張照片。最後兩張，我躺在草地上做健身操的視角。」

今早，搭乘母校巡迴巴士重返校園，照了一張印第安納州小鎮的天空、幾朵流雲的照片。我在校園美術館內觀賞了漢代陶土人物、宋朝陶藝、埃及人頭雕塑作品、非洲木雕藝術。這兩天，印第安納州氣候和暖，路邊與郊野呈現一幅翠綠，如畫。看來，紐約這些日子亦秋景宜人，秋意濃？

九月三十日：「當初自己不知道如何熬過的。教書、行政部門的校務工作、學術研究、教養小孩、天天接送，還得天天煮早餐、晚餐，也要配合參加小孩的各種活動。當在教務處期間，有半年時間，公公出院後住在我家。病後的生活不能自理，雖有婆婆照顧，但我每天都得煮三套不同口味的晚餐，比方說，公公的無鹽無醬油，女兒要西式的。」

回顧，見證了她面面兼顧，方方面面都還這麼稱職、圓滿，可謂一路走來了無遺憾。身邊男男女女哪個人能像她如此這般？如今退休生活，她也過得挺自得自在。

我剛從印第安那州回加州才兩天。兩相比較，加州天氣真是得天獨厚，同時，中國超級市場、中餐館還真不少，各國風味餐廳也多。年齡漸長，覺得溫暖氣候真是有如一寶。

「加州的退休生活很理想。印第安納州，偶爾待一陣子就好。」

幾年前，還挺浪漫地嚮往四季分明，現在，不必。

十月三日：「紐約影展九月三十日開鑼了！這幾天，忙著在林肯中心看電影、大師、導演、明星。昨天，我更是趕場，黃昏五點，在 **Harlem Parish** 欣賞馬德里皇家音樂舞團火辣辣的佛朗明哥，接著趕回曼哈頓，一連看兩場電影，夜晚十一點才回家。」十月七日：「女兒、女婿從紐約去了一趟台灣，兩人拍婚紗照，並讓女婿見見台灣家人。歸返紐約後，女婿剪輯回顧影片。他剪得恰到好處，因為重點精華都抓到了。而且要去見的人都在裡面。簡直可以用來作台灣的觀光宣傳。我從來沒有感覺台北街道、捷運，會這麼乾淨漂亮。」他們小兩口「九月中旬回去台灣兩週。我沒跟著回去，機票太貴，加上回去兩週時間，卻要做防疫隔離一週，划不來呀！他們利用航空公司飛航集點數拿到了機票，兩人僅花了七百美金升等，坐進頭等艙。飛抵台灣時，立即被防疫旅館關了七天，期間，遠距工作，薪水照拿。」

家人不但樂融融在台灣相聚，更多了一位新成員，女婿。

「我老公和兒子都很高興。父子倆將近三年沒見到我女兒，這也是他們第一次見到女婿。」

十月十七日。我對紐約客說：黃義交墜樓的新聞出來，讓我想起H，並認為兩人相似之處，都是一位完美主義者。記得我那位住在苗栗的童年朋友阿強嗎？他幾天前也告訴我，他不想活了！想好方式提前告別這個世界，只差沒有勇氣去執行而已。他太太在 **Line** 上傳簡訊，說，阿強有憂鬱症、躁鬱症，以及幻想症並坦言，她和兒子，母子倆被阿強弄得身心俱疲。

「是嗎？你那位近七十歲的苗栗朋友，他看起來只有四十多歲，尚且他的臉蛋、健壯肌肉的體格都很好。老婆年輕漂亮，兒子媳婦都孝順，還有外傭幫忙持家，房子寬敞舒適，車子也不缺，人生該有的都有了。沒想到，卻為心病所糾纏。」

阿強的黃金與金條的存款就更別提了，一位小富翁。他和前妻生的大兒子也四十歲餘，孫子、孫女不缺。

次日，紐約客：**Netflix** 有個美食節目，我大力推薦《**Somebody Feeds Phil**》，吃遍世界各地。不只食物，藉著美食帶出風土民情。主持人輕鬆，又有點笨拙的可愛，很療癒。」你打了「**Omicron** 肺炎的疫苗針嗎？下週二，我會去施打第四劑疫苗、流感疫苗，兩針一起打。」中美兩國「博弈局面，拿目前俄羅斯烏克蘭戰爭為例，中美之間也有一些參考價值。」十月十九日：「紐約現在進入欣賞秋葉的好時機。」

照片中，紐約大學校園完全融入城市的現代建築與環境景觀。

「這是我住處過條街的東河河濱公園，**Gantry Park**。」

紐約大學「在此舉辦活動。我以校友身分應邀參加烤肉以及座談會，跟學弟學妹們分享職業生涯的經驗。身在如畫的風景中演講，確實比待在教室裏好。」

公眾演講的風采，想必她會讓聽眾如沐春風。

十月二十日：「最近的紐約影展，我看了幾部影片都不錯。影展票很貴，一張三十元，看完之後，心靈滿滿，荷包扁扁，而且都是一開始就要去網路搶票，不然就沒了。我就當是去支持藝術家。昨天，看了韓國朴贊郁導演和湯唯主演的《分手的決心》。由於放映很多場次，因此一張票才十元。導演由於這部片子而獲得坎城影展最佳導演獎。警探追查殺夫案，竟被女嫌犯吸引住，繼而展開一段曖昧情事；女嫌犯為了繼續吸引警探的注意，再度涉入命案，謀害養老院的老太太，令其子憤而殘暴殺死女嫌犯自己的第二任丈夫。表面是偵探懸疑犯罪片，警探追蹤嫌犯，其實是鋪陳愛情幽微而不可捉摸、暴力又絕美的本質。警探和嫌犯，都只能和暴力危險僅有一線之隔的愛情所吸引。有點故弄玄虛，但是導演善於鋪陳氛圍，片尾，女主角在沙灘挖坑，引入海水自葬，以及警探在鬱藍海潮與嶙峋岩石之間，奔走、呼號、尋求。這一幕實在太有創意、太經典了。」

這部韓國片，我夏天在台灣看的。震撼場景——

天還亮著，風也還算平，浪也還算靜。

女主角湯唯在海灘上挖了一個沙洞，自我深埋沙洞裡，要告別一段款款深情。

漲潮了，天漸暗，浪捲起，海風狂，霧茫茫。

沙洞被吞噬在無情、洶湧的海浪之下。

影片結尾，恰似一個鏡頭拉到底，但層層堆疊出淒美的戲劇張力。

十月二十一日，星期五，紐約客：「今晚，蔡明亮和李康生將出席紐約現代美術館《MOMA》，揭開《蔡明亮電影系列展》的序幕。影展會一直放映影片至十一月初。今晚開映片是《臉》，二〇〇九年的作品。我要去替老友捧場。」

看了她拍了兩張紐約城照片，不禁感嘆，迷濛城市秋景，韻味十足。灣區今天下午熱到不行，邊走路，邊把脫下的外套塞進背包內。不過，現在晚間快九點了，氣溫下降，變涼了。

十月二十五日，星期二：「上傳三張照片，晨霧。讓我想到某些名畫或老照片中的紐約。我也想到莫內的油畫《霧中教堂系列》。畫家那時大概也是被霧的千姿百態吸引，不斷地去畫。」

我回覆，這一年三個月以來，透過線上文字聊天、圖像捕捉。紐約紐約紐約。

今午，我觸感到——

東岸這座城市的天與地。

彷彿，春夏時節，人們視覺上、情感上，明亮與外放，擴散到天涯。然而，秋冬季節，同樣這座國際都會，竟然變幻成迷濛與內省，靜默下來，往心靈深處去，在那兒徘徊、觀照。

是了！自然景觀、生態環境四季變化，在在賦予人文景觀、以及居住在那兒的人心，百態、千姿。

紐約深秋，晨霧。

加州灣區，次日，清晨八點，散步健走於社區巷道之間，驚訝鄰家庭院裡，竟然種了芭樂樹、石榴樹和柿子樹，每棵果樹上都結出果子。青綠生澀，通紅飽滿，以及鵝黃誘人。

「加州簡直遍地水果。我三姐住加州，常把滿地水果撿回家吃。有時候，友人把自家院內水果撿一堆，送給三姐。」再過幾天，十月底：「紐約每年在這一天的夜晚，都會舉行萬聖節大遊行，由麵包傀儡劇場主導，很多不同團體加入，也歡迎個人自主加入，群魔亂舞，爭奇鬥豔。我人此時正在格林威治村的街邊，樂與民眾觀賞年度萬聖節遊行活動。」

紐約，真是一個很值得居住、一個教人流連忘返、目不暇接的大都會。

十一月三日：「我坐在巴士上，往 **Ithaca** 城市，準備和R會合，偕伴前去紐約上州，展開四日遊。賞楓、遊湖、觀賞瀑布、登山。R遠從巴爾的摩，開車北上，車子開到 **Ithaca** 時，再跟我會合。她避開紐約市周遭，因為在此地區，開車太可怕了。此趟賞楓行，還得靠她開車呢！不然哪兒都去不了。綺色佳，**Ithaca**，我比較喜歡這座城市的中文譯名。其中有一晚，我們會去一個由英國人經營的旅館，吃他們酒吧食物，並到酒莊去品酒。」

多巧，當她從東岸紐約飛奔至郊野去迎秋，我也在西岸，居家迎秋——

一個好大的新鮮南瓜派。

燉了一鍋南瓜濃湯。

一大盒哈根達斯雪糕，有薄荷、巧克力以及灑上一層核果碎粒。

冰箱內，也塞進新鮮的紅肉地瓜、金黃玉米。

紐約客：「巴士在公路上奔馳，經過起霧山谷，想到李伯大夢。」一連幾天下來，追楓賞瀑之旅，第一天行程：「漫遊康乃爾大學校園，走在綺色佳，坐看楓林。一路上開著車，沿途起伏的山丘，岩石地質，溪流，層巒累瀑，秋楓野林；踏入三處瀑布勝地，**Bitter Milk Falls**、**Ithaca Falls**、**Cascadilla Falls**，夜宿湖濱小丘的旅館，野外，我們乍見三、兩隻小鹿。」

秋遊第二天：「適逢蘋果豐收的早晨，沿著 **Taughannock** 瀑布登山健行。抵達 **Finger** 湖，在那兒，葡萄園和果園綿延不絕。我和R踏進一家酒莊，品酒。每人付了十塊錢，走到陽台上，品酒觀景。隨後，往 **Watkins Glen** 登山觀瀑。石灰岩的山勢陡峭，有點像具體而微的台灣版《太魯閣》。然而太魯閣可是整座大理石山所雕刻出來的，世界僅有。我和R從峽谷攀向山峰，大小瀑布，一個接一個。」

秋遊第三天：「上午，置身於 **Letchworth State Park** 州立公園，下午，浸身於 **Genesee Falls** 瀑布群。」

紐約州之大，風光無限，驚喜連連。居住紐約，退休生活滋味無窮。

秋遊歸來：「也是。如果退休後，老待在新竹會悶死。尤其是，從忙碌到退休，是人生的過渡，換個地方過日子，也是種過渡儀式。不過，紐約也只是客居。在這兒待個兩年，儘量讓自己開心，活在當下。」

至於我自己，沒多久，十二月一日子夜時分，再從舊金山機場搭長榮航空返回新竹的窩巢。近十四個小時飛行時間，於台灣時間十二月二日清晨五點五十五分，抵達桃園機場。

十二月八日：「十二月真是渡假季節。上週從紐約去了奧蘭多，三天兩夜的迪士尼之旅，並待在渡假旅館休憩，享受佛羅里達州攝氏二十五度燦爛陽光。下週，從紐約去紐奧良，五天四夜，遊船晚宴，吃吃喝喝，快活享樂。退休了，沒正事可幹，抓住機會就吃喝玩樂、渡假人生吧！有時候，真覺得自己像北京那些溜鳥的清宮遺老，或是活在紐約的白先勇筆下《台北人》，**Displaced Diaspora**，流散異鄉者。」

儘情地去享受生活中樂趣。多好。

「對啊！長的是苦難，短的是人生。」

「不去刻意尋找禮物。但禮物掉到眼前了，何需猶豫錯過。」

十二月二十五日，紐約客：「去女婿的爸爸家過猶太光明節，去女婿的媽媽家過聖誕節。」

我最喜歡看到家庭聚餐歡樂時光，讓人感到幸福。

「獨在異鄉為異客。這些節慶派對，有主人家滿滿的心意，令人感到溫馨。」

十二月三十日：「這幾天紐約天寒地凍。除了固定散步，我就甚少出門，躲在家，孵連續劇 **Netflix** 的《**Emily in Paris**》，輕鬆浪漫無啥深度的愛情喜劇。多采多姿的服裝、美食、美景，令我想起多次在巴黎和普羅旺斯的美好回憶。」

巴黎，之於我，博士班資格考試通過那年聖誕假期，博士班同學妮可，**Nicole Quentin**，邀我去她法國家庭過聖誕。那年，是我第一次踏上歐洲土地，並在巴黎待上三個星期。記得在法國同學家，中餐、晚餐，餐桌上必有紅酒、沙拉和一盤不同口味、軟的硬的各式各樣乳酪。黑咖啡就別提了，又香又濃。認同否？尤其巴黎街道兩旁的建築及咖啡館，別有風味！

「所以妮可是法國人，不是美國人？的確，歐美人士注重酒、咖啡、開胃菜、飯後甜點勝過主菜。每次出席歐美人士的派對和餐會，各種不同的紅酒、白酒、香檳、雞尾酒，從頭喝到尾。我喜歡他們的開胃菜和甜點勝過主食。我喜歡巴黎街頭閒閒散散的氣氛。在那兒，暫時做個 **flaneur**，一名現代女性漫遊者，走路，旅行。我喜歡普羅旺斯的陽光和薰衣草，那邊的酒比水還便宜。」

一月二日，打算去吃燒餅油條、鍋貼、酒釀桂花芝麻湯圓和小籠包子。

「你每年都會回台灣過農曆新年，然後在新竹住個半年。」

明知回鄉就要面對空氣污染帶給我過敏症狀，然而我還是那麼高興回台灣，四處走走逛逛、吃吃喝喝，即自在又踏實。

三天後：「傳給你的照片中，煙鎖樓臺，霧迷津渡，是我紐約住處街口河岸的風光。」再過了一天：「我剛才也忍不住大開吃戒，跑到法拉盛的上海豫園餐廳，點了一籠蟹粉小籠包子、一盤鮮肉小籠包子和酒釀湯圓。糟溜魚片吃不完，三分之二打包帶回家。酒釀湯圓是餐廳送的。在這家餐館消費超過十元，就送一籠小籠包子和酒釀湯圓。餐館裡，我旁邊坐了位老先生。他點了一籠小籠包子、一鍋砂鍋魚頭，桌上放了一瓶紅酒。服務生把砂鍋魚頭放得離他很遠。他叫服務生幫他盛湯料，來來去去沒人理會，於是就自己站起來，為自己盛了湯料和魚頭，獨享獨酌。我想，這位老先生會點砂鍋魚頭和紅酒，也是個懂得吃的人。老先生還真會啃魚頭啊！只一下下的工夫，就很俐落的把魚頭啃得光光，把骨頭剔出來，很整齊的排在盤子上。令我想不到的是，老頭子吃著吃著居然在自己的椅子上睡著了。我看了有點替他擔心。等服務生來結帳時，我用眼角和嘴角示意服務生，右邊的客人睡著了。其實我心裡擔心他會不會是在睡眠中死去，或是心肌梗塞之類的。但是服務生看了一眼，不以為意的說，我們這邊有些老客人都是吃到一半，睡著了，然後又醒過來。我聽了大為咋舌。」

老先生對吃的講究，享受美食與人生，為他拍手喝采，並且視他為我現今退休生活的效仿對象。對了，大學群組上傳視頻，北一女儀隊日前在加州參加新年大遊行表演實況，轉傳給紐約客。她立即有感回應：「謝謝分享。小學妹的精彩表演讓我憶起以前擔任北一女樂隊的榮耀感。」

未曾聽她提過這段高中經歷。聽聞隊友們各個在北一女的課業成績也都要表現優異才行。

「小時候的事情。每班前五名的學生在操場上排隊，讓三位教官，也就是總教官、樂隊教官、儀隊教官挑選。我被選為吹法國號的。那時候穿上樂隊制服和白色長靴，走路有風。國慶日在總統府前遊行，我要早上六點鍾就搭公車去集合了。」一月十一日提到：「舊金山市區昨天下午突然下起冰雹，伴隨冰雹的還有閃電。」兩天後再告知：「無盡風暴肆虐加州，還出現驚人降雨量，當地政府努力去應對大規模洪災和山崩。」

加州雨季落在入冬期間，因此開車在公路上，一眼望去，山坡的顏色冬青綠、夏枯黃。入冬後，內華達山脈的降雪、雨季的降雨，都是北加州水庫重要水資源。當我住在灣區，隨著不同節氣中的風雨、陽光與月光，雖說簡單過日子，由於這些氣候與景觀上的變化，過得卻有滋有味。

一月十四日，上傳一則盆栽辣椒的視頻到紐約。

紐約客回應：「種棵辣椒當盆栽蠻好的。顏色鮮豔。看到你傳來植物生長的視頻，讓我憶起北投娘家土壤肥沃。口吐幾粒瓜籽在草地上，沒三個月就爬滿西瓜藤，結西瓜。夏天，西瓜熟爆了，冒甜汁。後院整排的香蕉樹垂著纍纍串蕉。屋前窗下是芒果樹。最誇張的是聖誕紅和桂花樹，長得有三層樓高。兒子小學二年級的時候寫作文，描述中秋節到外公家玩，看到烏龜、孔雀、蜥蜴、蟒蛇，傍晚在院子裡烤乳豬全家共享。結果老師評語：說話要誠實喔；烤乳豬不太文明吧！我猜，他老師大概是個都市水泥盒裡長大的佛教徒；這位老師也缺乏對庭園可以發展到什麼地步的想像，以為我兒子在說謊，認為外公家花園裡不可能看到這些動物。」又說：

「紐約傍晚，窗外彩霞數變。」

庭園中一條蟒蛇，當年，她都不會被嚇到嗎？我猜外公家花園一定不小，充滿田園風光。

「蟒蛇在外公家也是難得一見，那天剛好給兒子遇見。外公家有條蟒蛇躲在排水溝，還找了消防隊來抓蛇。消防人員七手八腳，費了好大勁兒才捕到蛇，估計他們拿去進補了。」外公家「是獨門獨院花園洋房，在丹鳳山腳下。小時候，那附近全是這種花園洋房。住戶不是黨國要員，就是美軍家庭。隨著時代變遷，越來越多五層樓公寓，水泥叢林。後來我家的花園洋房成為僅存的。」

紐約彩霞滿天，天邊晚霞是窗景。

近黃昏，昔日大學同窗男女五人開車跑去公園內跳 **Line Dance** 的 **electric slide** 舞步。今天，從新竹搭火車去台中參加大學同學會，喝咖啡，吃完晚餐，然後坐高鐵回新竹。

「**Line Dance** 舞步在美國很流行。一堆銀髮辣妹和帥哥跳得真開心。這就是銀髮樂活。現在台灣對疫情解封了，大家都會從海外返回台灣。我在巴爾的摩的大學好友，二月中到三月中，回台灣一個月。除了和國中、大學同學一起吃吃喝喝，還抽空跟舞蹈老師學跳 **Flamingo**。跳 **Flamingo**，更有挑戰性與樂趣。**Line Dance** 讓我想起大陸銀髮族跳廣場舞。那年農曆春節假期，我在北京旅行時，看到眾人跳廣場舞的街景，男女手腳靈活，自得其樂，好一個黃昏歲月的寫照。我也喜歡看到上海傍晚時分，處處是大媽大叔在跳廣場舞。那時，覺得他們老人活得有興頭。一九八八年，我冬遊哈爾濱、瀋陽，還參加他們扭秧歌，然後去老邊餃子館嚐百餃宴。」

一月二十二日星期天，大年初一。搭車從新竹前往台北新生南路台大宿舍玲玲的家，準備圍爐吃年飯，這個傳統，多年下來未曾中斷過。午後，玲玲先張羅了綠豆糕、**Cloudy Bay** 白酒、柔軟的布里起司、手工餅乾。當晚，餐桌上的年菜有火鍋、清炒花椰菜、醉蝦和一瓶紅酒。

「友情如老酒，越陳越香。下午茶時光，精緻小點心。」大年初二：「我在紐約親自下廚料理沙茶砂鍋魚頭，自認可媲美嘉義有名的林聰明沙茶砂鍋魚頭。秘訣在於：選擇鮭魚頭比較不腥。我一個人吃，選小尾的，然後叫魚販對剖，分兩頓吃；魚頭先用沙茶、醬油、薑絲、酒，醃一天一夜入味；魚頭略煎至兩面焦黃，盛起；大白菜、豆腐皮、什錦魚丸、金針菇，加入沙茶醬炒香；放入魚頭及醃汁、加水、加高湯或雞湯粉，煮滾後，慢燉二十分鍾；起鍋前，灑蔥段。美味至極，比林聰明的香，沒他們那麼鹹。冬寒的天氣裡，吃上這麼一鍋，絕對是生活中的小確幸。」

一月二十五日，早上七點鐘，新竹低溫攝氏七度，窗外冬風呼呼作響，很冷。紐約客：「新竹冬天，風大雨大。」

二月四日星期六，跑去新竹中央路上的巨城電影戲院看早場十一點半《我的鯨魚老爸》，**The Whale**。

次日：「這部電影我也看了。主角布蘭登為了演此片而增肥。他的演技好。話說，有天去 **Lincoln Square AMC** 上班，就是買一張十一塊錢老人票，在不同放映室之間輾轉看了四部影片，當中就包括鯨魚這部影片。那天，午前，走進戲院，出來時，都已經是晚上九點半了。之前看到電視報導，這些都是奧斯卡各種項目提名的影片，於是趕快打鐵趁熱跑去看。」

好電影總教人讚歎與滿足。電影中，我體驗到夢境、魔幻和未來。

二月十八日：「這幾天我在紐約現代藝術館 **MOMA** 上班，就是跑去系列歐洲老電影展，有些老電影其實我已看過。由於擁有會員卡，所有展覽、電影都免費，因此每天從下午一點到晚上九點連看三場電影。通常吃了中飯後出門，晚餐就吃點自己準備的乳酪、堅果、三明治。晚上回到家，再喝點熱湯，吃點水果、冰淇淋。」

愜意的紐約生活。

電影。看電影。看得看得也看到了今天的白頭，看到老。

過往。電影散場後，回家途中，種種思考層次與情感泛上心頭，盤旋。

如今。幾個月前，當時我人還在加州，記得有天晚上，看完電影，等待巴士回家。等車時間，回顧一下：想不到，自己的生活裡，有時候瞬間變得勇敢、理直氣壯的不得了，不可一世，竟然源自於觀賞電影的當下，隨著劇情發展而成的；銀幕上的人生盤據我心，反而比自己現實人生更加有目標，有熱淚盈眶，有歡笑。

二月二十日：「在紐約，連著上了四天的班，感覺很充實。老電影雖然聲光科技不如新電影，但是好的老電影很有質感。編劇和導演都很優秀的，說故事者和人性探索者。其中除了《費里尼八又二分之一》的鏡頭充滿了魅力和天馬行空的想像力，另一部義大利電影《The Night of Owl》，描寫義大利西西里島警察和黑幫鬥智、鬥狠，更是上乘喜劇。另外，《亨利四世》，描寫男主角在扮演神聖羅馬帝國亨利四世摔馬受傷，住在富有親戚的古堡裡瘋瘋顛顛二十年。一群昔日戀人和舊友，加上一位精神科醫師造訪，安排一場中古世紀場景，想把他從妄想中喚醒。真真假假，好笑又深刻，探索了瘋子的精神狀態。而這個瘋子有時癡傻，有時清醒，知道大家都要扮戲來騙他，他就假戲真做來操弄周邊的人。」很多「瘋子真的認為自己是裝瘋來騙倒所有人。我以前在麥迪遜念研究所的時候，就認識了一位退伍軍人。他因爲駐紮柏林圍牆而受了心靈創傷，返回美國後就住進了瘋人院。但是他認為自己其實是因為不想再待在柏林圍牆駐紮，因而裝瘋賣傻，最後得以回到美國，詭計得逞。他常常跟我分享，美俄駐軍隔著柏林圍牆玩撲克牌的好笑狀況。他還跟我說，他其實只是在裝瘋；又說，他的智力測驗還得了高分，因爲在智力測驗中，有人給他看蛋捲似的圖形。如果你說，那是蛋捲冰淇淋，你得分就很低。但是你說，那是但丁《神曲》裡多層地獄，得分就高。不過這位瘋子最後在家裡開趴的時候，不知哪裡弄來一把手槍，他說，他一高興，朝天花板開槍，結果引來一大堆警察，接著又被關進了瘋人院。」三月十三日星期一，再言：「今春，美國真是東西易位。西岸，大雪封山，洪泛成災。東岸，春意悄然，陌頭柳綠。」

台灣電視上也有播放加州洛杉磯下雪的畫面，不可思議。

次日，紐約客：「台灣民生目前缺蛋，蛋慌，真荒繆。我老弟在北投的家，有獨立庭院，還有外傭。半年前，他在臉書上抱怨缺蛋。當時，就勸他養雞。那時候，他一定覺得我在說風涼話。」接下來：「紐約今天窗外雨雪霏霏，一面喝著熱熱的洋甘菊茶，一面隔窗賞雪。真是一種享受。以前，我在中西部威斯康辛州待了幾年，對雪太了解了。乾雪，也就是飄飄鵝毛雪，漫步其中，是種浪漫。濕雪，也就是雨雪霏霏，以隔窗觀雪爲佳。」

勾起心中漣漪，懷念起早年印第安州下雪的日子。

一個禮拜過後，轉述一位名作家貼文說，人活著，偶爾吃速食泡麵、啃啃鴨翅膀，忘了自己，完全處於養心勝過養身，快快樂樂，搞不好一不小心就活到一百歲。

紐約客：「完全同意。就比如我出門旅行，中餐可以隨便吃，晚餐一定要吃點好吃的，不然覺得好像在行軍。我的好朋友R怕胖，堅持 168，也就是一天吃兩餐，晚餐和早餐隔十六個小時，早上十一點才開始吃早飯。我住在她家時，就得跟著她的飲食習慣，憋死了。平常，我起得早，一定得吃早餐，不一定要多豐富，但要順口。比方說，一杯咖啡，如果有一塊上好的甜點，就讓我有起床的盼頭，頓時間覺得，一天由一頓好的早餐展開了。」

十分贊同。人活著是可以自制一點，但千萬別自虐、自找苦吃。昨天黃昏，三月二十四日，我和大學兩位女同學一起去台北寧夏夜市吃小吃，然後一碗仙草剉冰收尾，聊天聊得愉快。

「庶民生活美學。我都可以感受到照片裡那熱騰騰的人氣和鑊氣！好多鹹鴨蛋。」紐約客說。

鹹鴨蛋，是包在油炸香酥的芋頭裡。

三月二十七日：「春來也！」並附上照片。

從照片看起來，春天在紐約，她整個人更是神清氣爽。

整座城市就是一個大花園，一家大咖啡館。

紐約客問：「上傳的照片，龜山島？還是八斗子？海景真美！」

台灣北海岸的八里。

「沒想到八里也有這麼美的岩岸。」

憶起她還在台灣時，曾提及，由於疫情蔓延，無法出國旅遊，因為每個國家都採鎖國政策，好擋住疫情傳入，因此只好待在國內旅遊。結果出乎意料之外，台灣有很多清幽秘境，令人驚豔！

「完全同意。我們在竹圍有個小套房。退休前兩年，春秋兩季，我每週都會在那邊住上兩三天。一方面也是對系裡和校務眼不見心不煩。開車往北海岸、東北角，散心去。發現有好多絕美風景：淡水、淡海、富貴角、野柳、九份、龍洞灣、貢寮、頭城、宜蘭。世界有哪個地方可以在半天車程內欣賞到這些世界級風景。」還有一個地方，「你有機會一定得去，這地方叫隙頂。你可以坐高鐵到嘉義，參加嘉義當地旅行社，前往阿里山看櫻花。隙頂，位在嘉義快到阿里山的途中，那邊有觀看雲海最佳的視角，並有茶園圍繞。你可以自己訂民宿。觀賞完阿里山櫻花後，請旅行社把你放在隙頂，住宿一晚，叫旅行社第二天來接你回嘉義。」

三月二十九日，我和妹妹、妹夫一起上山掃墓，台北五指山。近清明，幸好，沒有雨紛紛，否則豈不會變成落湯雞了！

「我老公前兩週也分別和兄弟到台南掃墓，之後，他也代表我們娘家的兄弟姐妹去北海岸的金山去掃墓。提早去掃墓，避開清明時節的人潮。他去金山掃墓時，山上下雨，有些路段的能見度只有二十公尺。幸好他擺設祭品和祝禱時，雨停了。把祭品收起來後，又下起雨來。」

三月三十日星期四夜晚，我和多年朋友夫婦相聚於台北敦化南路二段一家北方館子，同慶樓餐廳，享用晚餐：火鍋、小米粥、蒸餃、蔥油餅、牛肉餡餅、韭菜盒子，飯後甜點是棗泥煎餅。幾天前，朋友玲玲和我去台北安和路上的《葉公館滬菜》餐廳吃上海菜。

「很高興你在台灣又找到一堆酒肉朋友。人生入秋境，何以解憂？唯有酒肉。」

我們「這種年紀屬人生秋天。有時候恨不得逛遍大紐約地區的大街小巷，四處走走看看，但心有餘而腳力不足。這年紀，社媒圈常傳來一些老人如何自處處人，不外乎：認天知命、知足常樂、與世無爭、無欲無求。我想，那也是不得已，退而求其次的自我安慰吧！莞爾一笑就好。」

確實。每個人到了人生秋天，都有自己不同生命的經歷與體悟，因此，實在沒有一個制式的方向與價值取向。

四月五日星期三：「昨天紐約暖洋洋，攝氏二十度。不出門轉轉，對不起自己。先去百老滙劇院買了音樂劇預售門票，再往時代廣場那兒轉了一圈。又到惠妮博物館及旁邊碼頭高跟鞋狀的人工島嶼，**Little Island**；**LV** 精品專賣店的草間彌生設計換了綠皮，為了迎春。再到 **Chelsea Market** 商場及附近大開殺戒：先是日本下午茶的水果千層派、柚子綠茶；然後光顧生蠔吧的午後歡樂時光：半價法國白酒、生蠔、新鮮海膽。充實又開心的一天。」

搭公車，我去新竹鼎泰豐吃雞湯、蝦仁蒸餃和甜點八寶飯。吃畢，叫了一輛計程車回家。

「我也很想念鼎泰豐喔！」

四月十四日星期五，再分享：「到布魯克林植物園賞櫻花，然後去 **Peter Luger** 大啖美食牛排、喝啤酒。晚餐不用吃啦！紐約氣候反常，今天最高氣溫近攝氏三十度。櫻花和牛排，一點也不違和。」次日：「從女兒傳染到流行性感冒，喉嚨劇痛，在家調養。從週二開始就微恙，那時我以為是季節性過敏，還戴著口罩到處跑。」

第一次感染了流感，當時我仍在印第安納讀書。那個冬夜，農曆新年華人師生晚宴結束後，歸返宿舍大樓。病症嚴重，絲毫沒有任何味口進食，吃什麼，吐什麼，連水也不行，整個人癱睡兩天。自此，年年秋天，我一定會去施打流感疫苗。母女倆在紐約不要忘記年年去打疫苗。

「去年秋天，打過疫苗了啊！還自費一百六十塊美金。去年十月底，二〇二二年，我去 CVS 藥房施打莫德納肺炎疫苗和流感疫苗，以便十一月搭飛機去德州參加感恩節家庭團聚。前者免費，後者自費。結果去年底，我還是得了新冠肺炎。現在又被傳染到流感。因此，難免懷疑，兩劑疫苗是安慰劑嗎？那次新冠肺炎症狀只是鼻塞咳嗽，這次流感症狀是喉嚨痛。」

六月四日，星期天：「很久沒連絡了，最近還好嗎？四月、五月熱熱鬧鬧。四月底，我和作家古蒙仁、風雲人物高信疆的兒子及媳婦，結伴去了一趟芝加哥、威斯康辛州的密爾瓦基、麥迪遜，五天懷舊之旅。五月一日，老公從新竹來紐約，我們夫婦倆於五月七日至十三日，租車上路，旅遊尼加拉瓜瀑布、千島湖、蒙特婁、魁北克，再從艾伯尼市開車到紐約市。兩位老人家開車兩千五百公里，並照了許多好照片。五月二十七日，女兒婚禮。兒子也於五月二十日請假十天，從台灣來紐約加入我們。我便順理成章帶著父子兩人在紐約吃喝玩樂。其實他們對紐約本來也很熟。五月二十七日婚禮，那天來了賓客一百人，從下午三點半到晚上九點半，美食美酒、熱歌勁舞、賓主盡歡。以下是婚禮照片的一小部分，分享我們的喜悅。婚禮前一晚，我在《麒麟金閣》餐廳宴請我的兄姊姪輩，由於大家都是老饕，不敢怠慢。我擬的菜單都是精緻的山珍海味：十二磅重的帝皇蟹、烤鴨、清蒸游水石斑魚、淮山珍煮雞湯、金銀蛋上湯豆苗、葡式蛋撻、椰汁糕。我想你對美食也感興趣，所以也分享幾張美食照片。」

作家古蒙仁的近作「吃冰的滋味」一書，頗受好評，我對紐約客說。

四天後：「今天下午一點四十五分，我從窗口照出去的黃褐霧霾。才下午一點多，天空看起來像黃昏七點、八點鐘，好像世界末日的異象。起因於魁北克延燒四百多公頃的野火造成。天啊！我旅行到哪裡，哪裡就地震、火燒。新聞報導，這是一九六〇年以來，紐約遇到最壞的狀況。」

記得多年前，她對我說過，有年她去新疆，當地長期乾旱嚴重。結果她一到當地旅遊，就瘋狂降下豪雨，創下記錄，把一年總雨量瞬間全下光了。她還說，她的名字有雨。

「你的記憶太好了！以前，我要去土耳其，爆發了以敘戰爭；到東京，大地震；一九九四年到美國唸博士，到達美國第二天，舊金山大地震，從電視上看到大橋碎裂成波浪狀。還有二〇一一年暑假，我在巴爾的摩，陪女兒入學 **John Hopkins University**，新生訓練，學務長在台上講話，突然天搖地動，學務長嚇呆了，台下家長學生也不知所措。學務長驚魂甫定後，說，在這邊十年，還沒遇到過地震。」

老天，怎麼這些景況都被她碰到了。

六月十八日，星期天：「好久沒連絡了，近況如何？前兩週，我重感冒。上週又閃了腰，幾乎可用痛不欲生、舉步維艱來形容。現在感冒好了，下背和腰椎神經也見舒緩。沒看醫生，只靠老公從台灣帶來的舒筋藥和止痛藥。這些藥，本來是台灣醫生因為他髖骨痛而開給他的處方。他痊癒了，剩下一堆，反而成了我的救命仙丹。」

願早日康復。戴口罩，離咳嗽的人遠一點，這是避免上呼吸道感染的良策。

今天起，六月十九日，梅雨鋒面已遠颺，出梅，西南季風開始登場，全台灣會呈現酷熱的夏天氣溫。炎炎夏日到來。

「端午快到啦！」
還有三天就要吃粽子、划龍舟了。
節氣的變化，四季的節奏。
一年容易又端午。

十六

桌燈下，我在臉書上貼文──

旅居東岸，紐約客常在臉書上所發表與抒發的，
無論是生活攝影，還是心情手札，
藉由這些記錄，讓平凡度日的我，
因而憑添不少視覺上的饗宴與心靈上的享受。
尤其，遊走在紐約客簡潔的文字世界裡，
有時侯，轉角，
遇見一絲詩意，
或一縷哲思，
或一片赤子之心。
恍悟，
原來，
從二〇二一年的夏天七月，

大蘋果國際都會，開始多了一個身影，
一位吟遊詩人。